aprende a dibujar

Animales lindos

+50

Sara Press

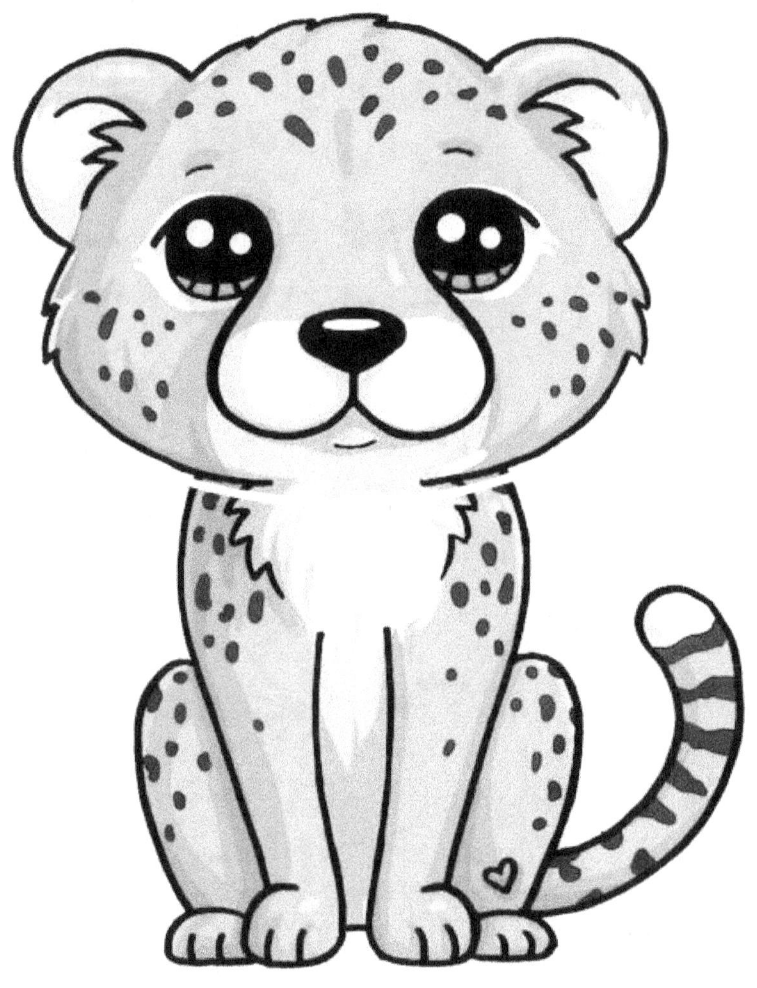

ESTE LIBRO PERTENECE A:

Animales lindos

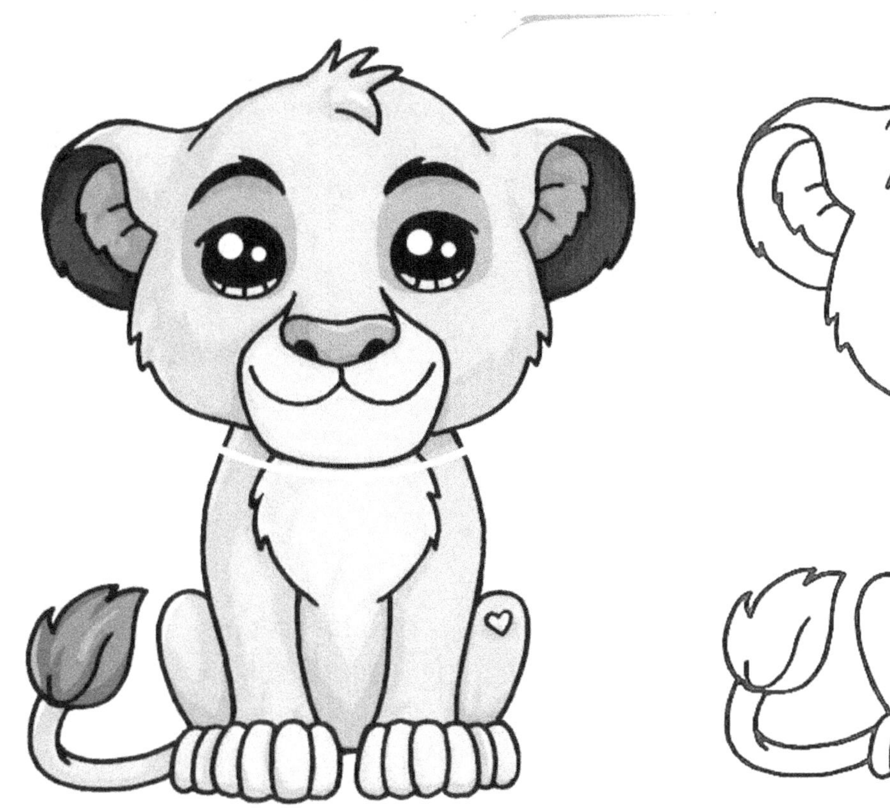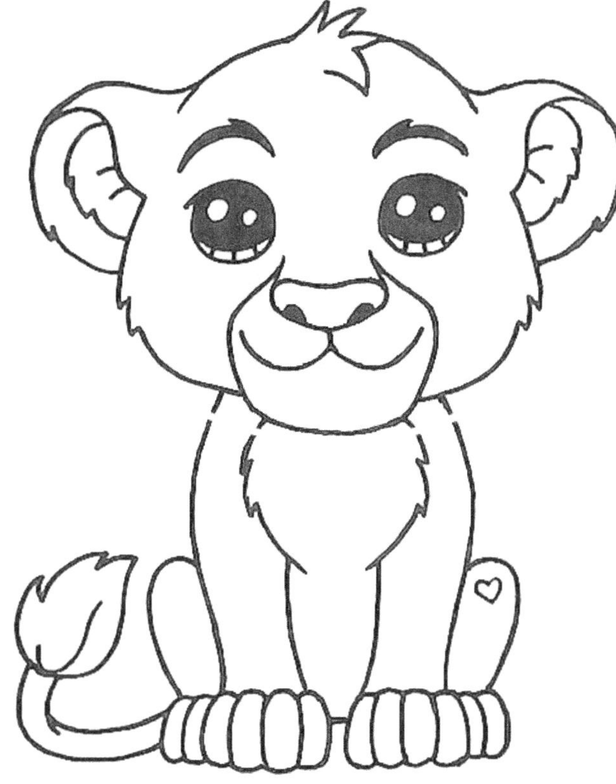

Como usar este libro, Todo lo que necesitas para comenzar es una hoja de papel, un lápiz y una goma de borrar, pero siéntete libre de usar cualquier herramienta que quieras para dibujar los personajes y puedes nombrarlos después de dibujarlos en las páginas de entrenamiento.

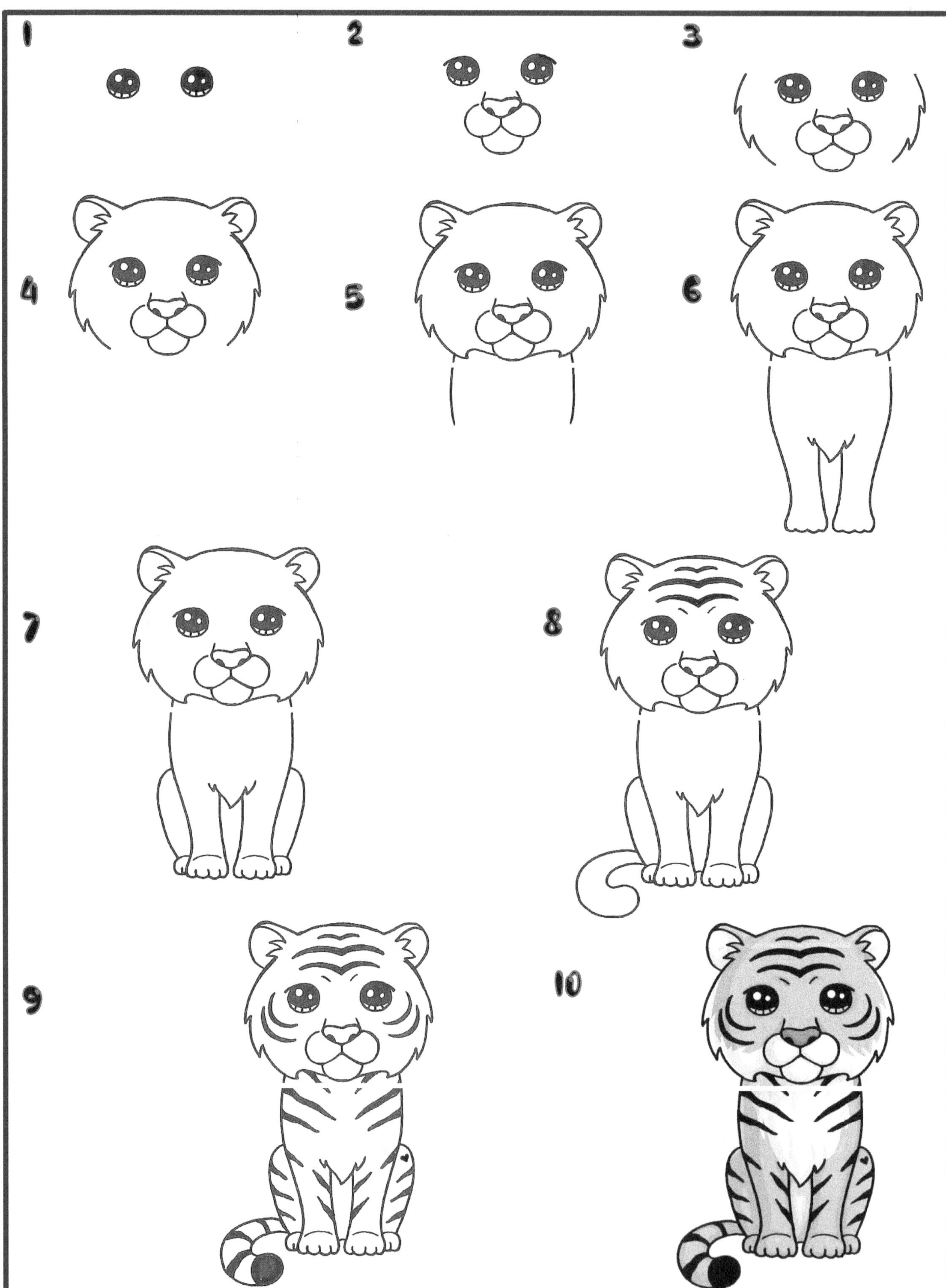

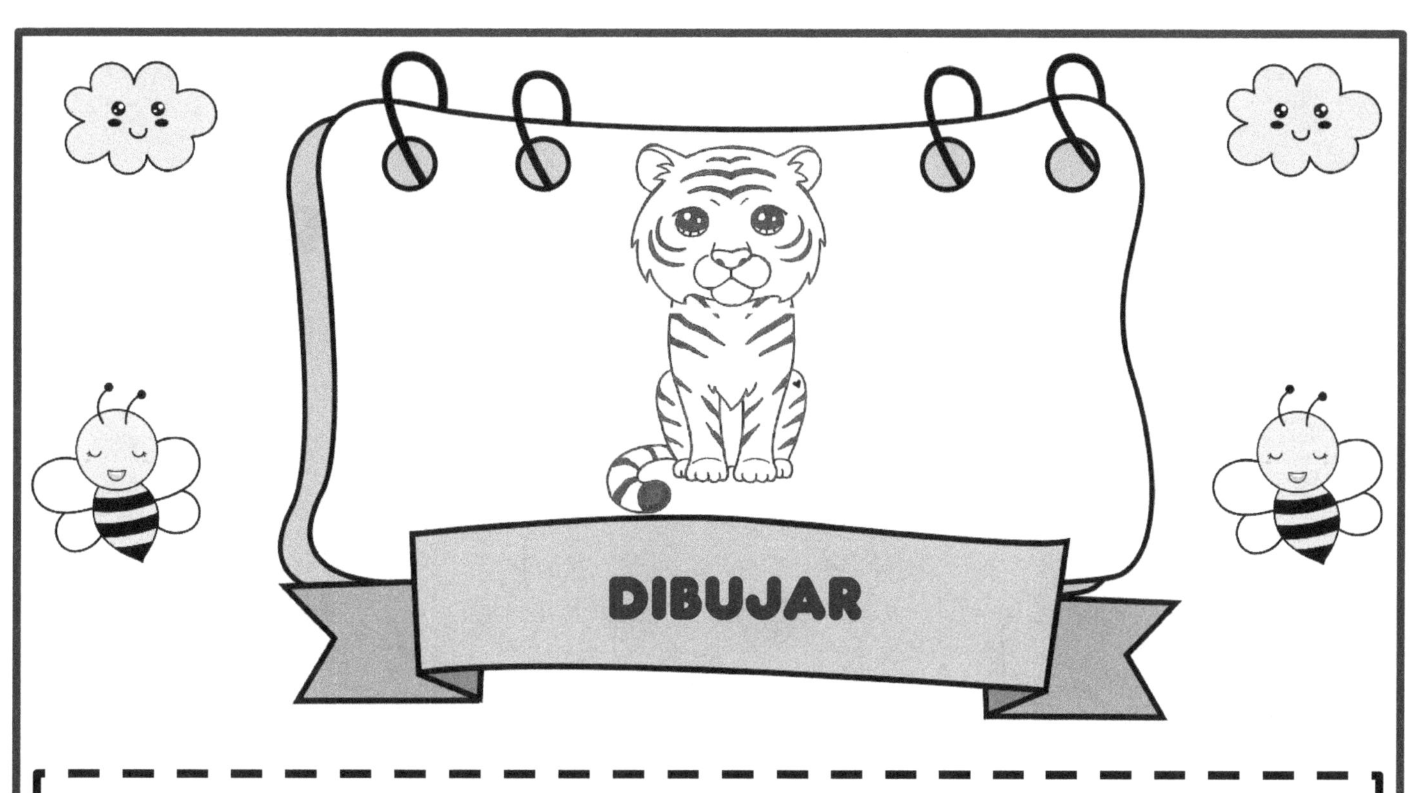

DIBUJAR

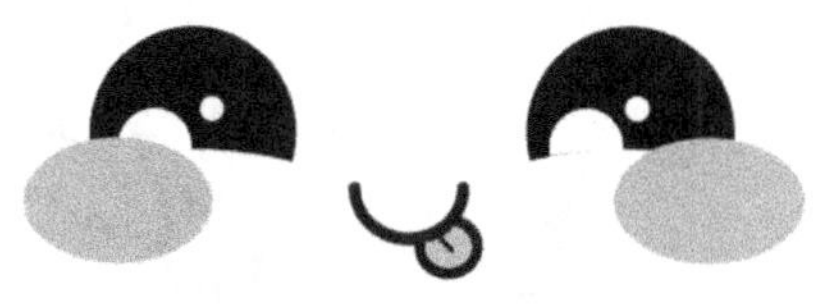
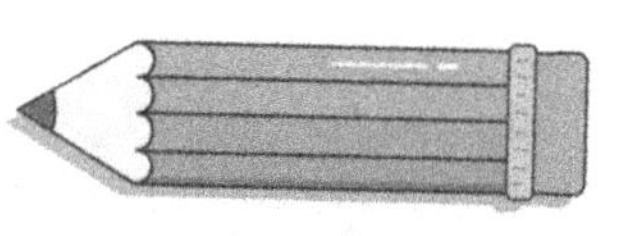
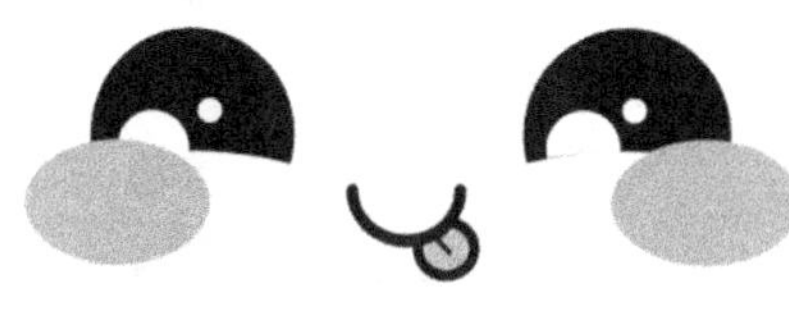

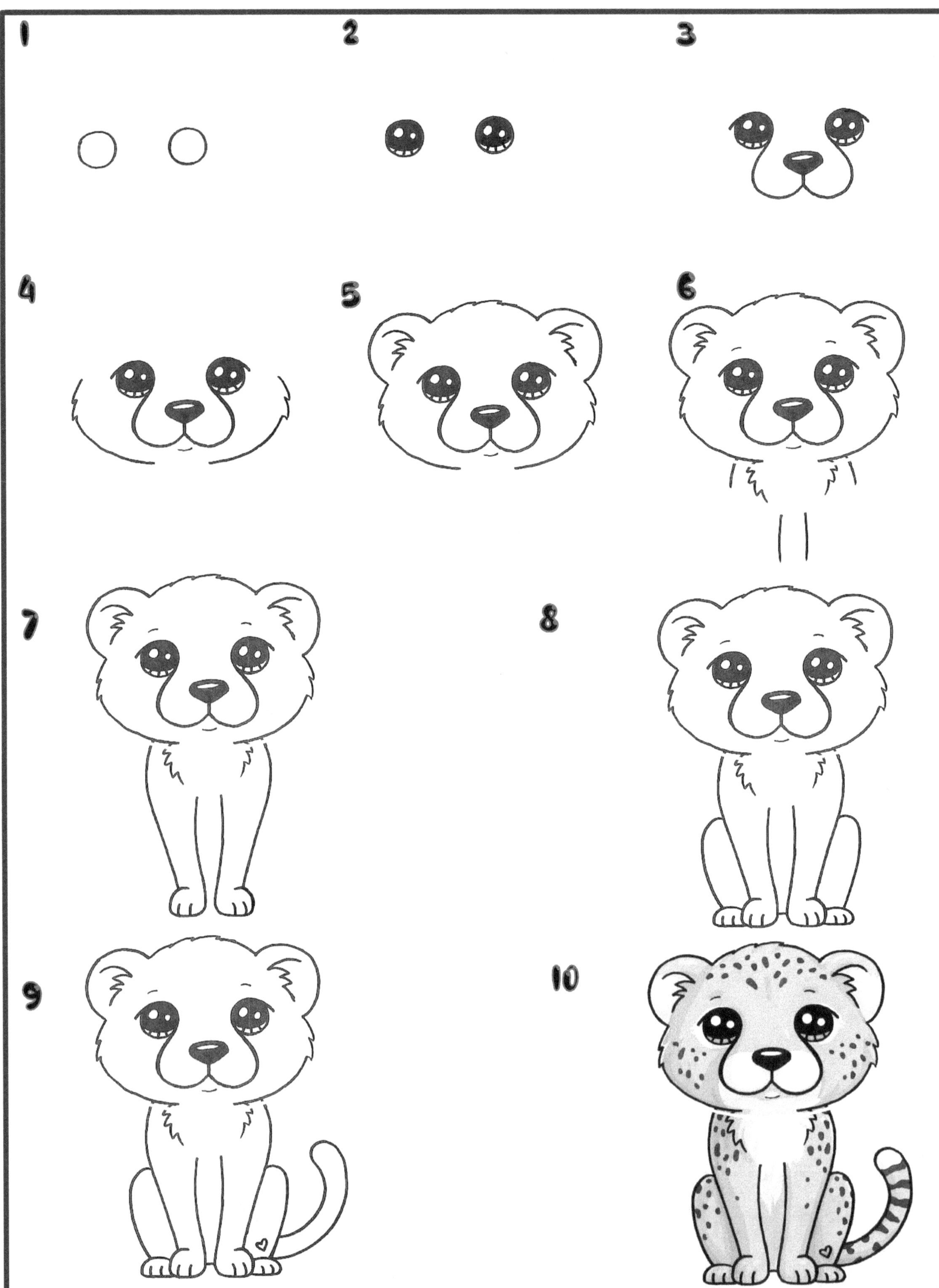

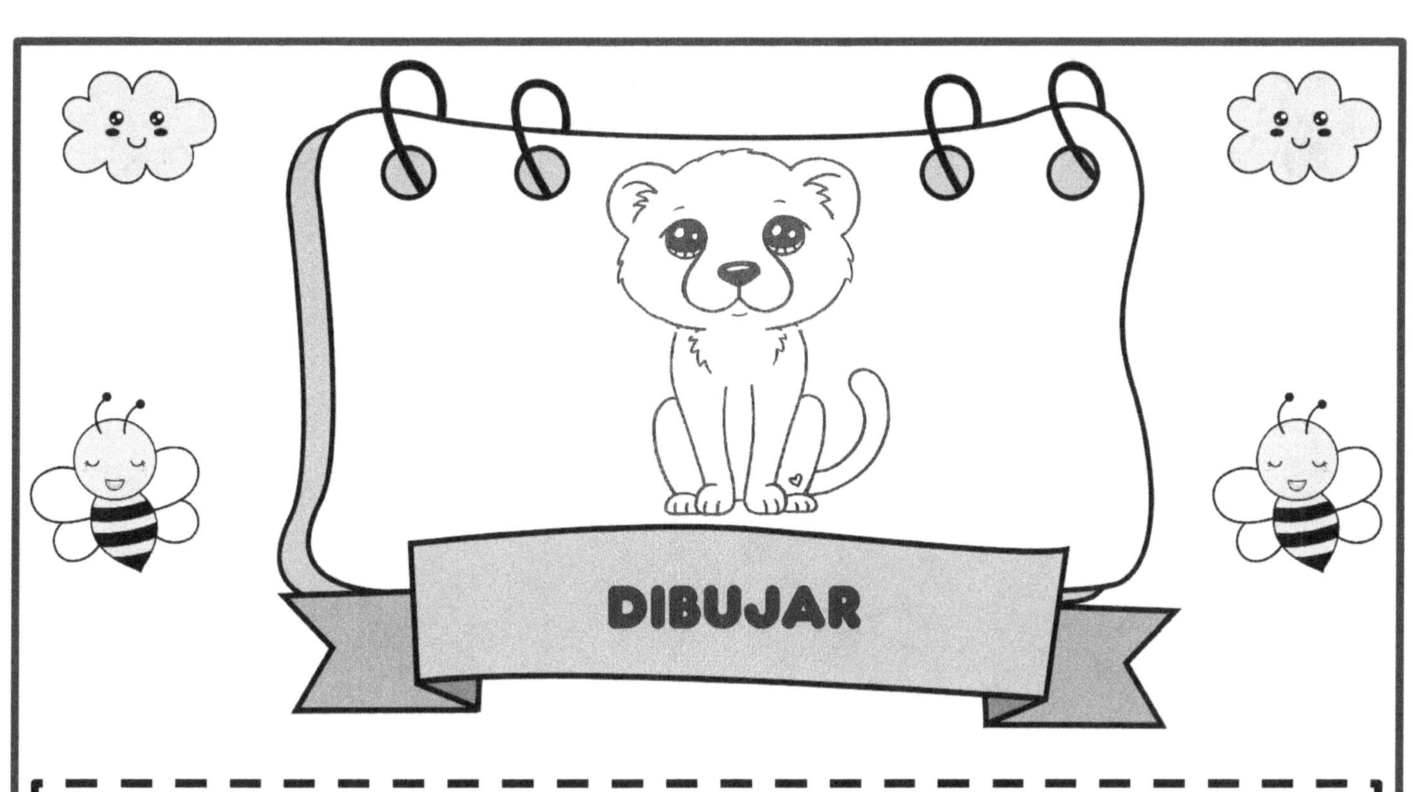

DIBUJAR

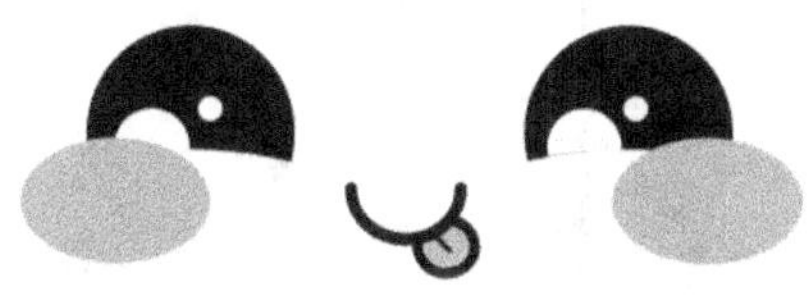
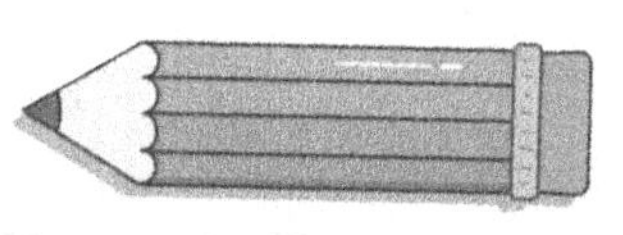
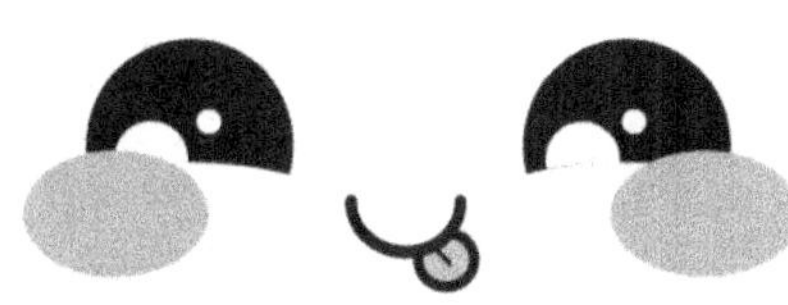

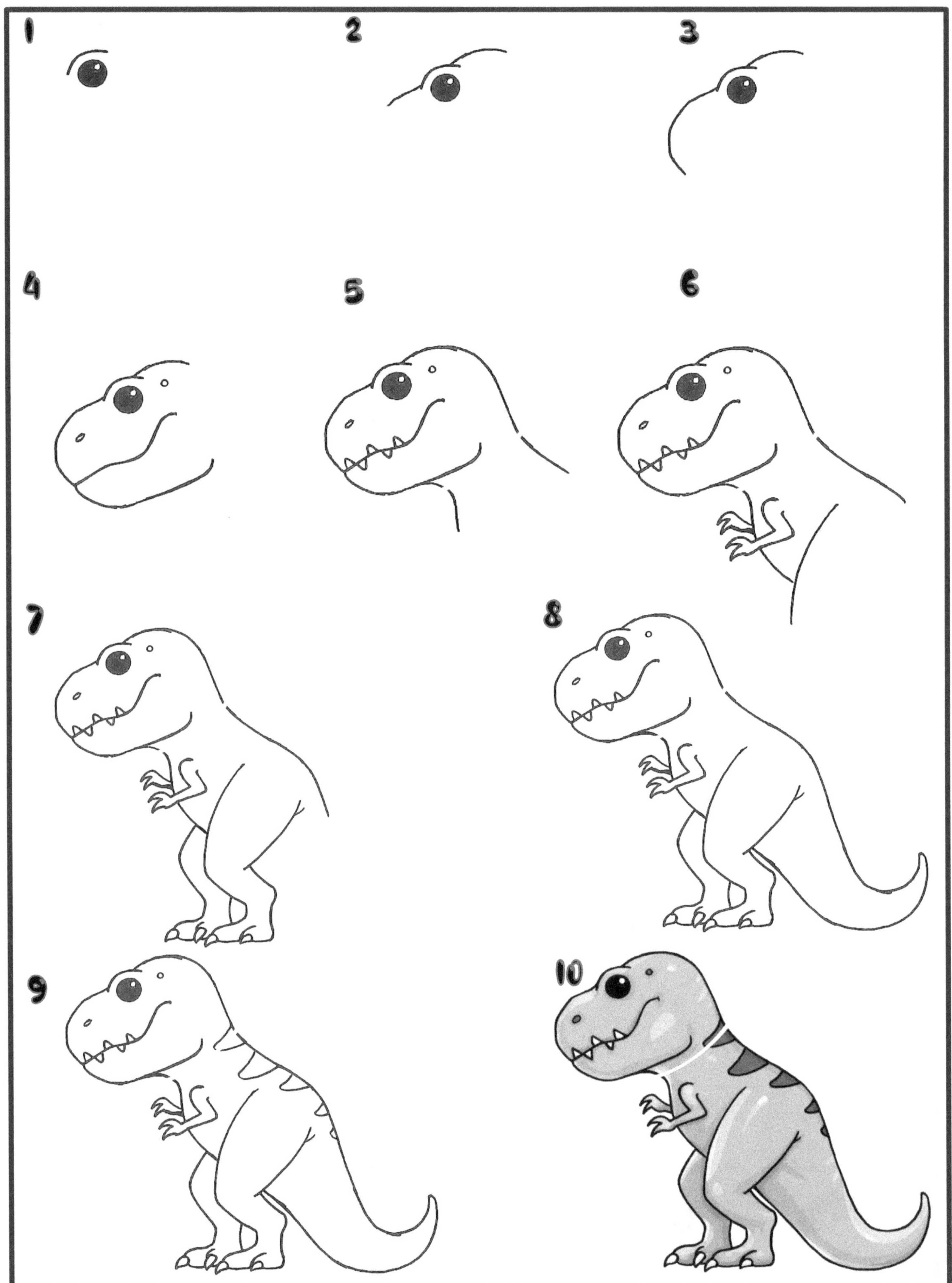

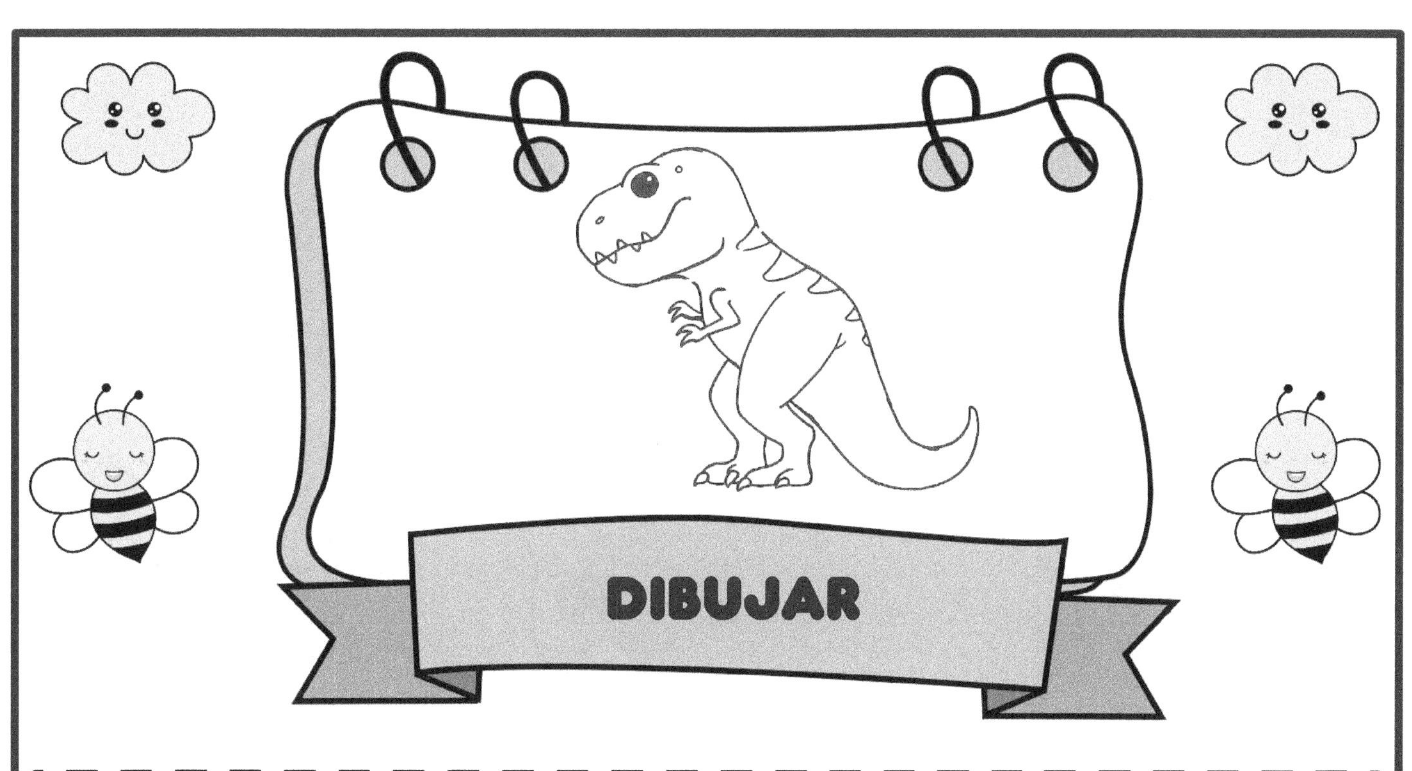

DIBUJAR

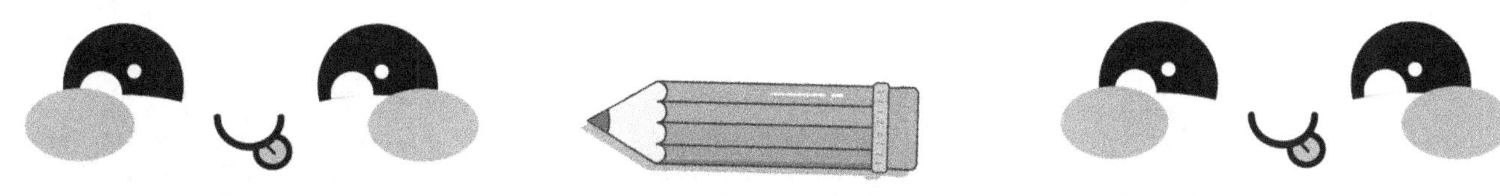

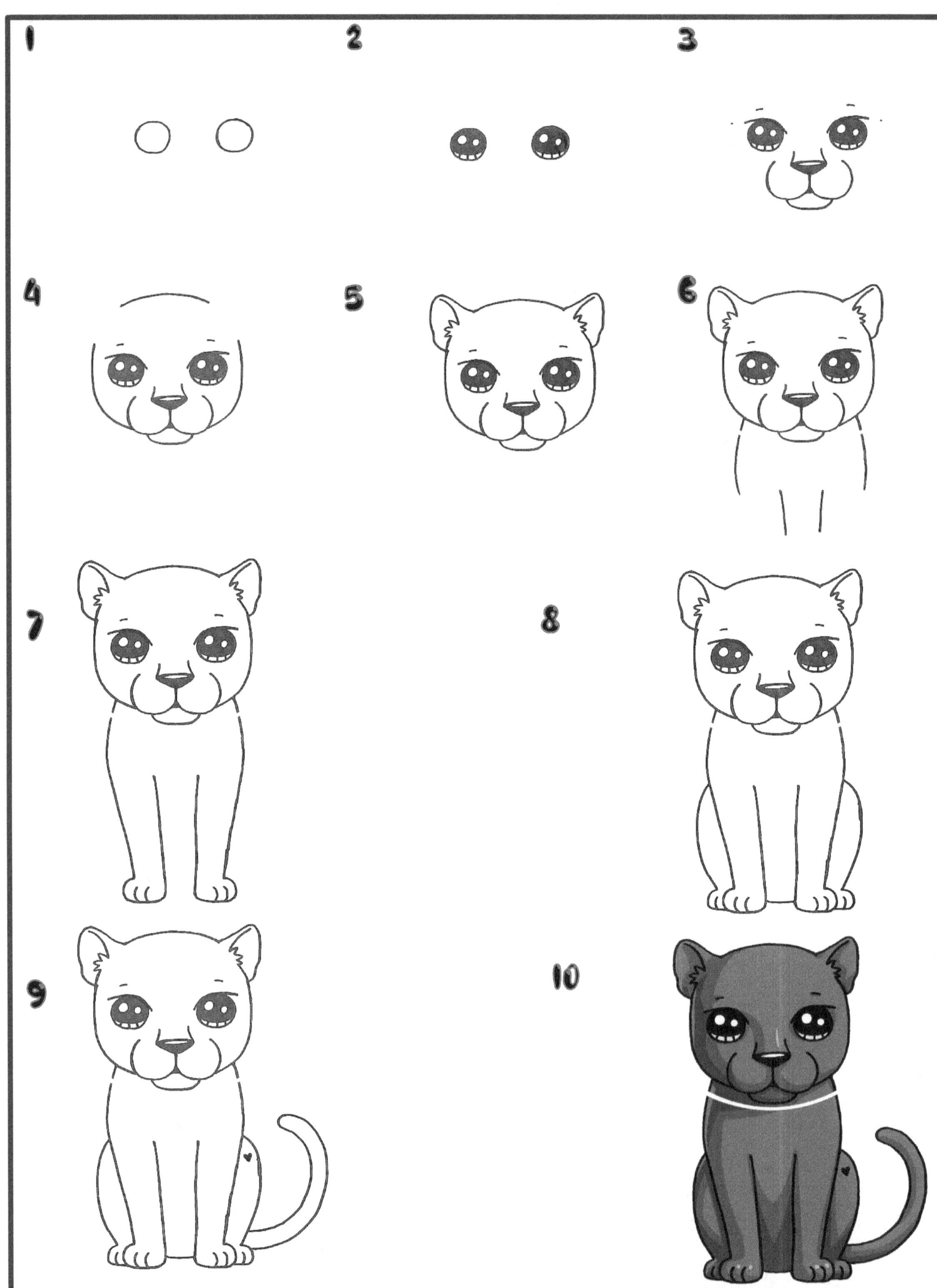

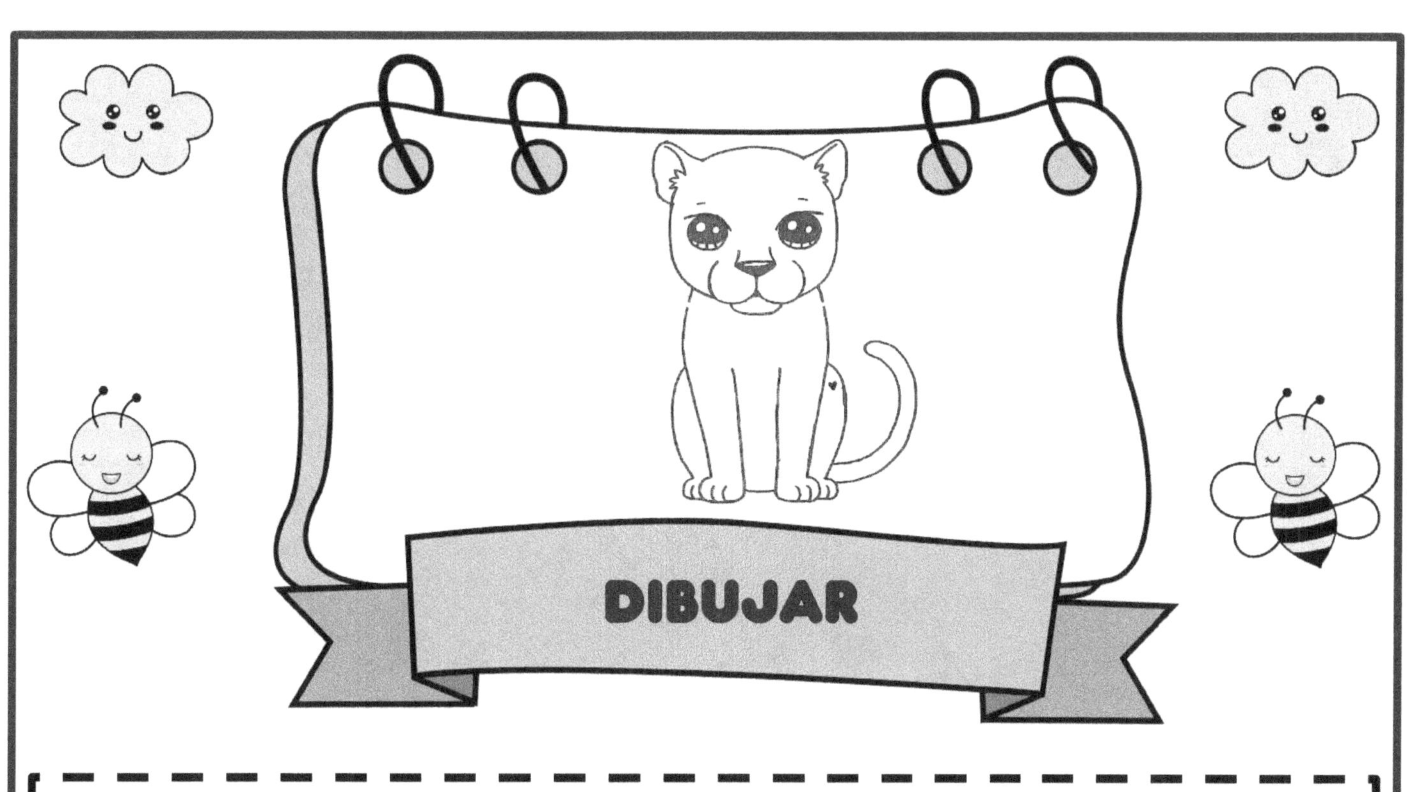

DIBUJAR

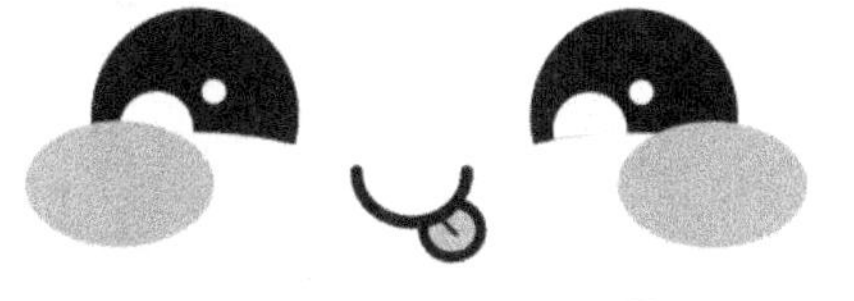
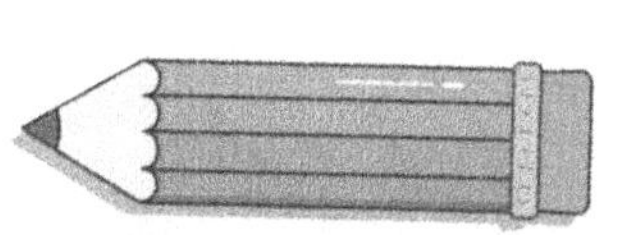
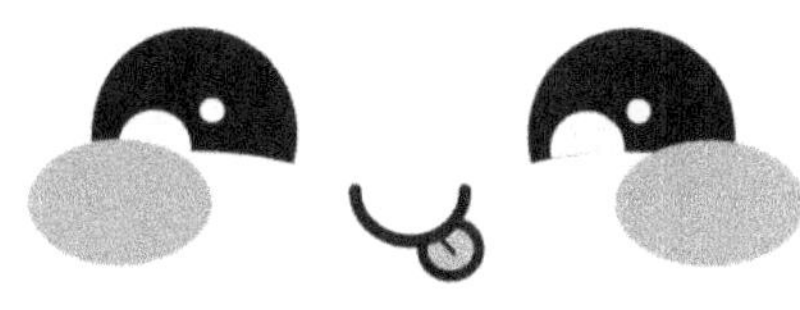

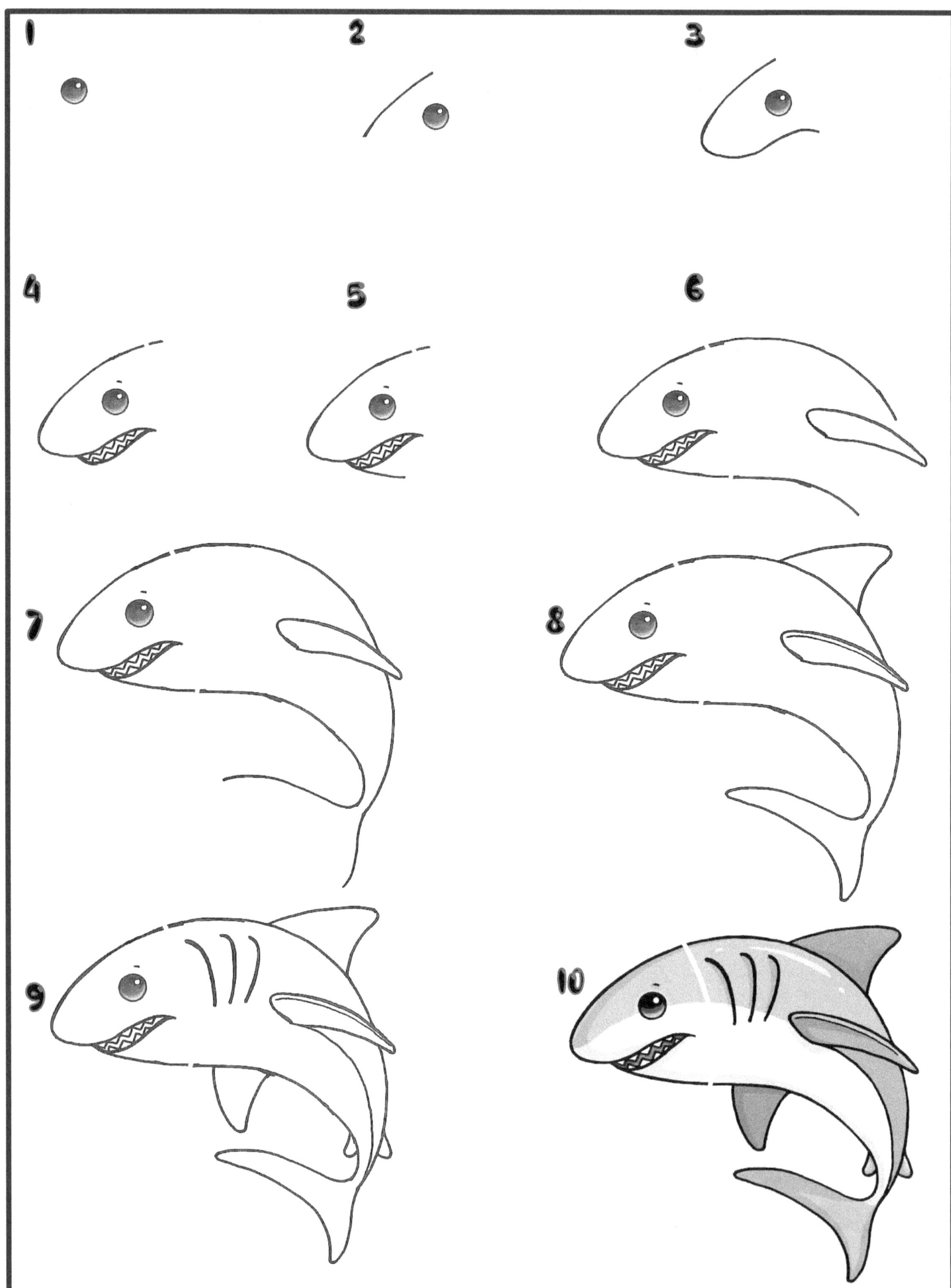

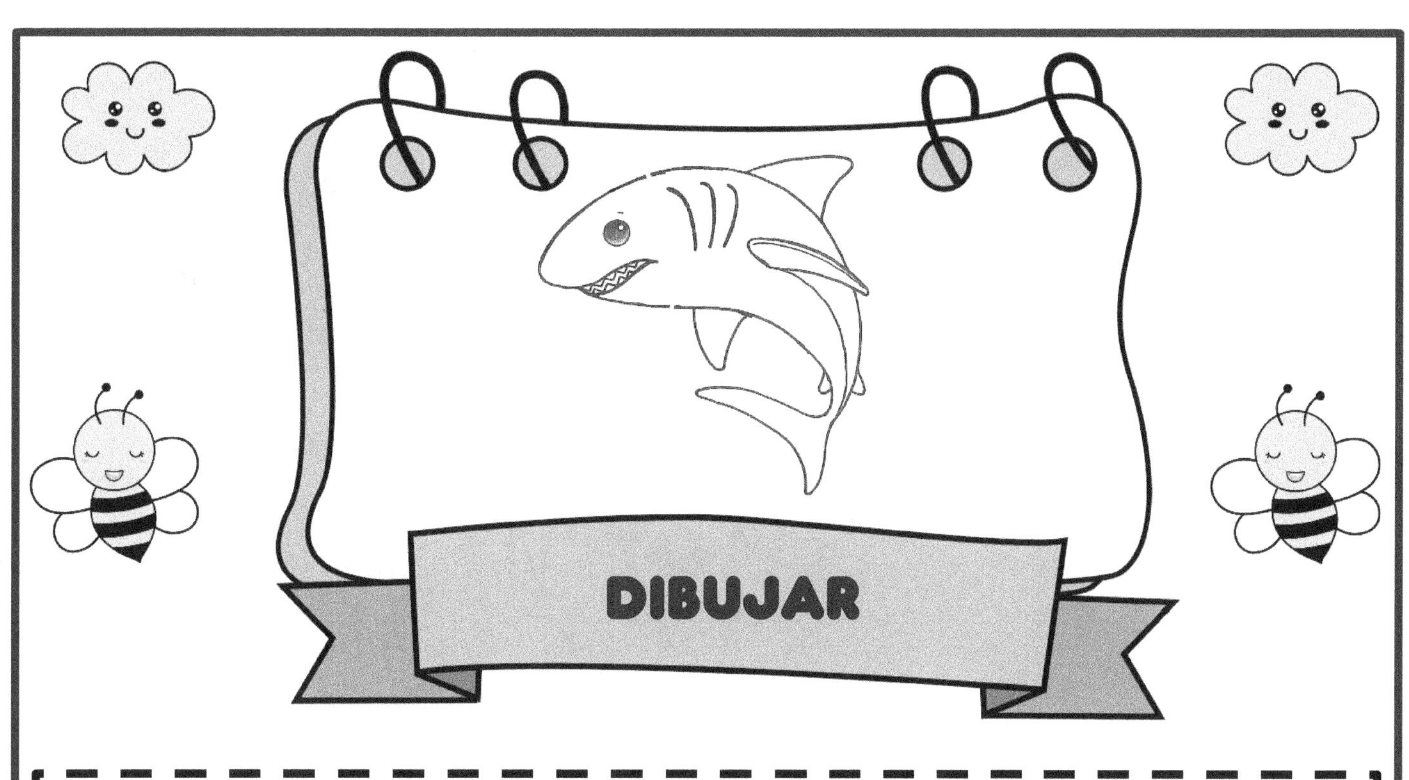

DIBUJAR

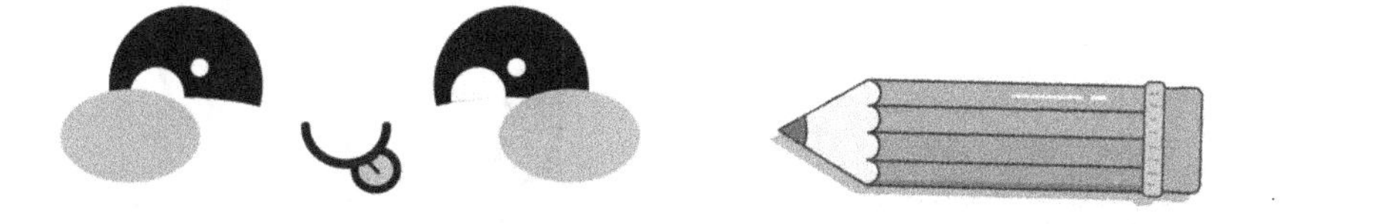

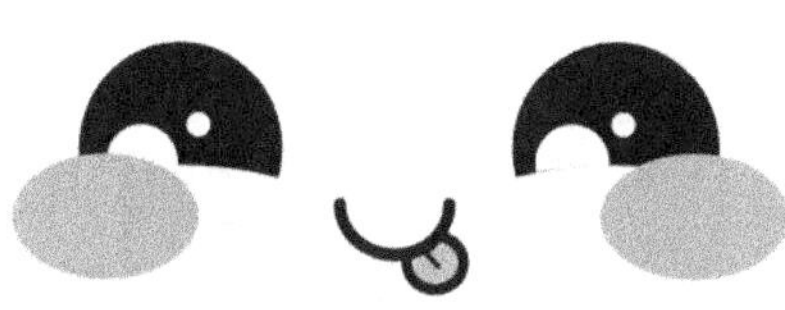

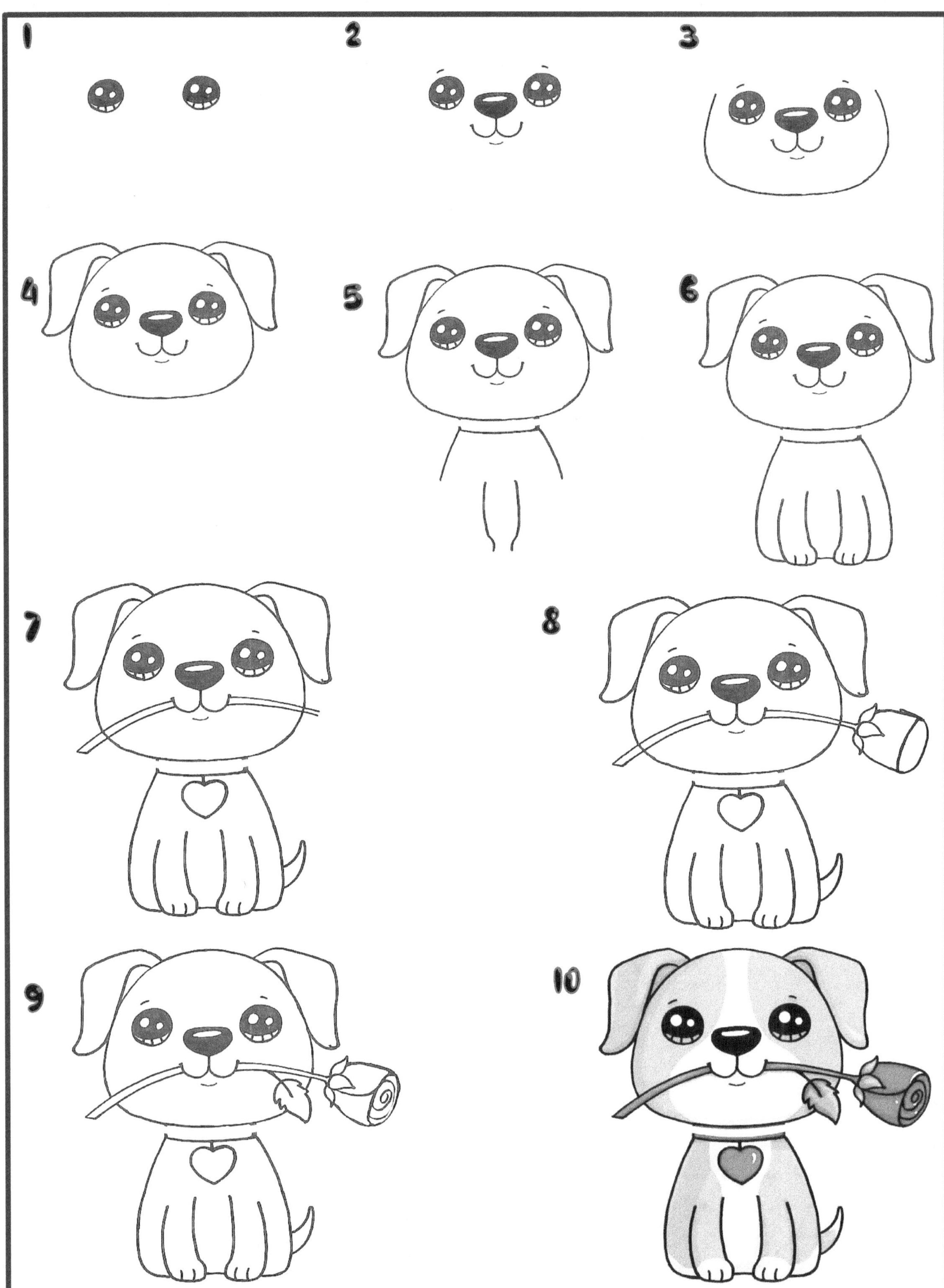

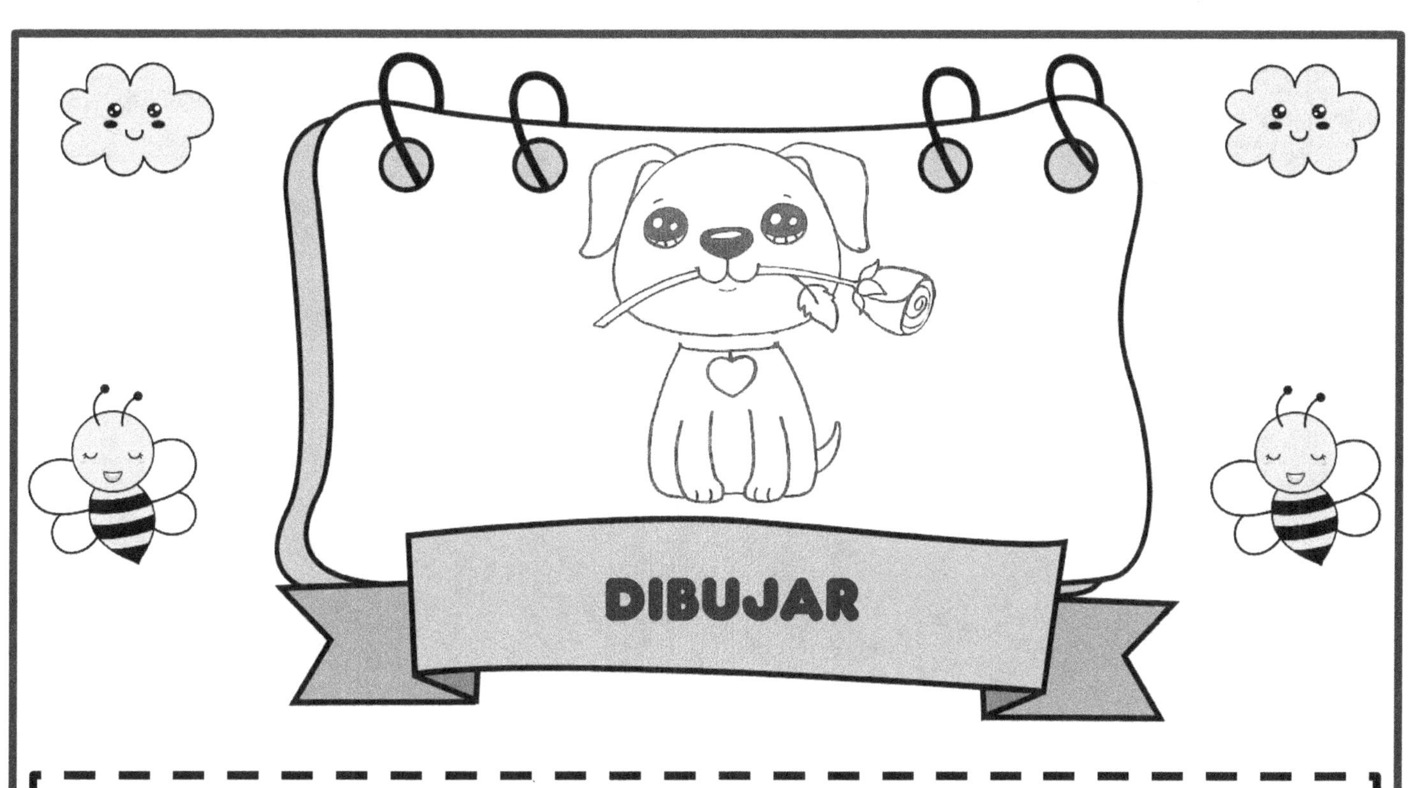

DIBUJAR

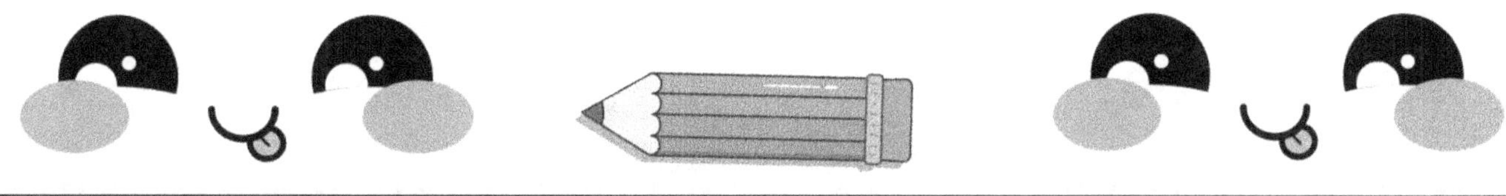

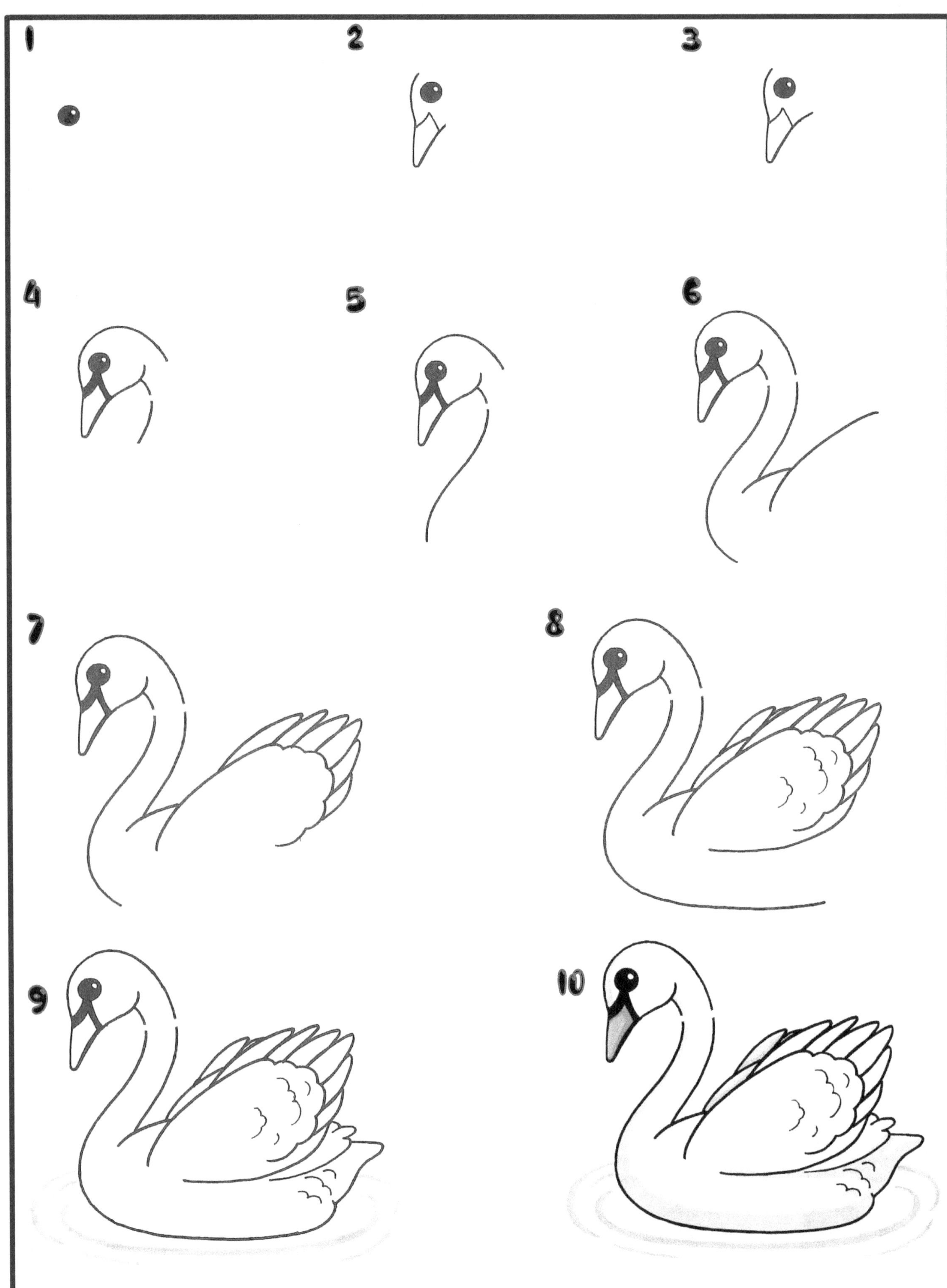

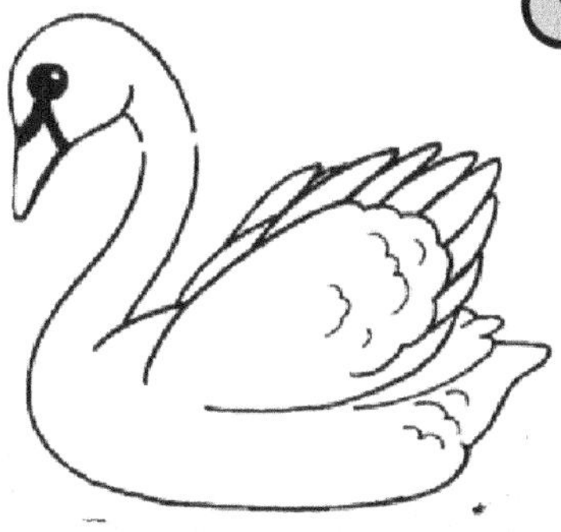

DIBUJAR

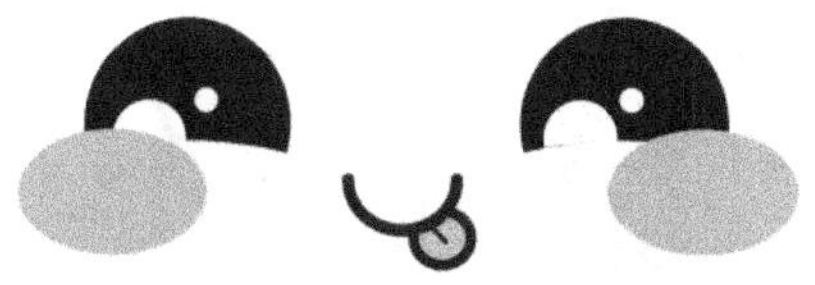
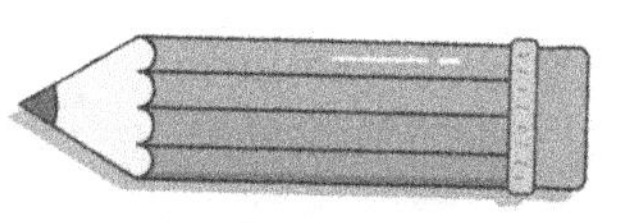
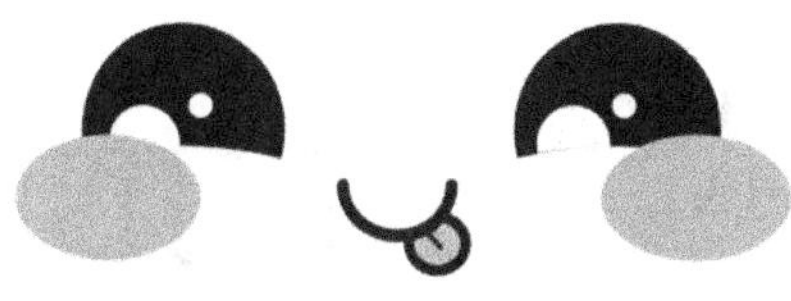

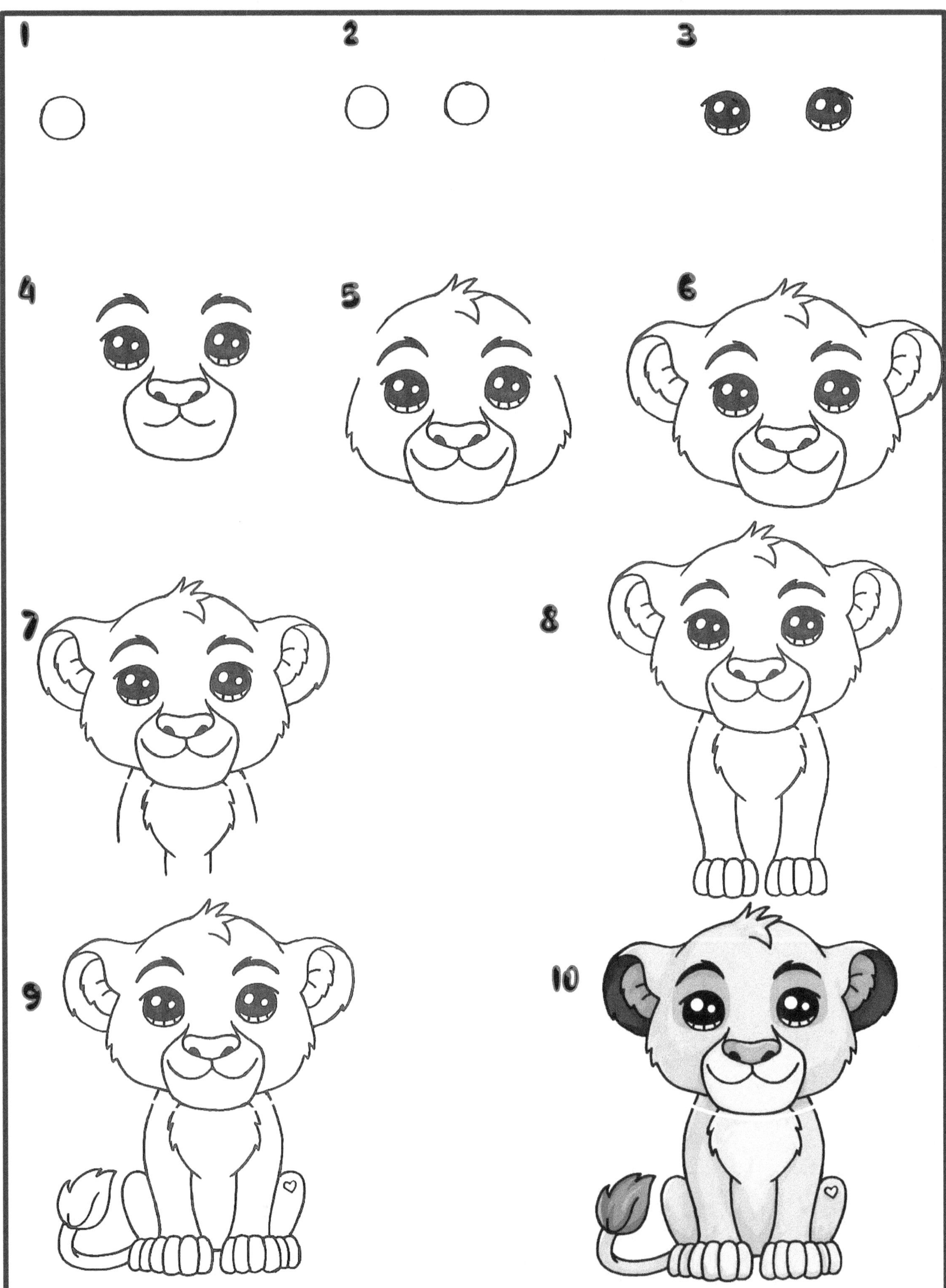

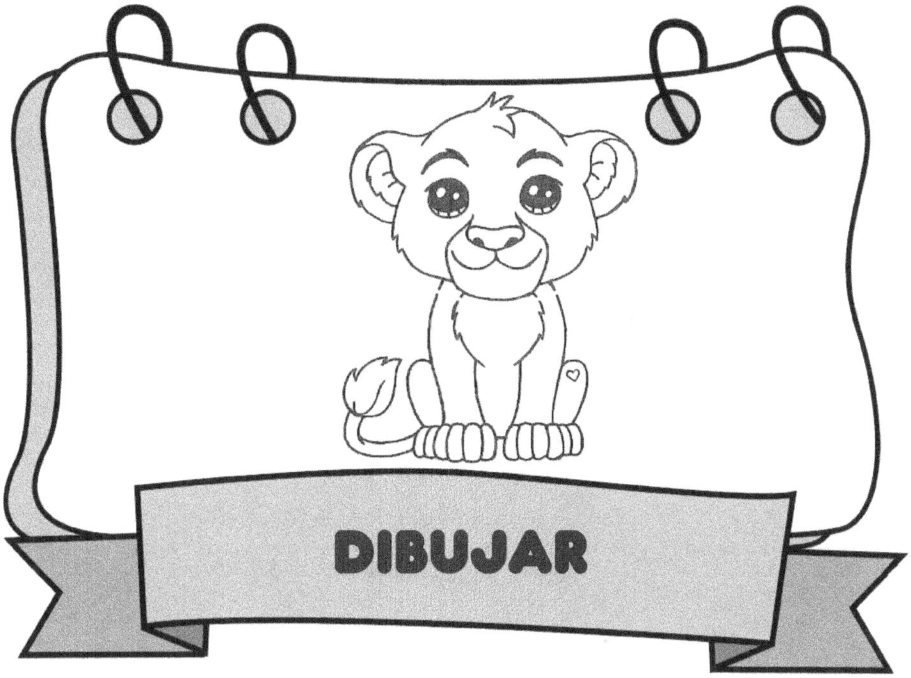

DIBUJAR

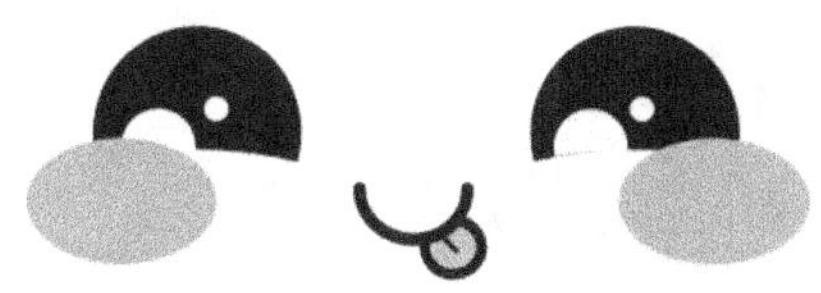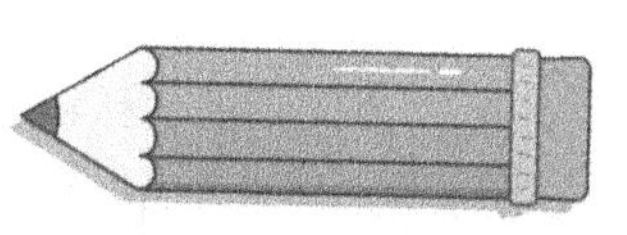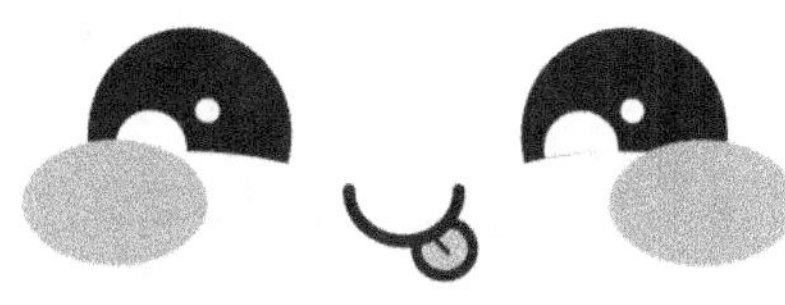

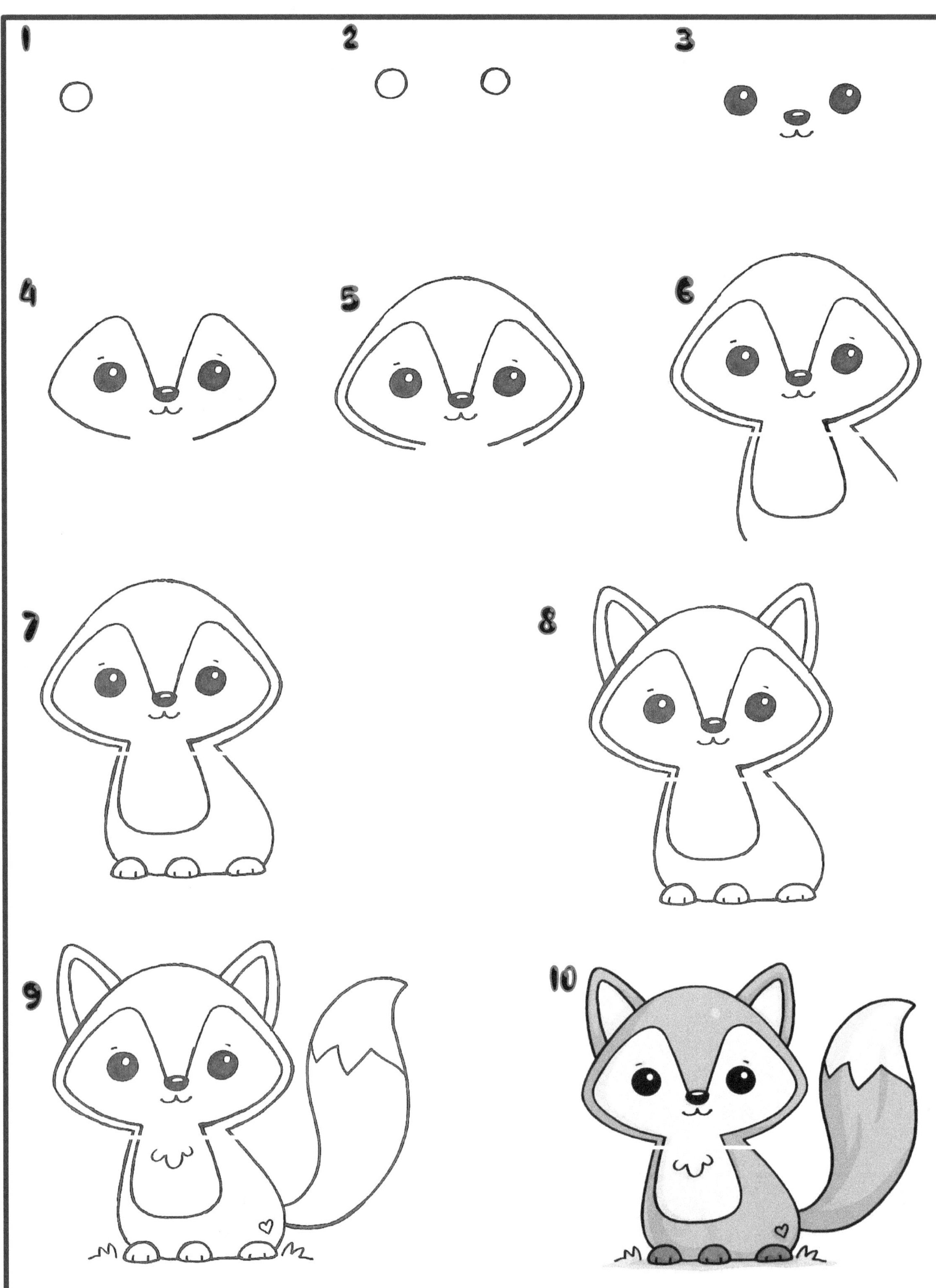

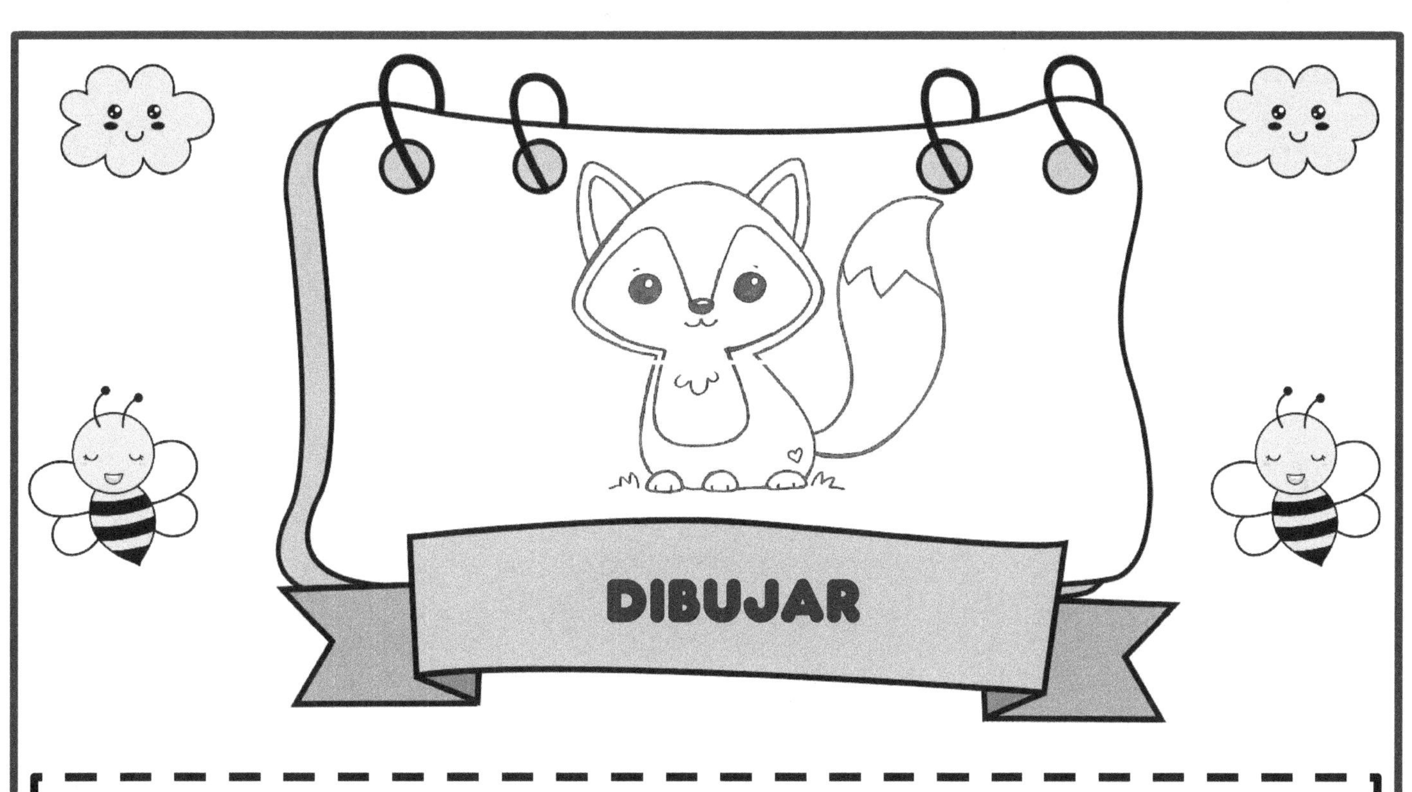

DIBUJAR

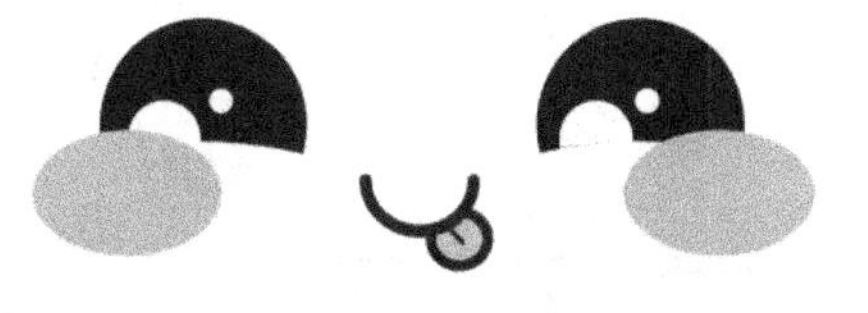
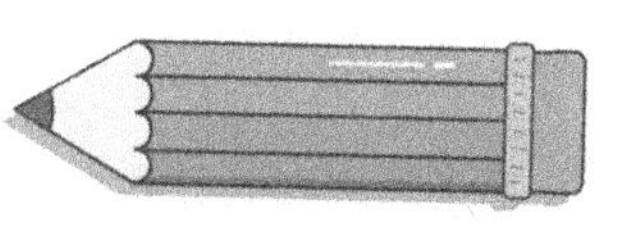
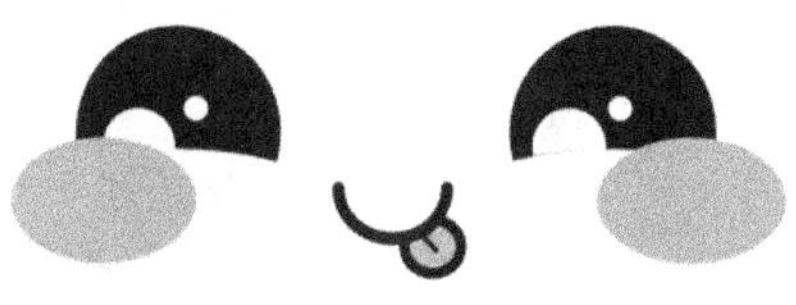

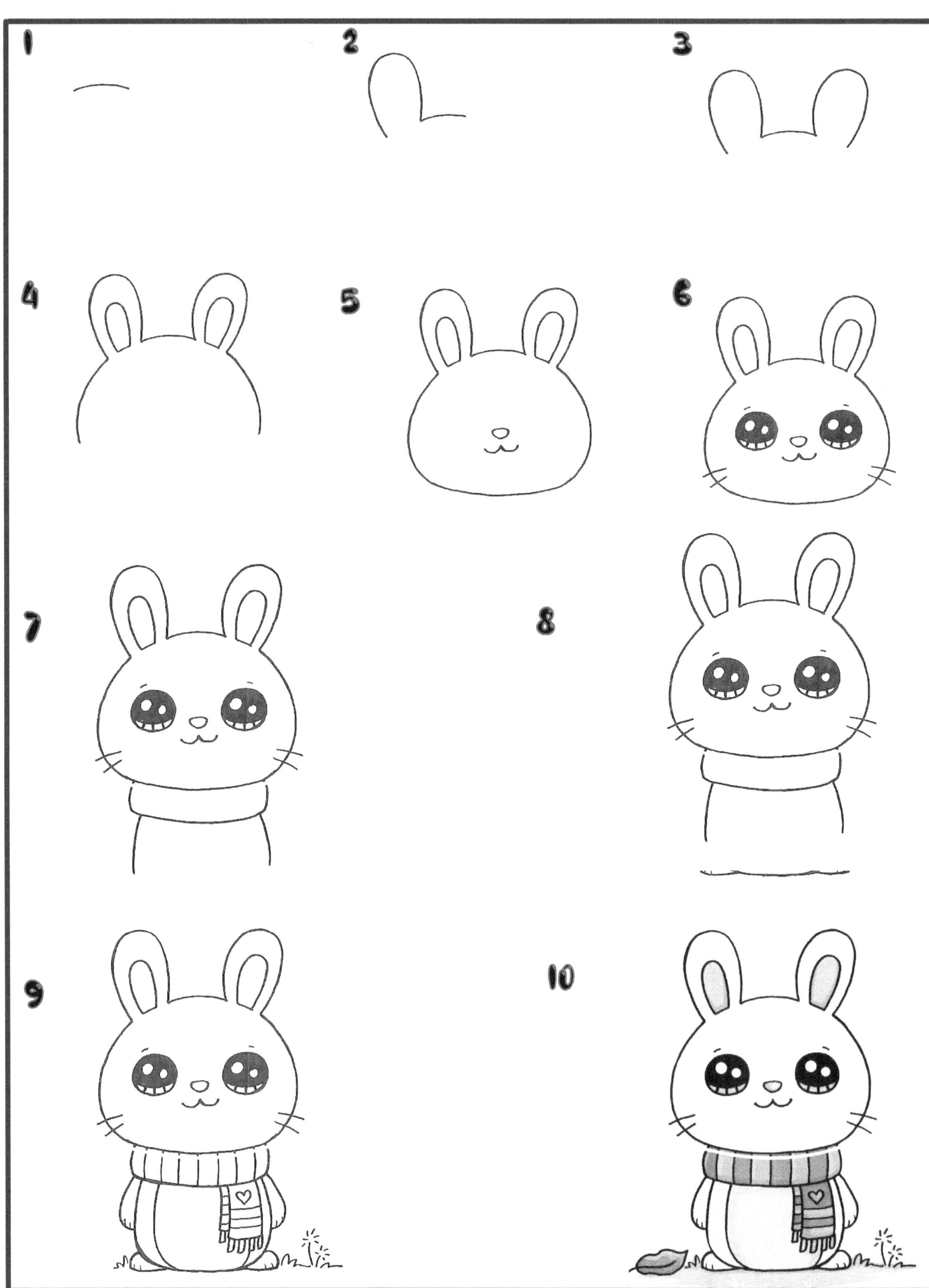

1
2
3
4
5
6
7
8
9
10

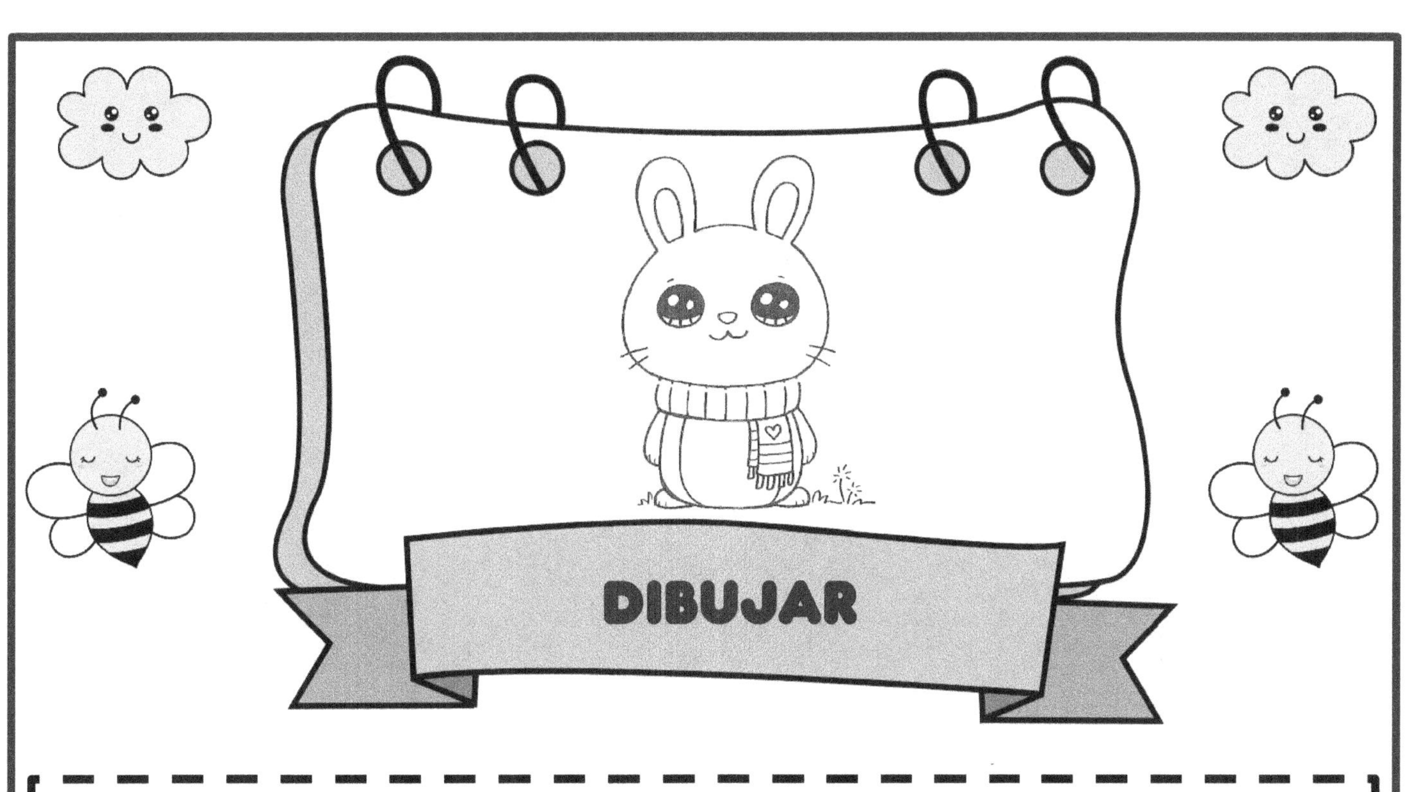

DIBUJAR

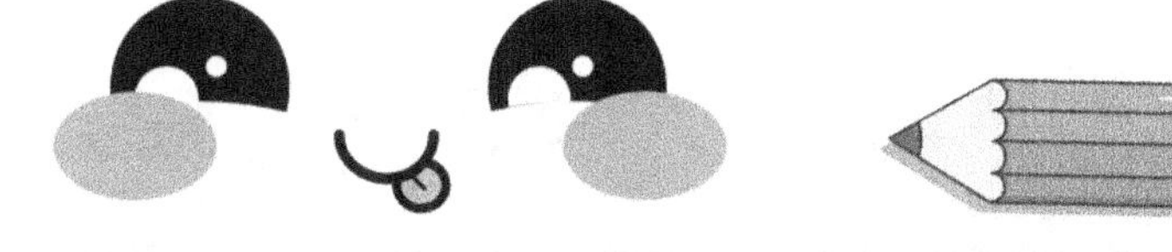

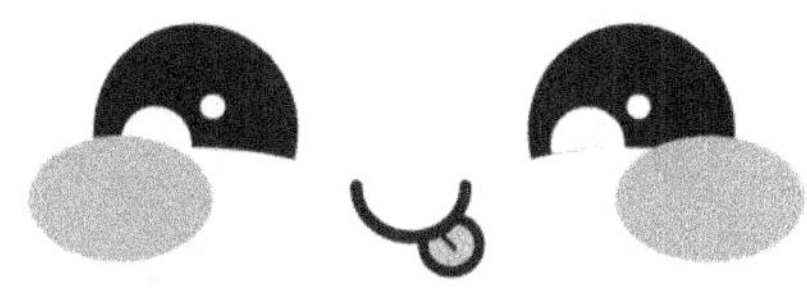

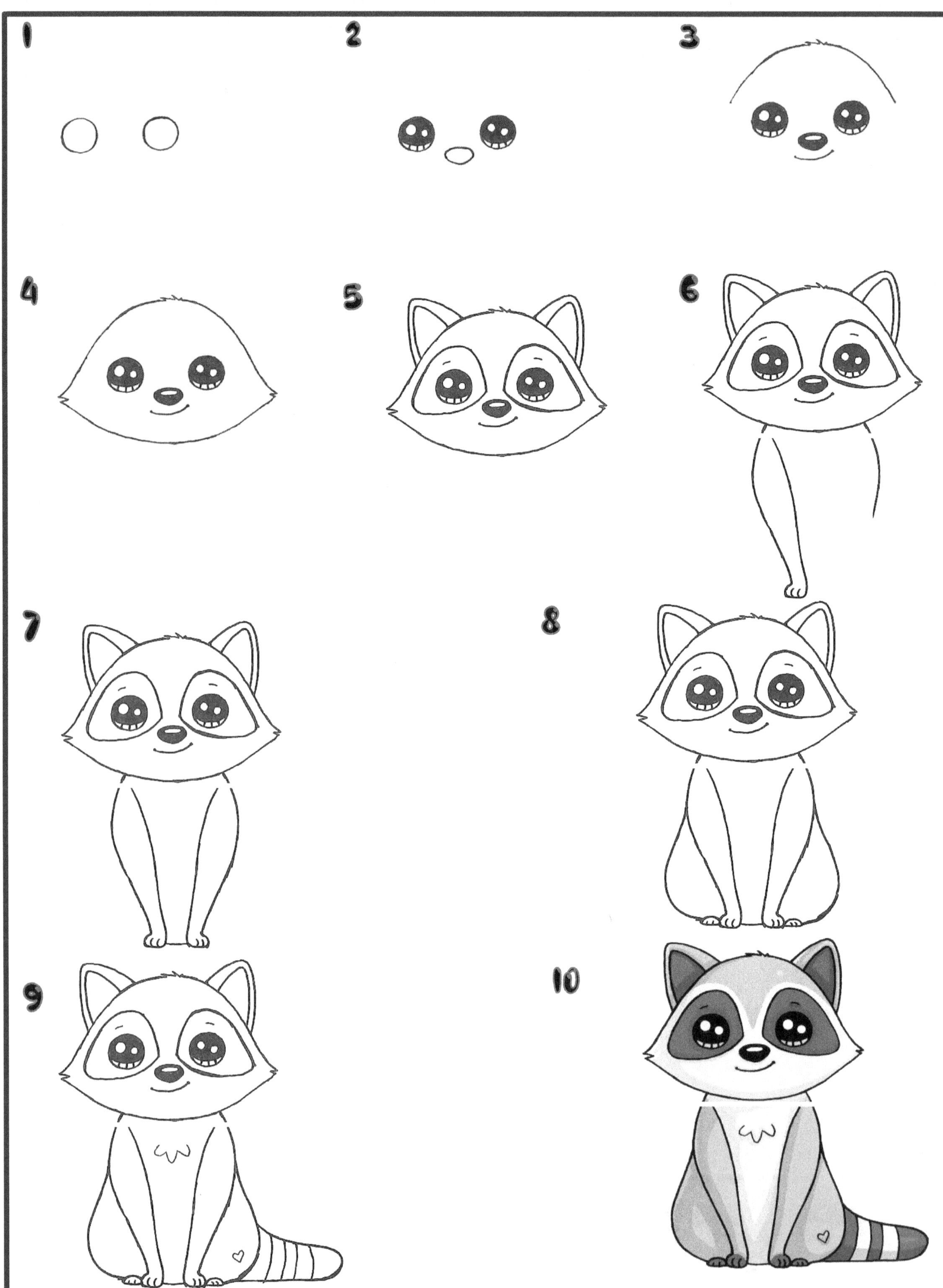

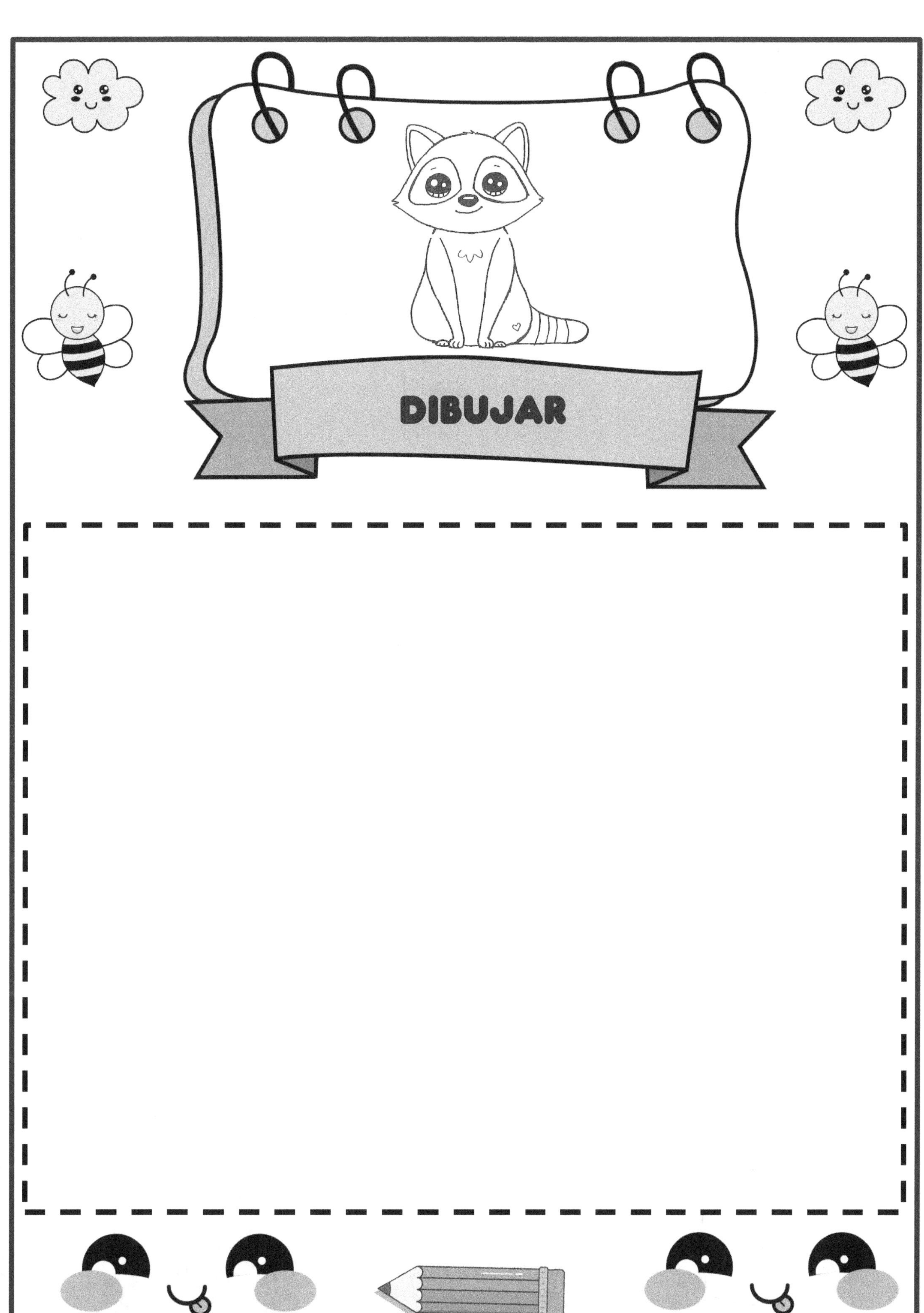

DIBUJAR

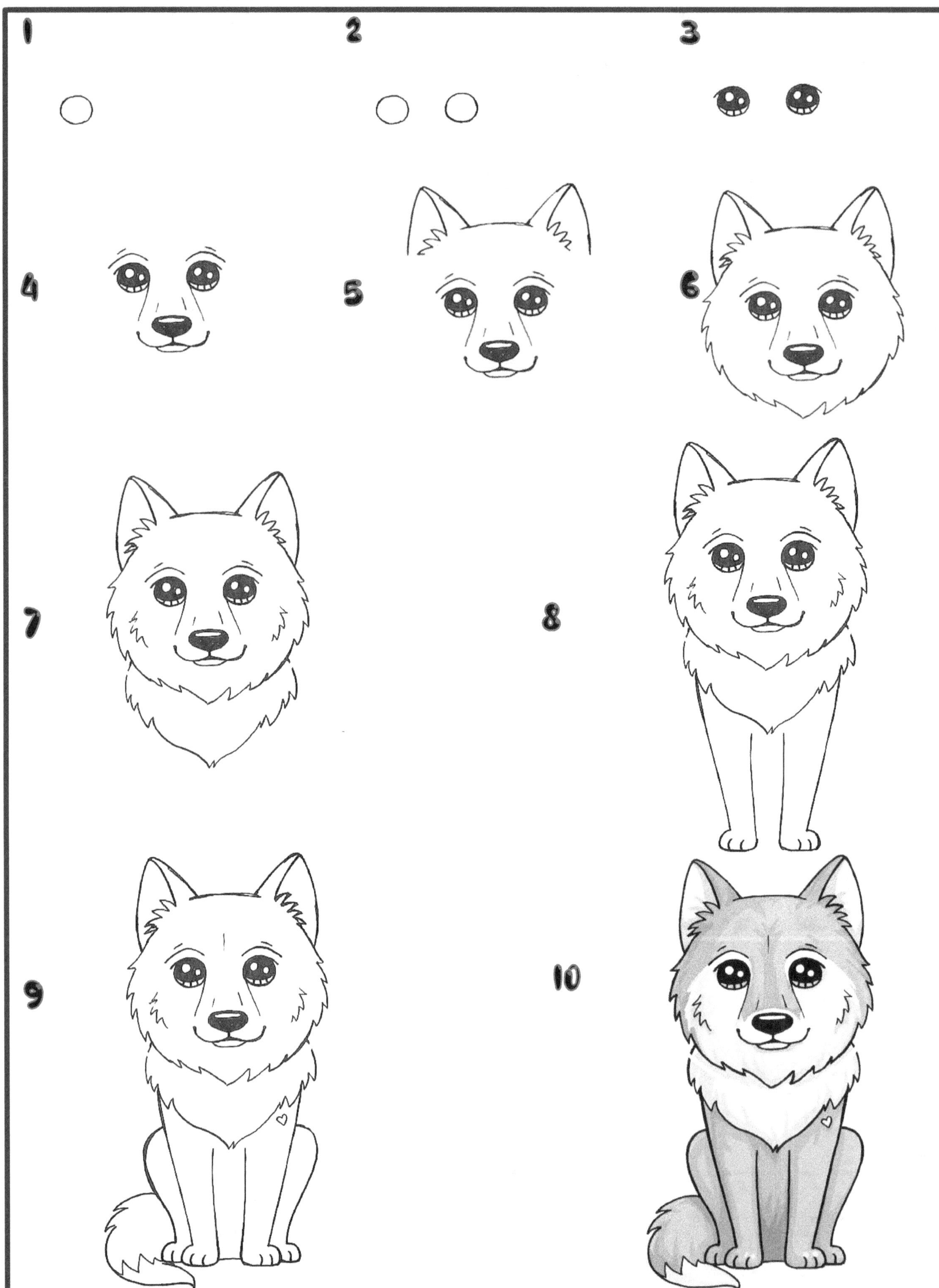

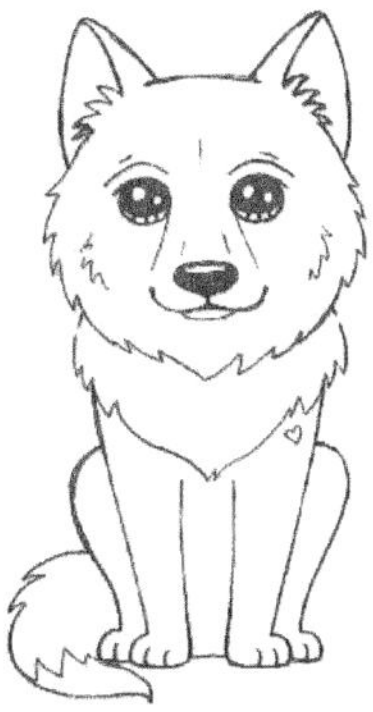

DIBUJAR

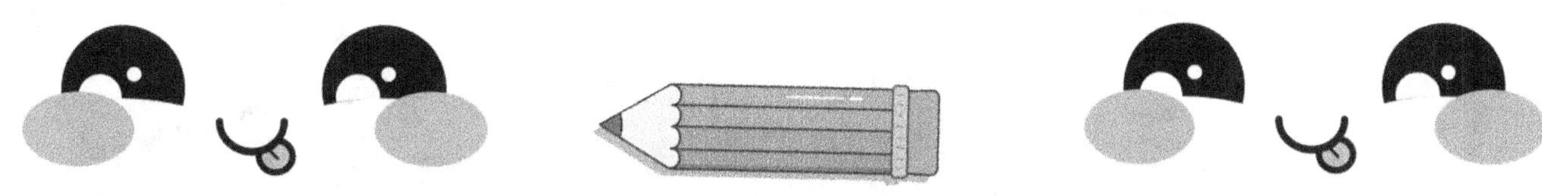

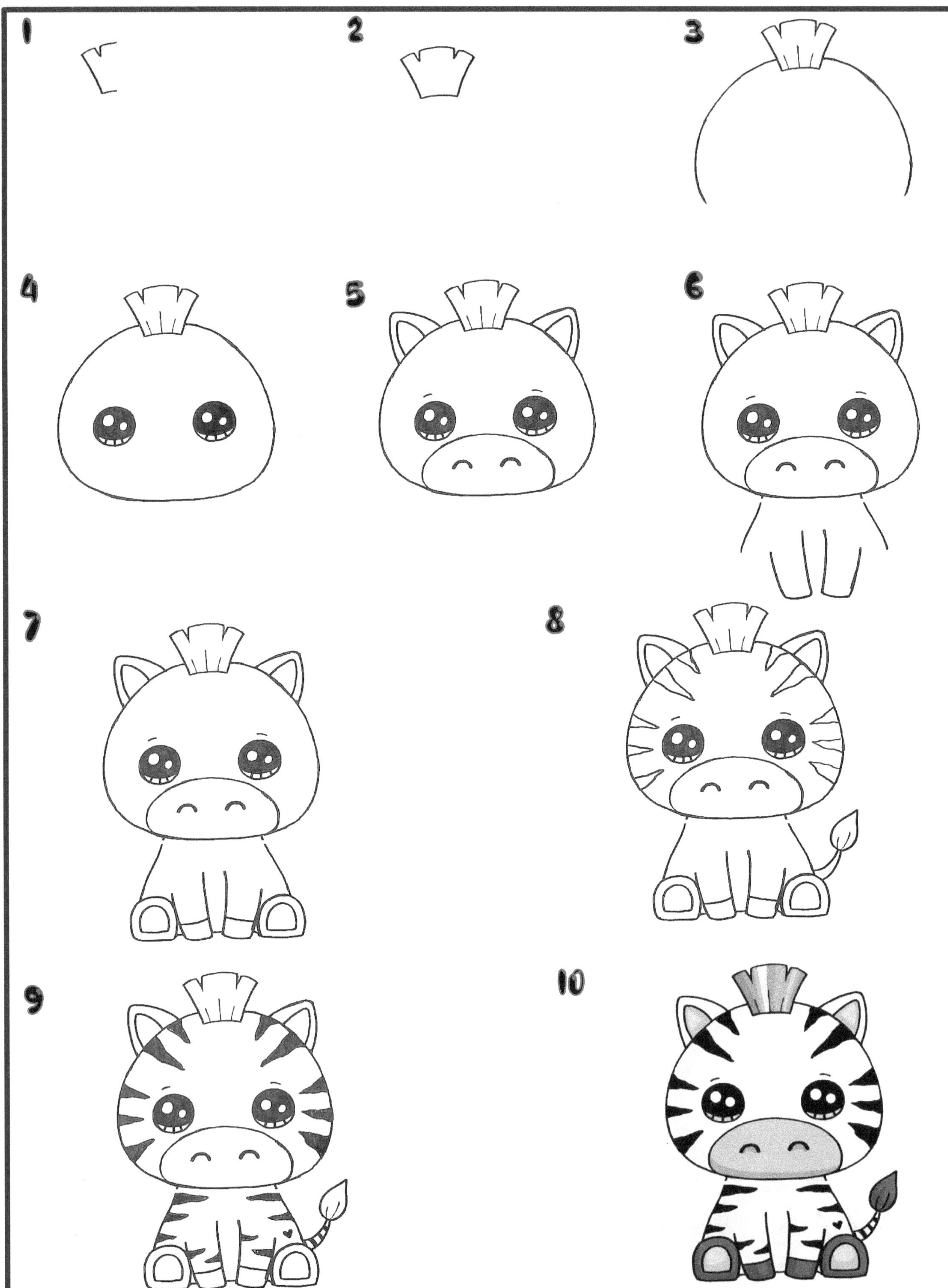

1
2
3
4
5
6
7
8
9
10

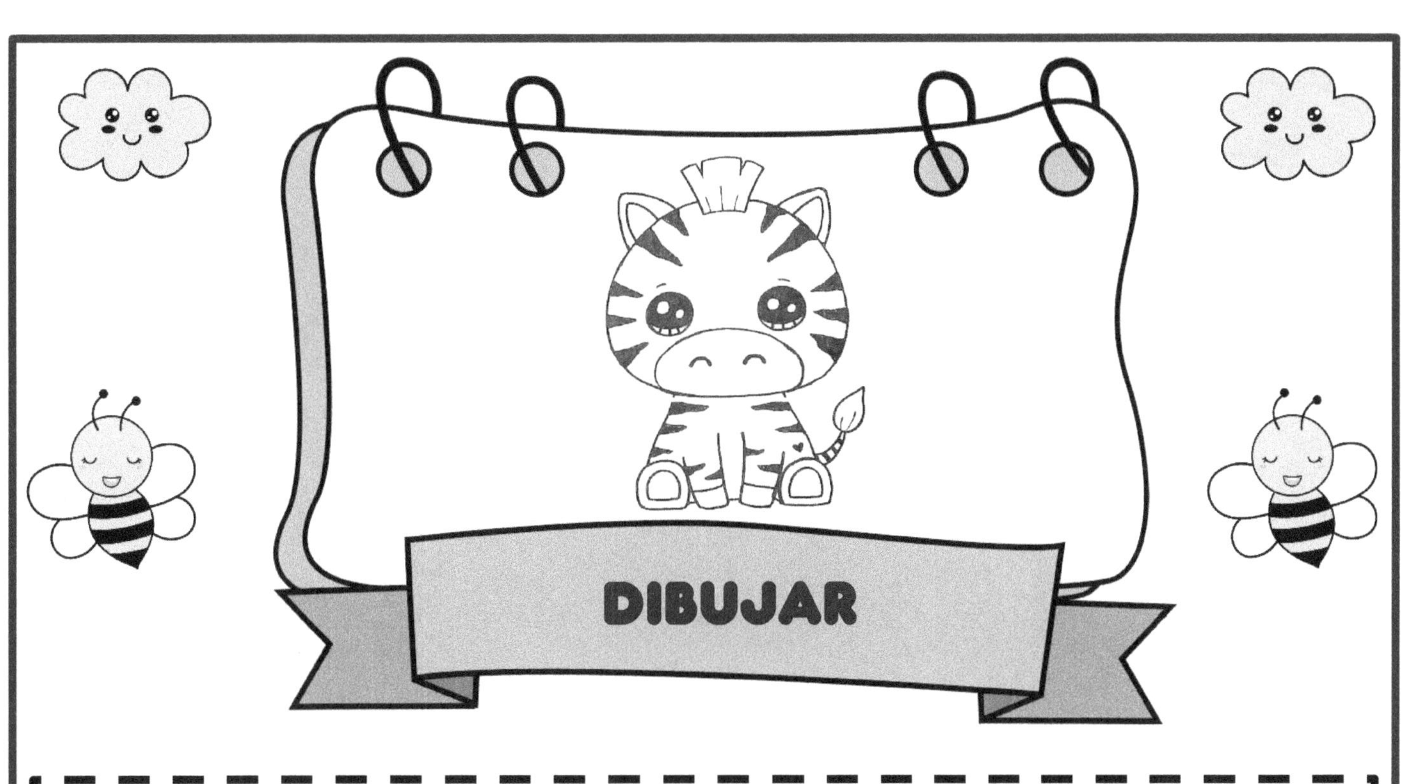

DIBUJAR

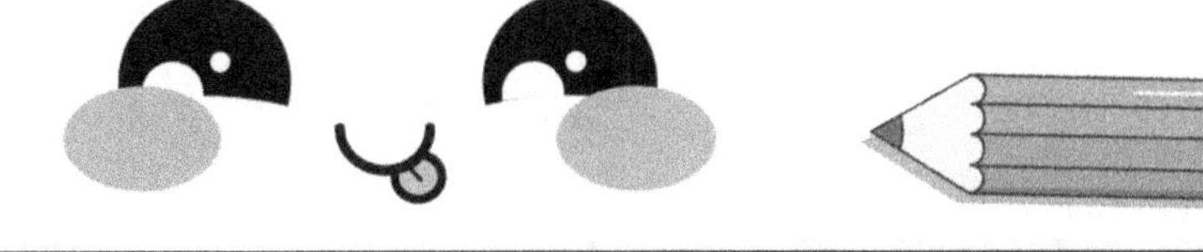

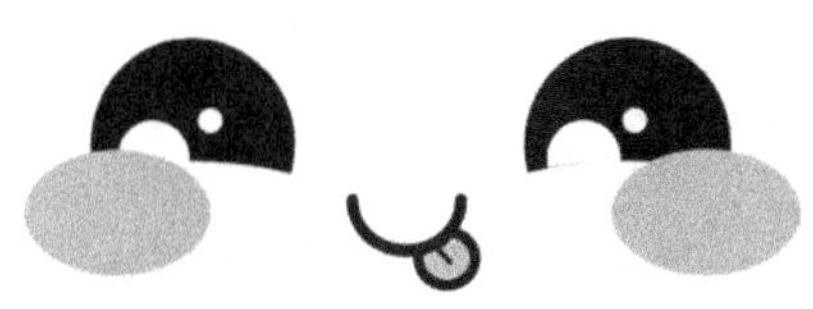

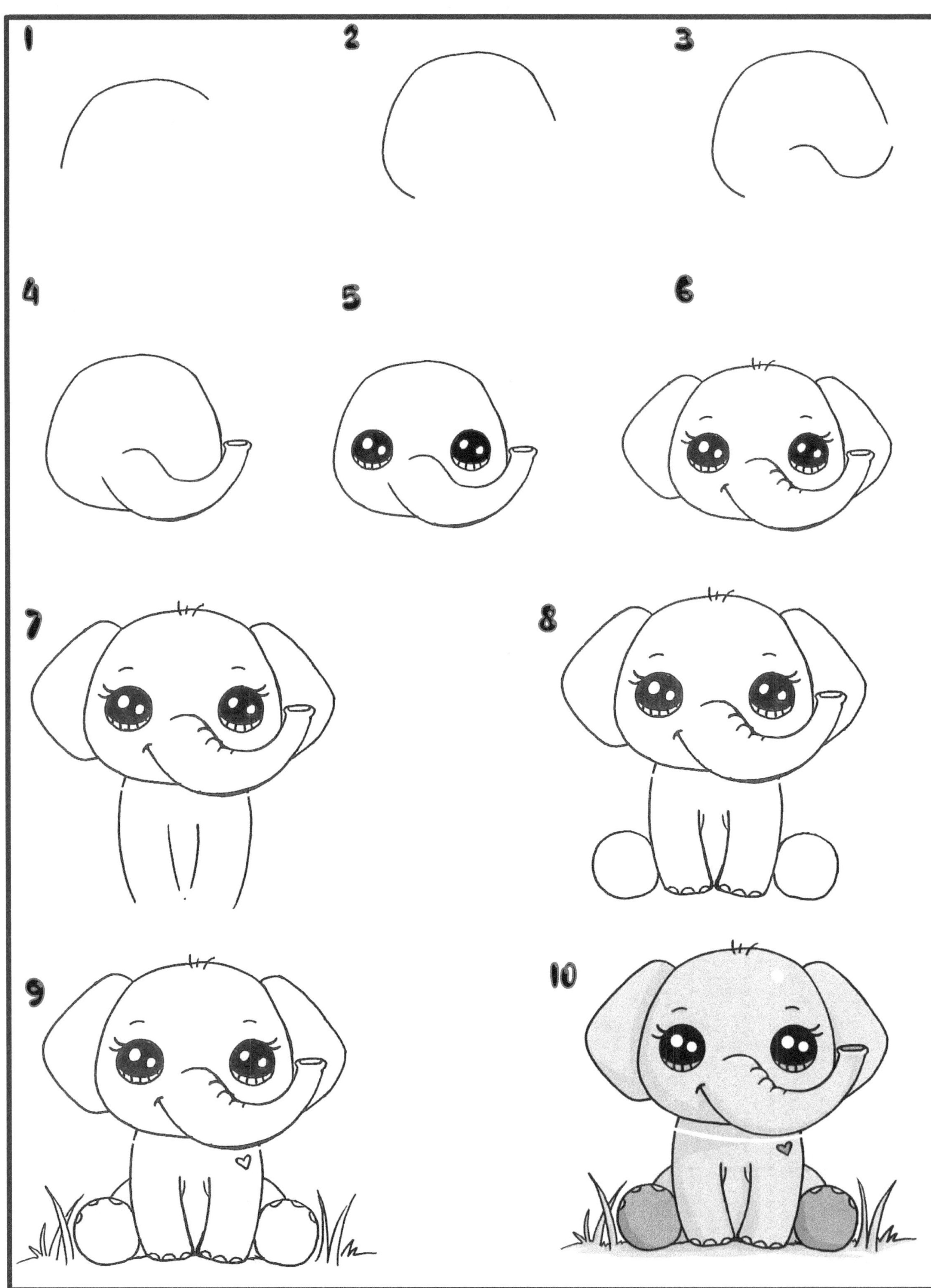

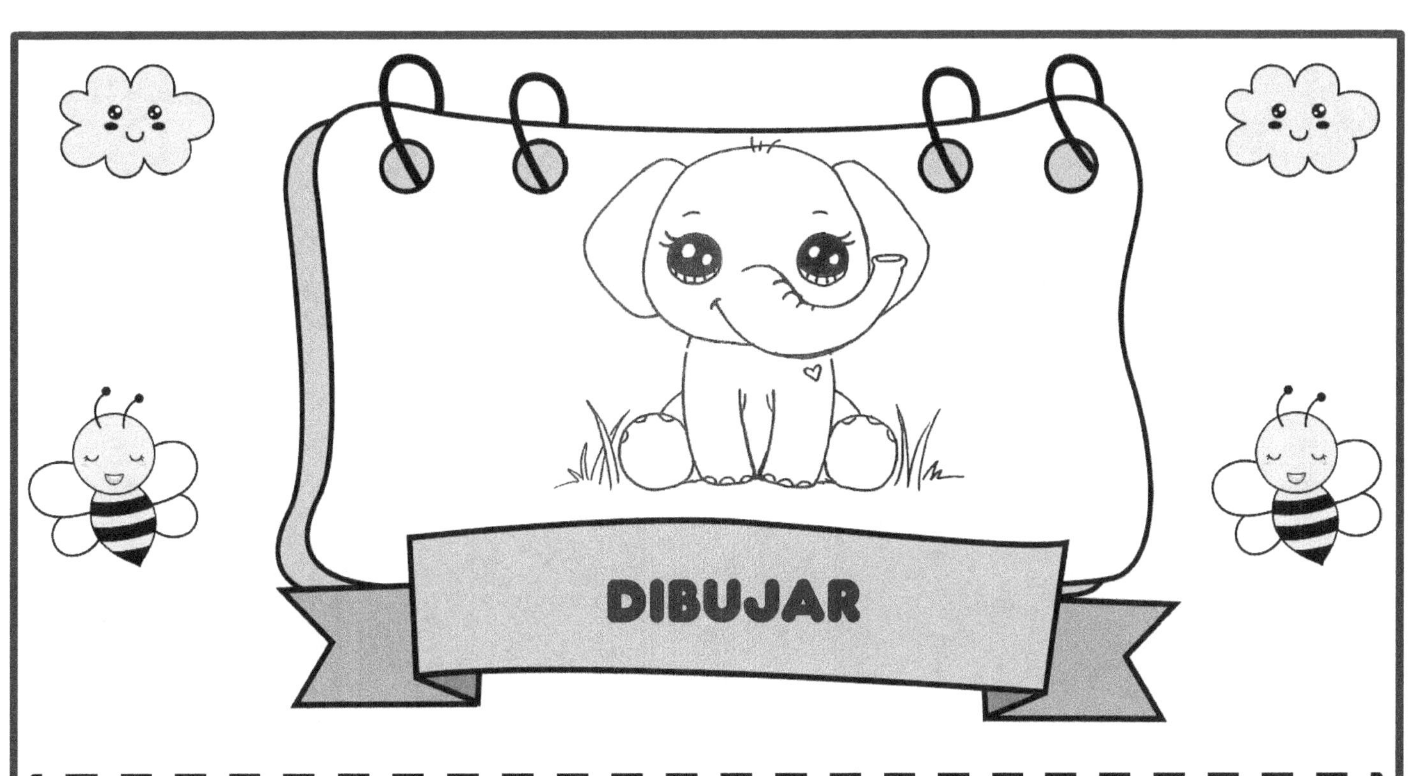

DIBUJAR

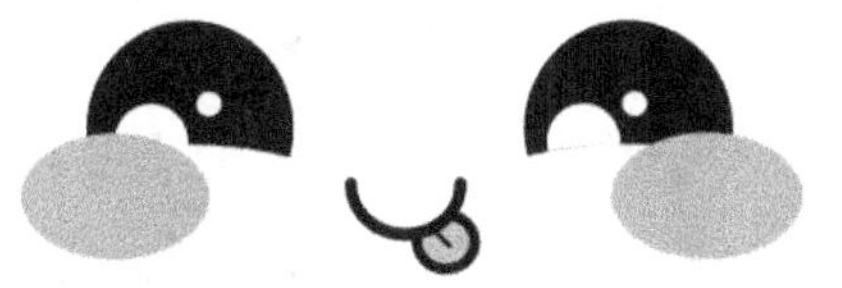
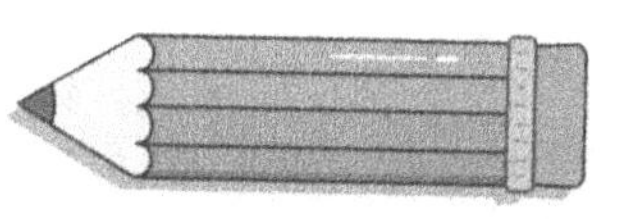
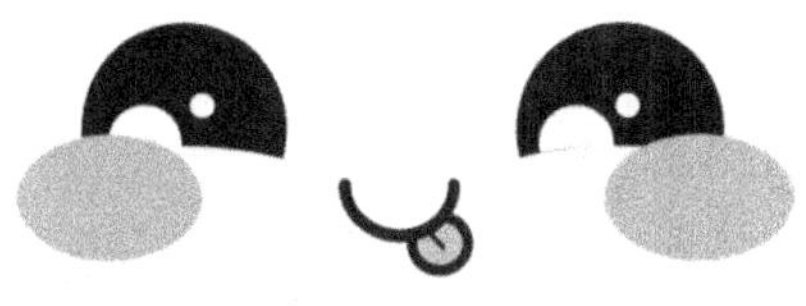

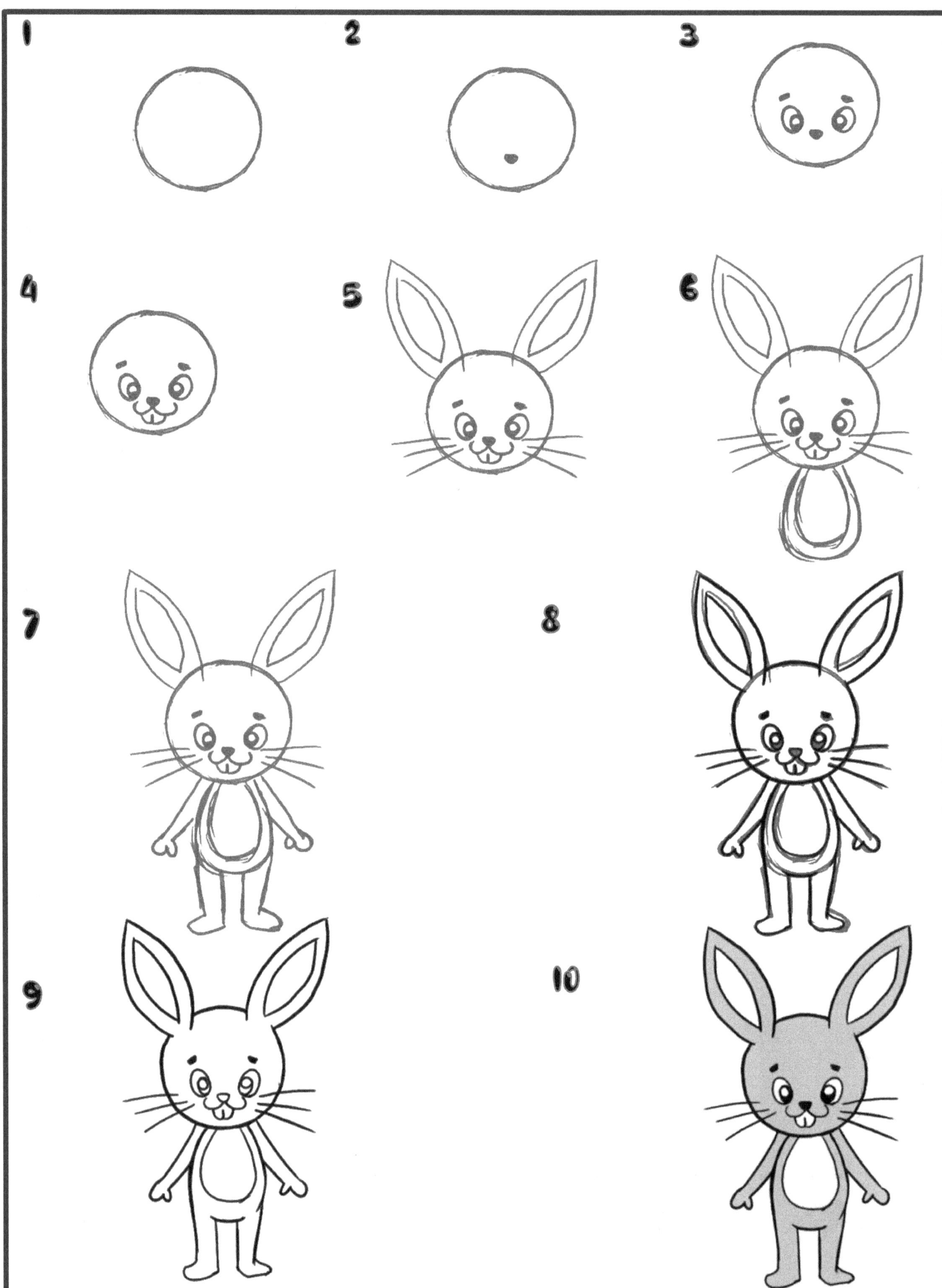

1
2
3
4
5
6
7
8
9
10

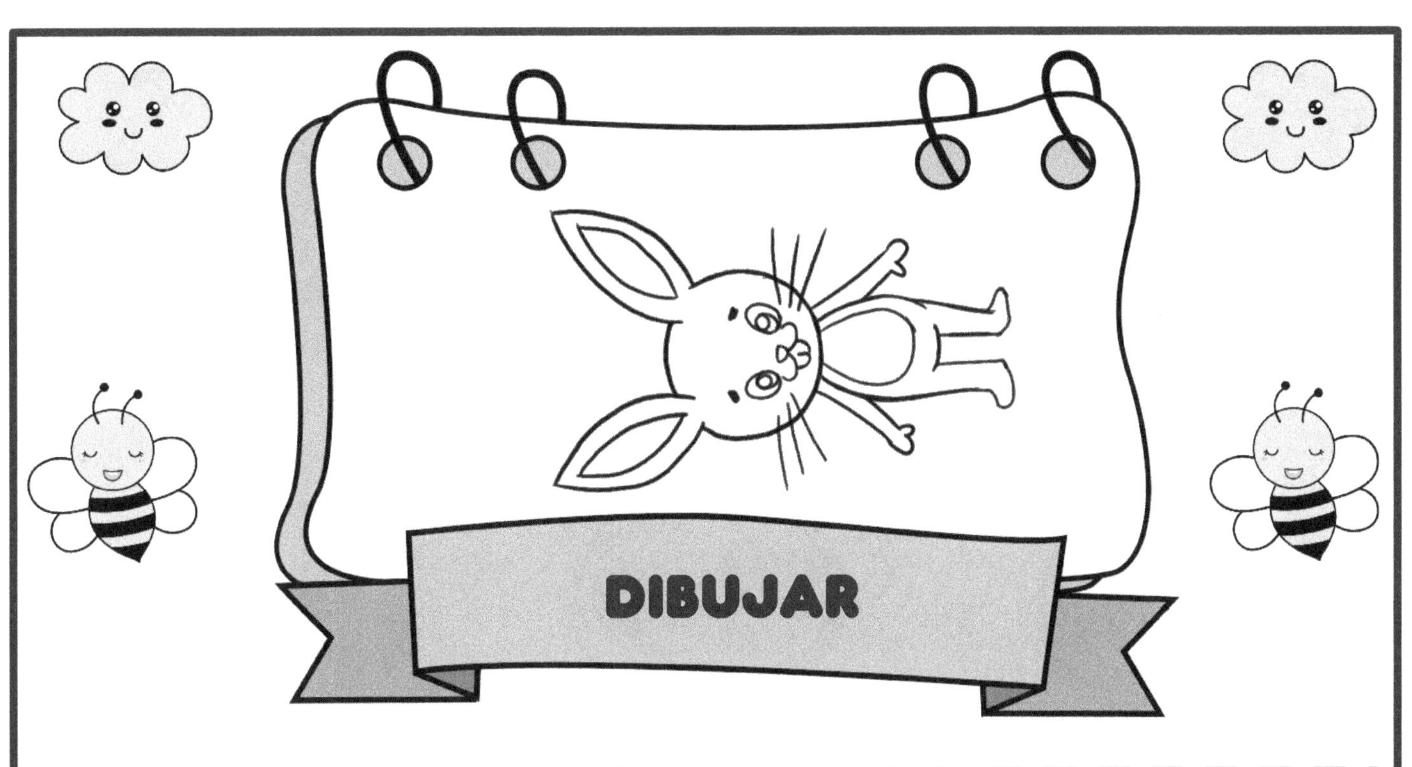

DIBUJAR

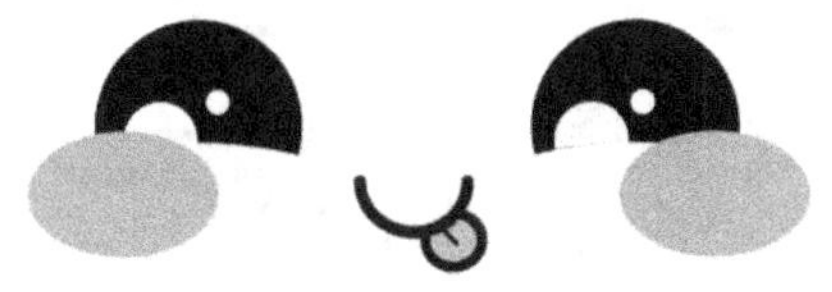
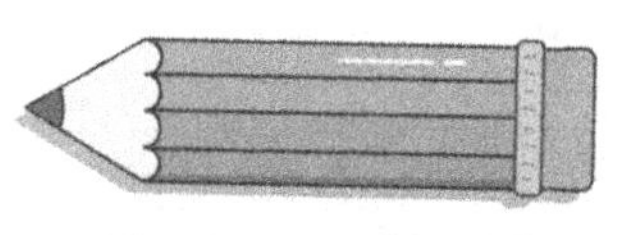
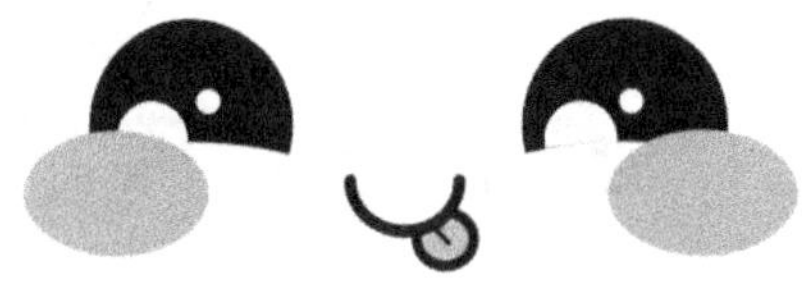

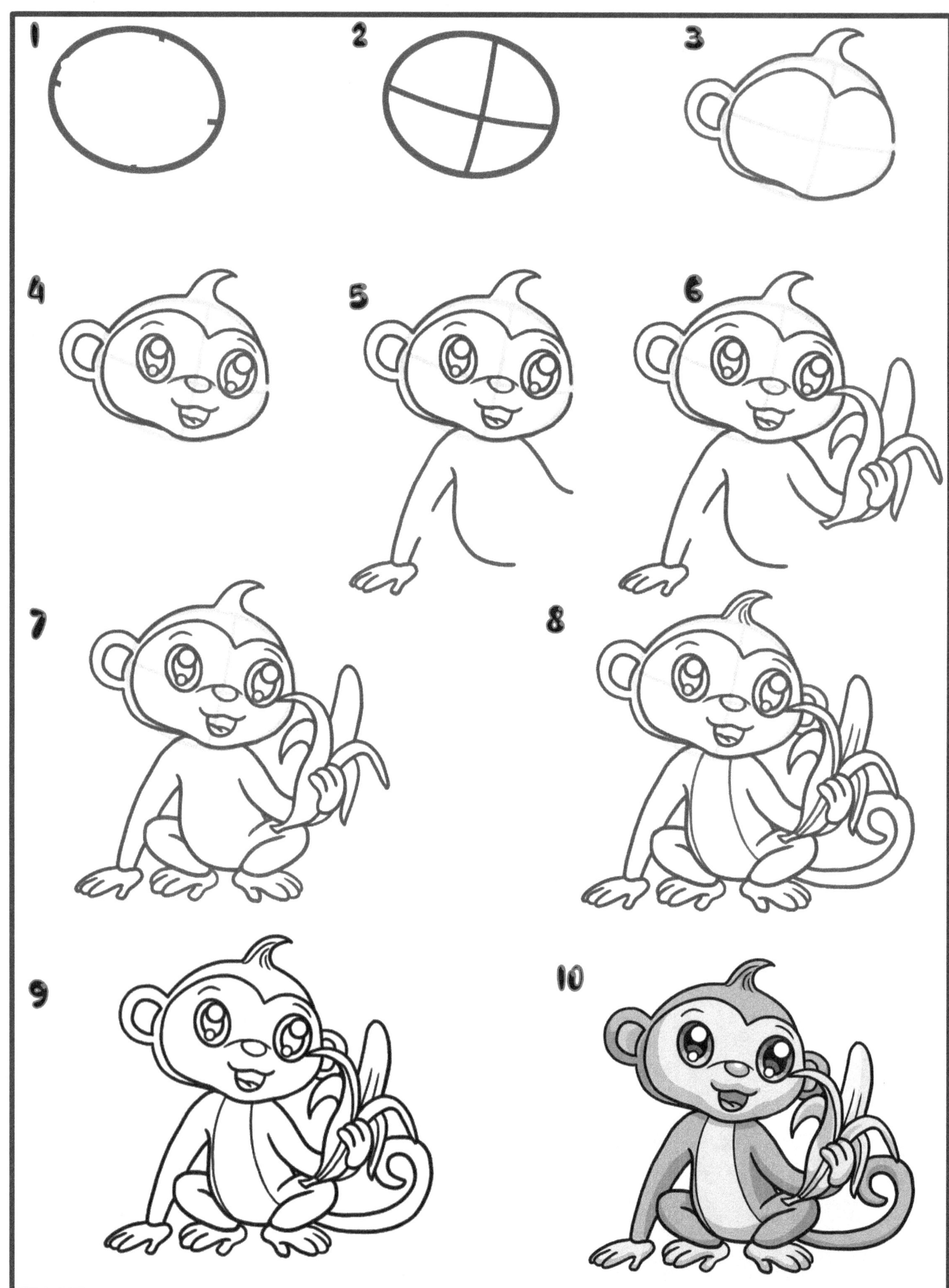

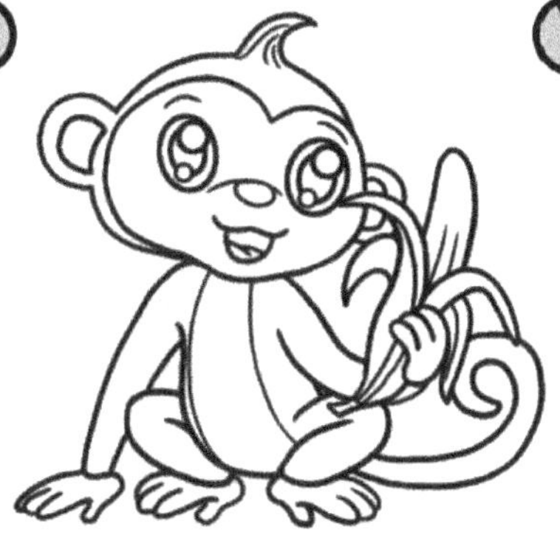

DIBUJAR

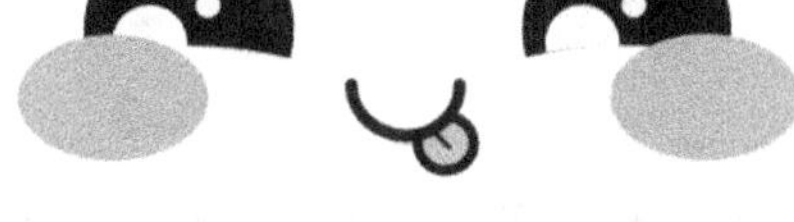
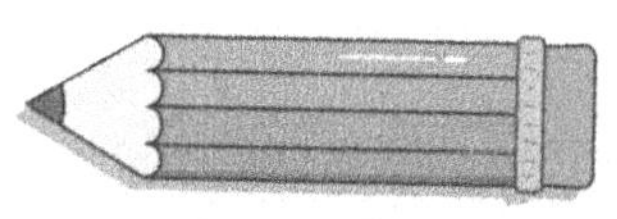
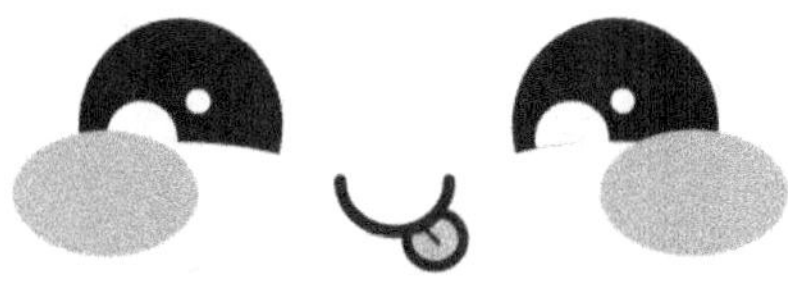

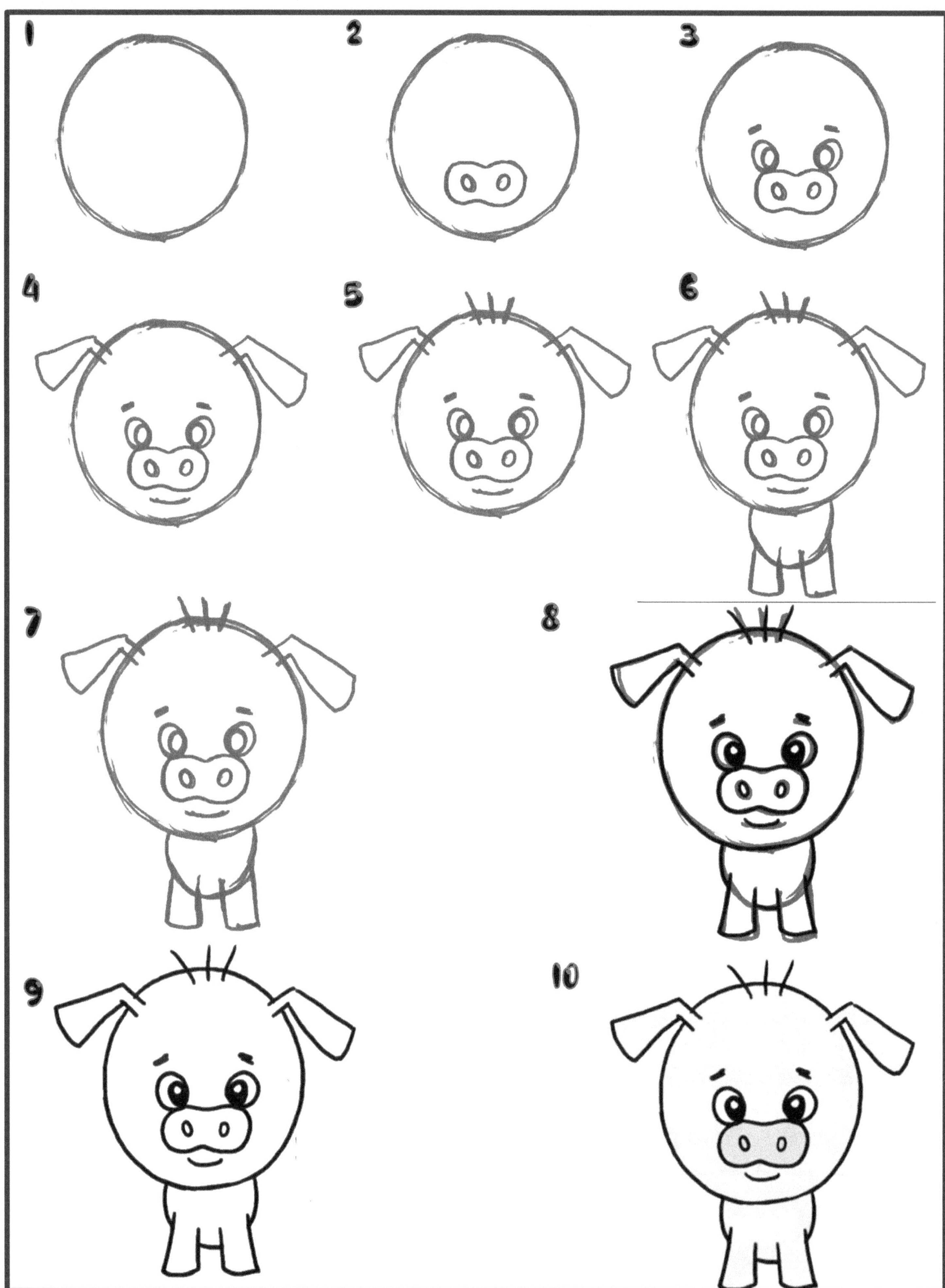

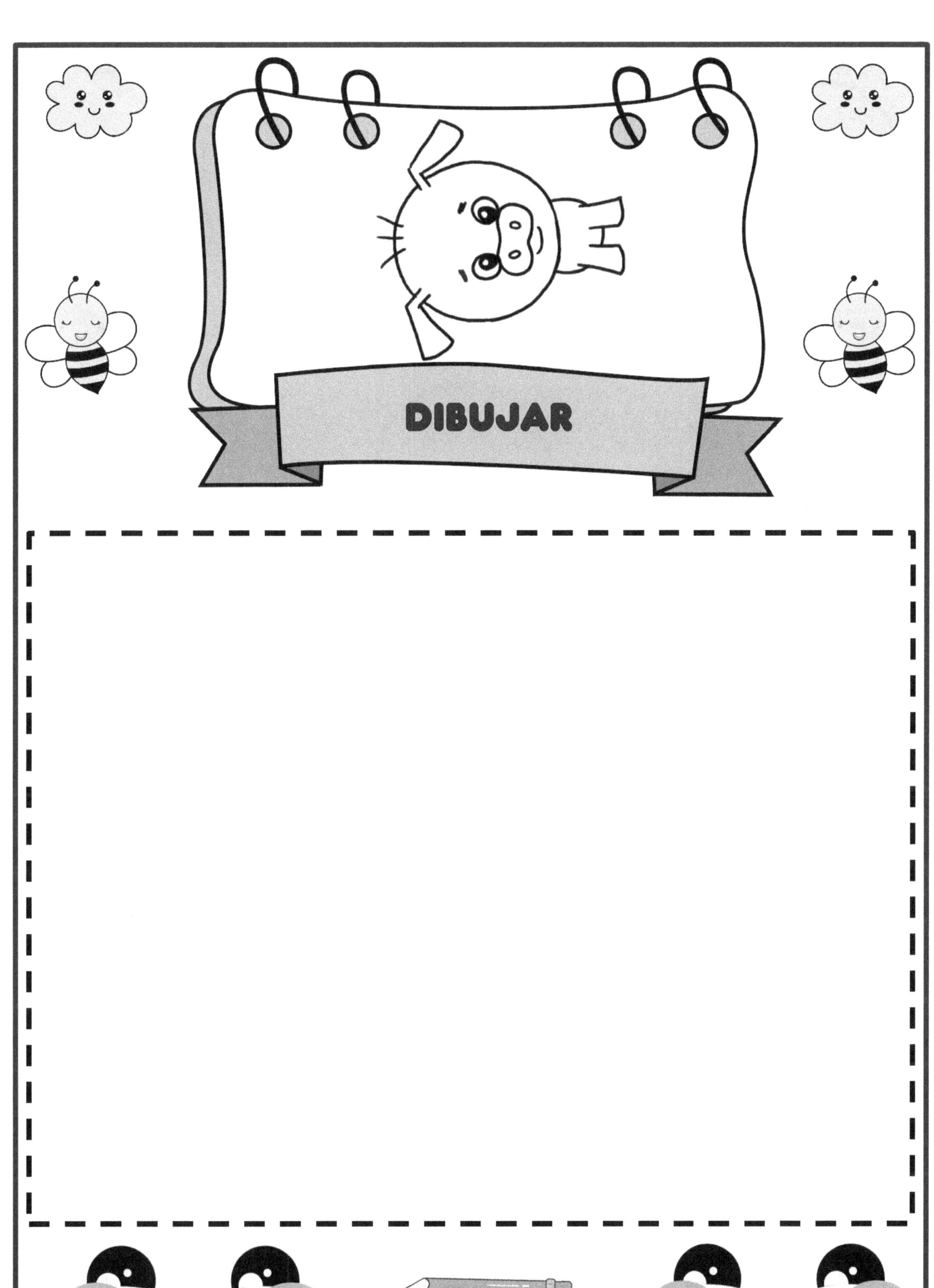

DIBUJAR

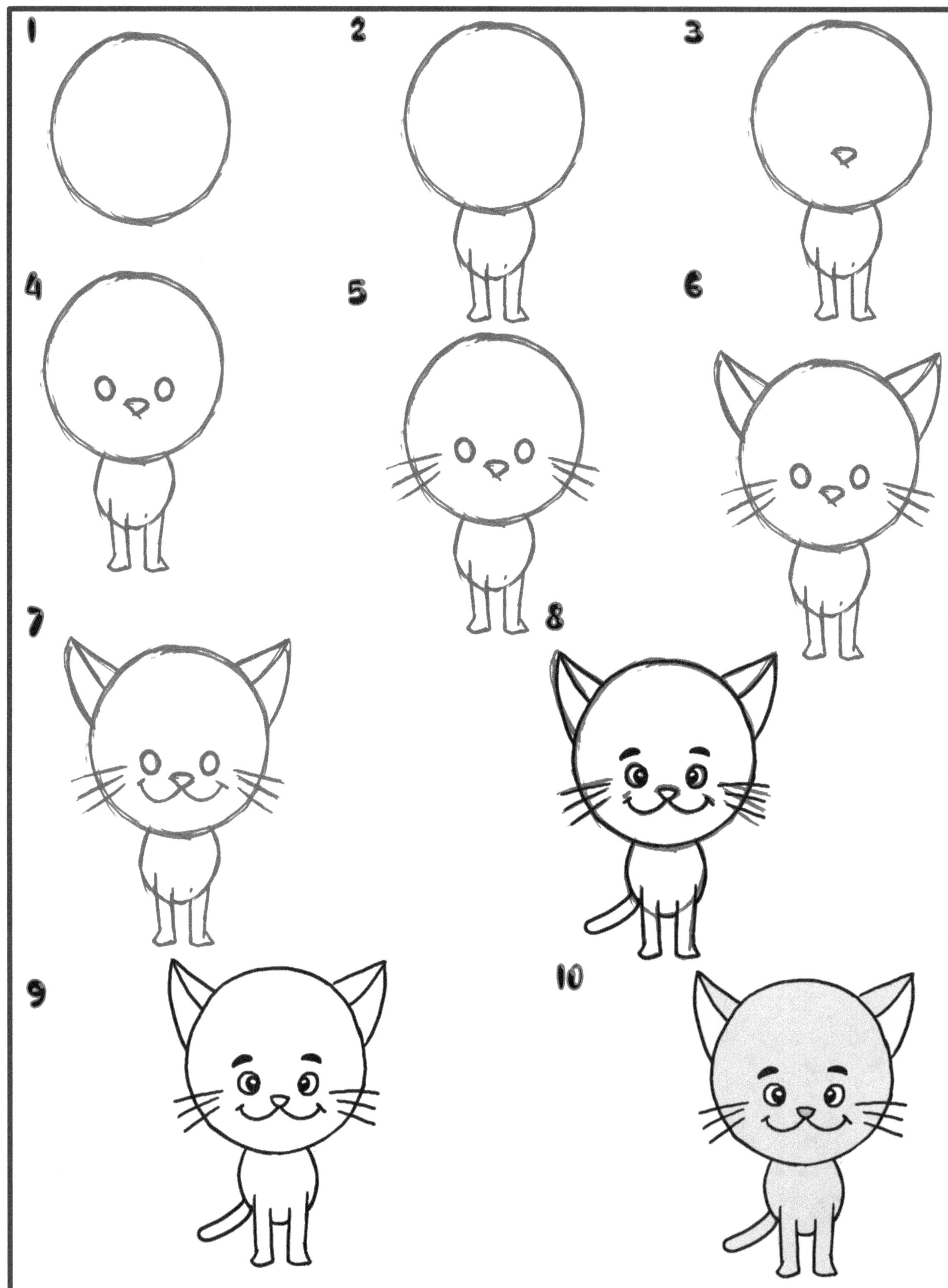

1
2
3
4
5
6
7
8
9
10

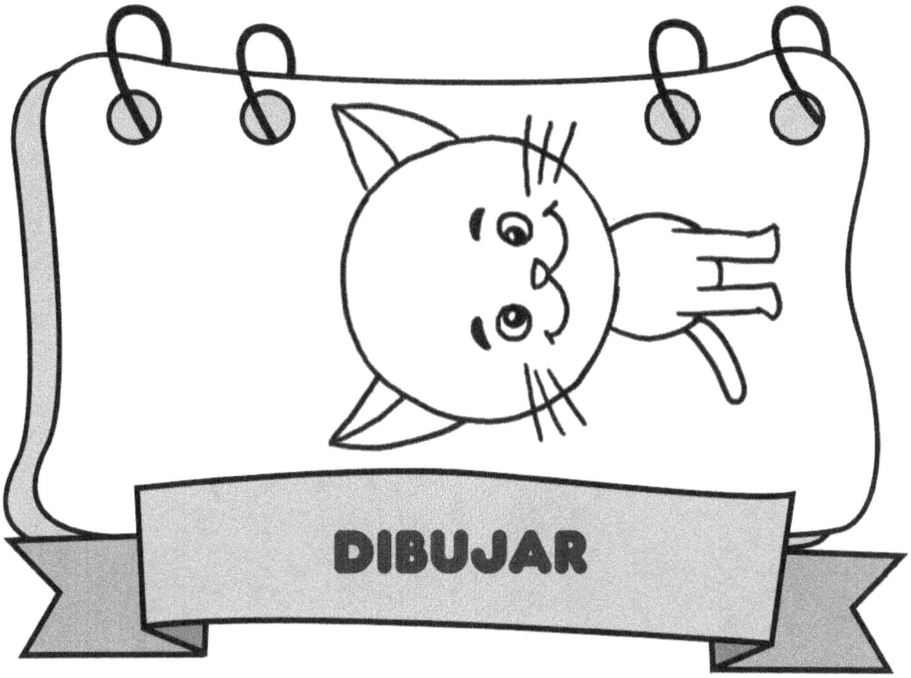

DIBUJAR

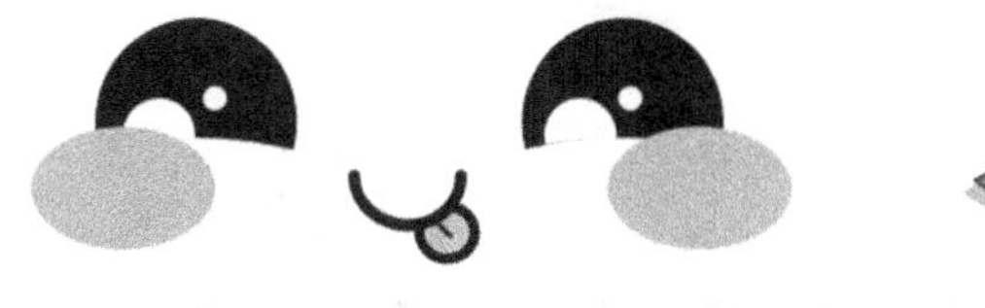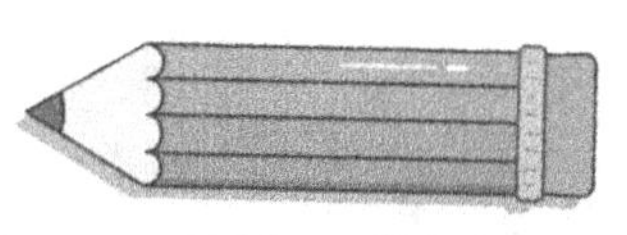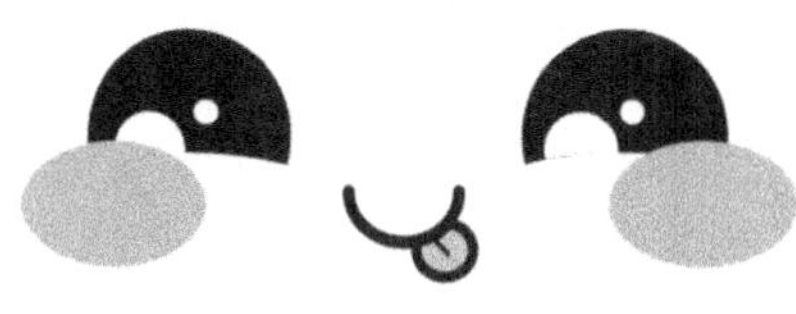

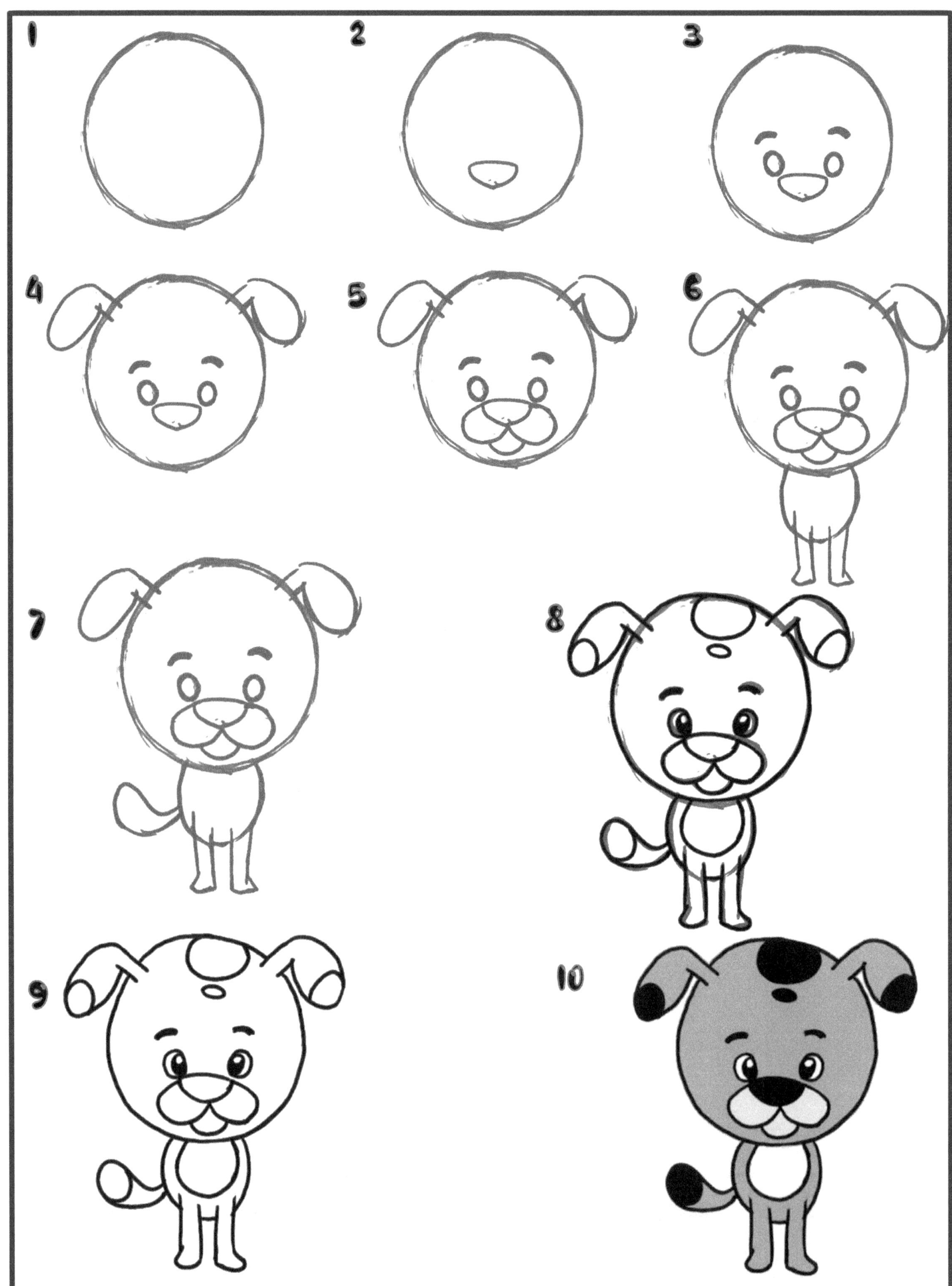

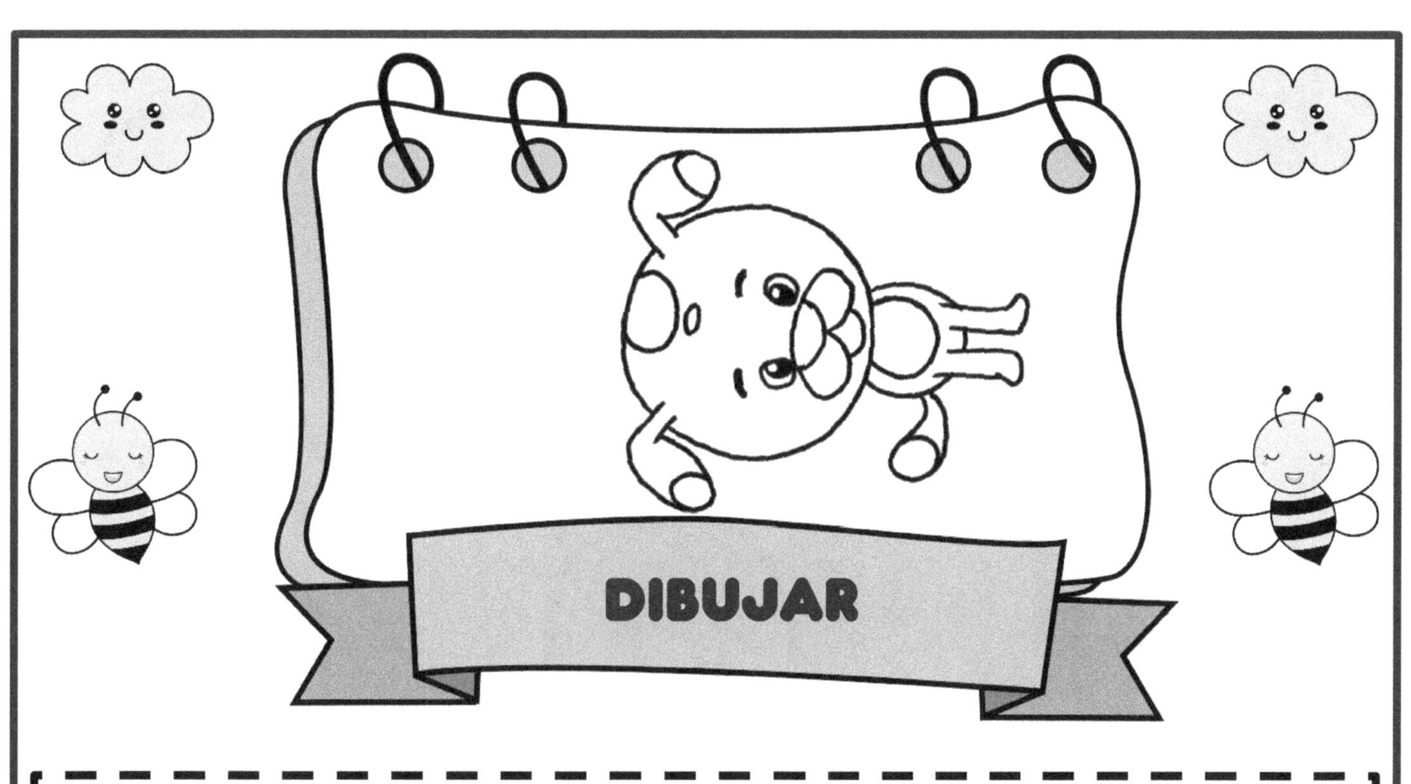
DIBUJAR

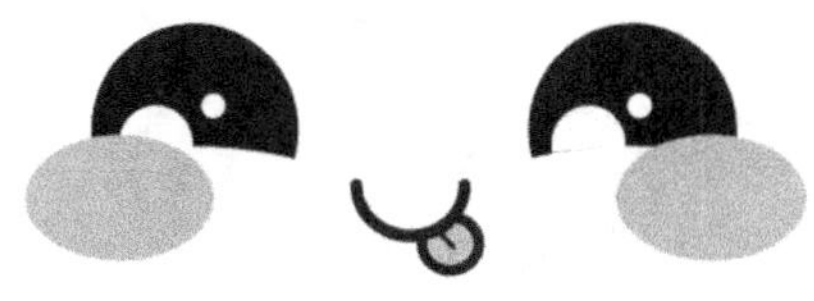
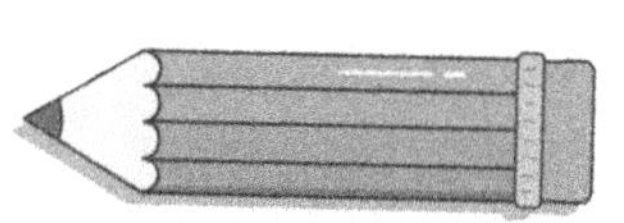
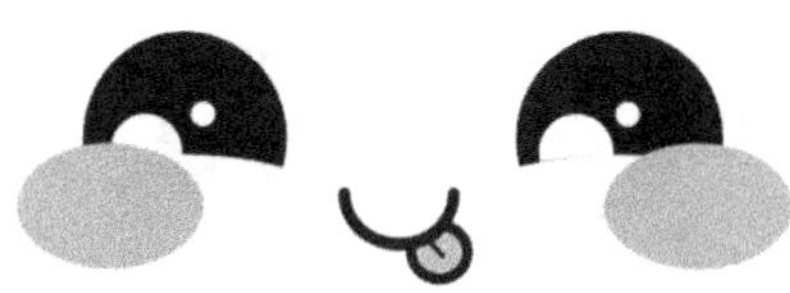

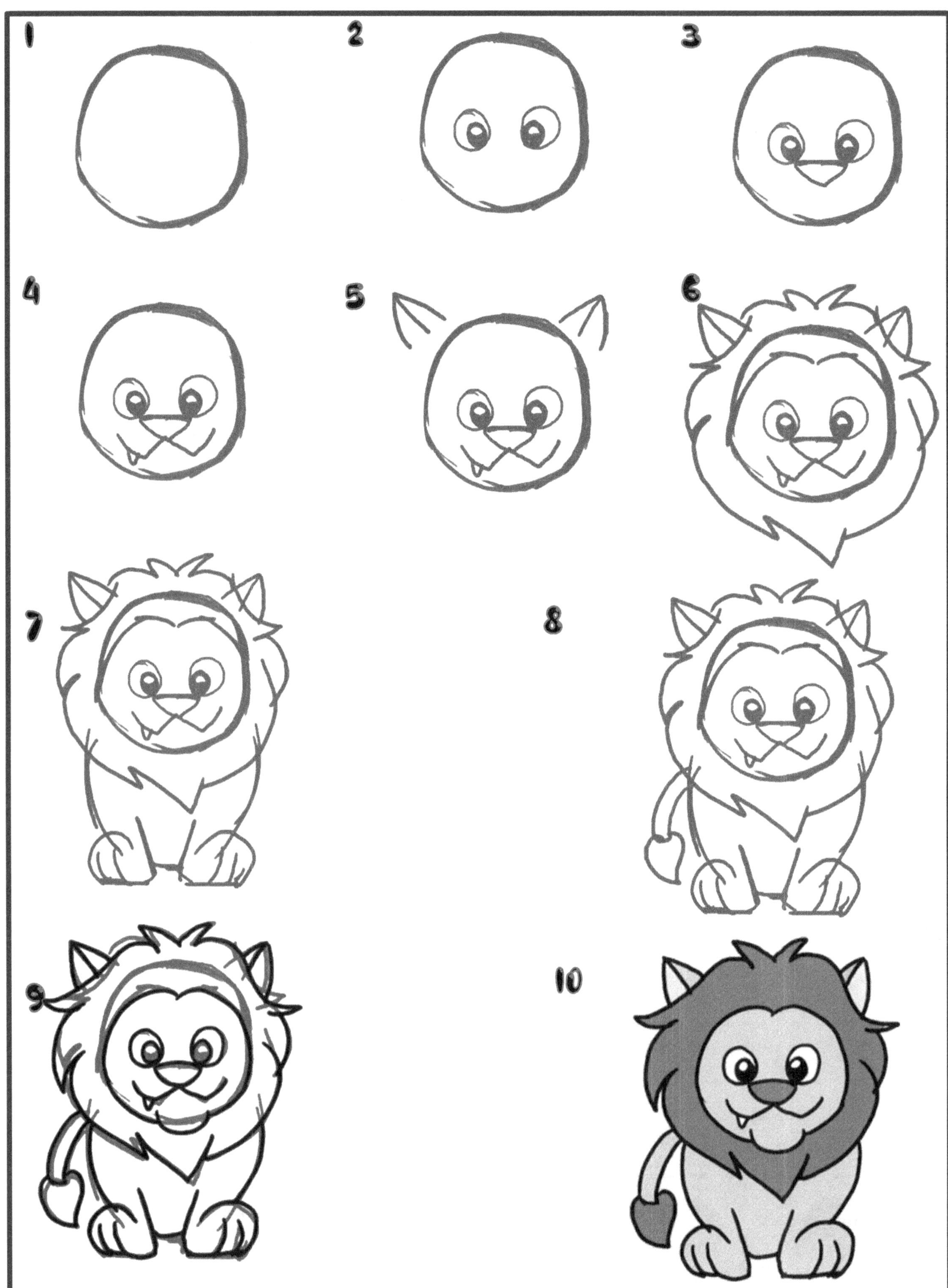

1
2
3
4
5
6
7
8
9
10

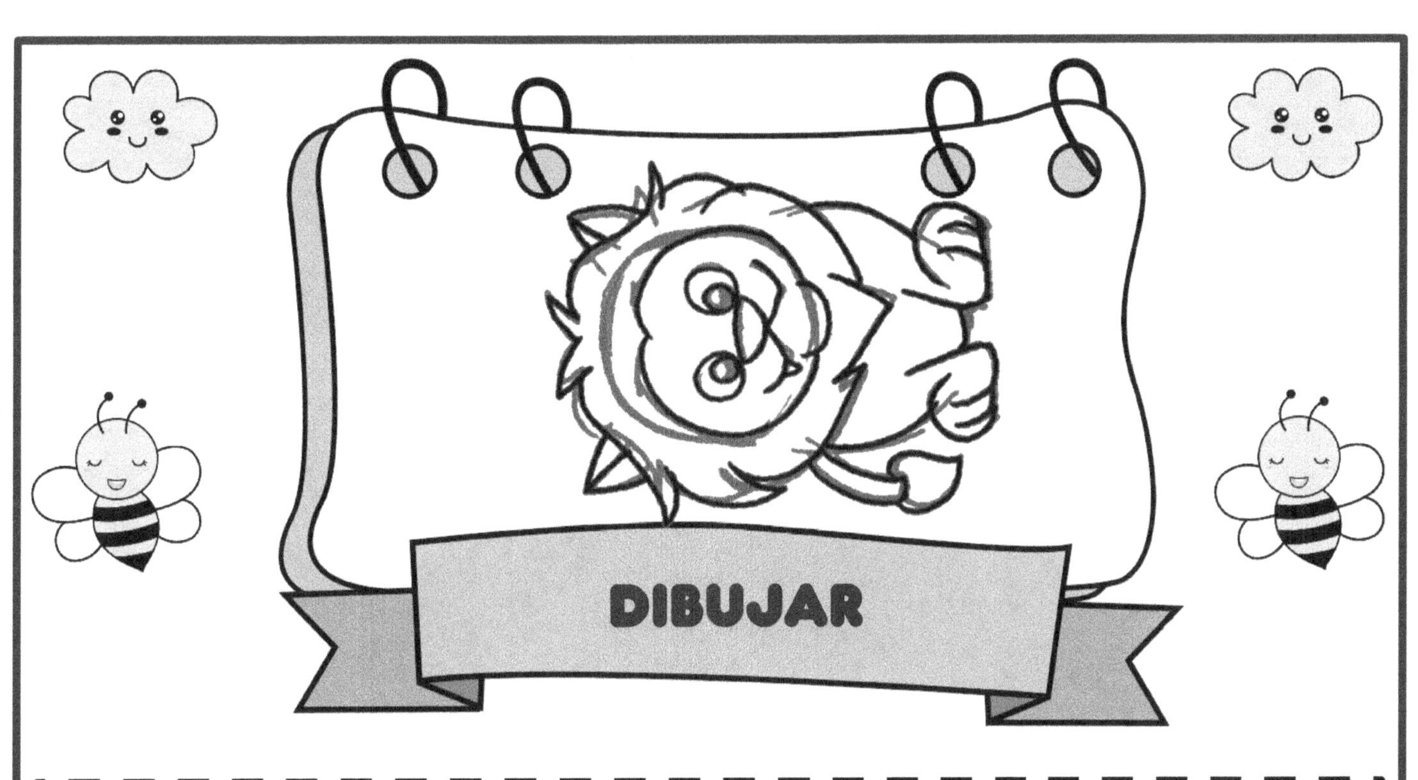

DIBUJAR

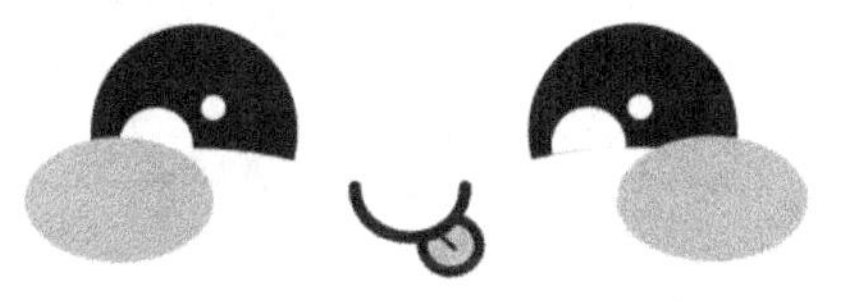
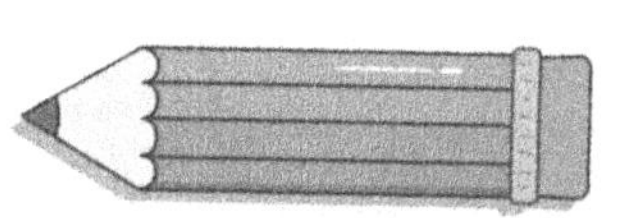
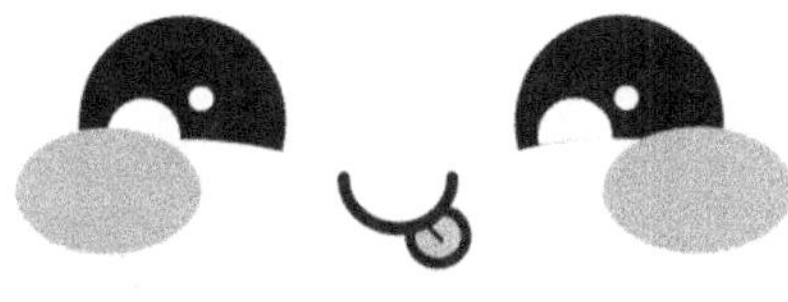

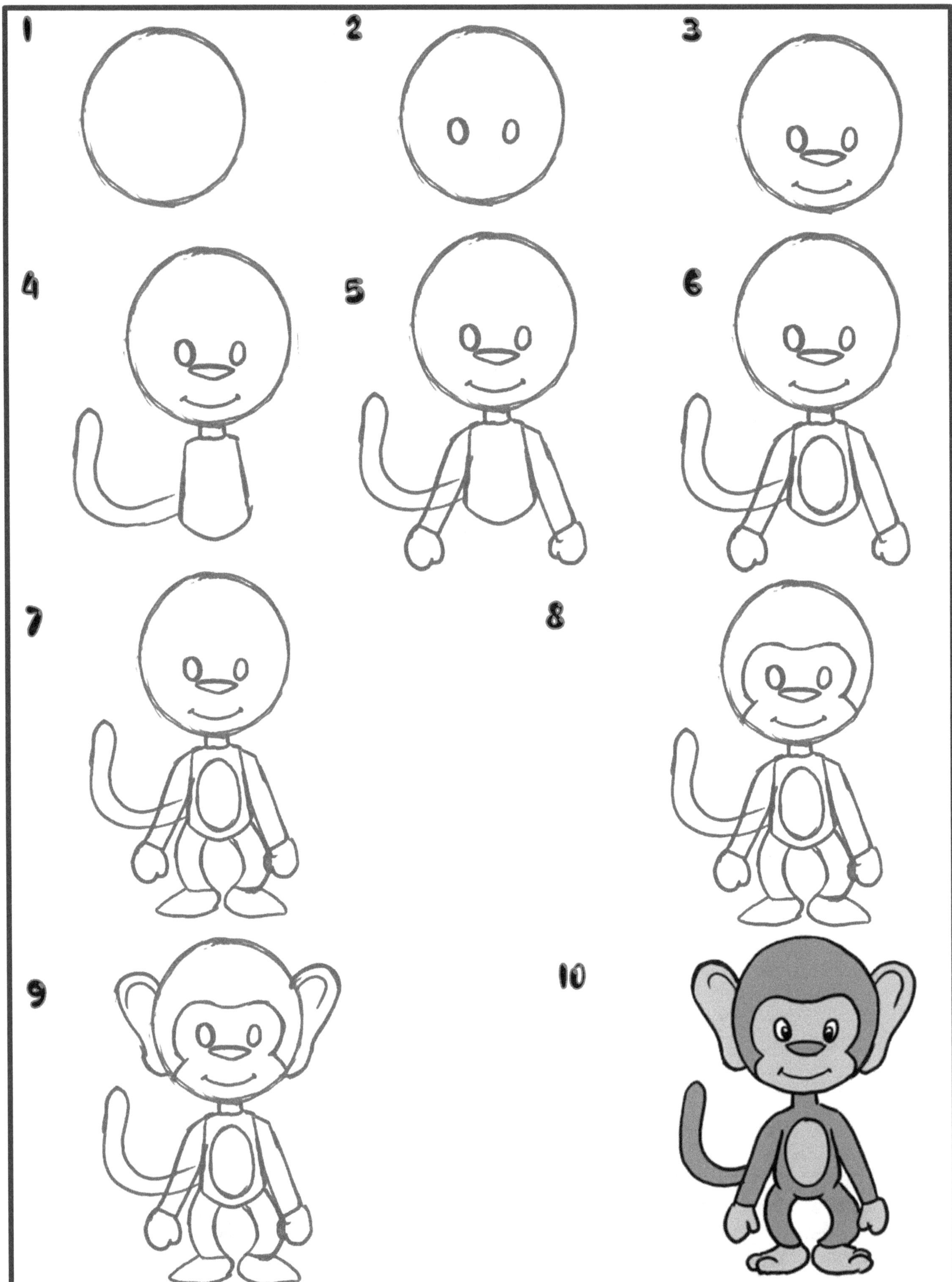

1
2
3
4
5
6
7
8
9
10

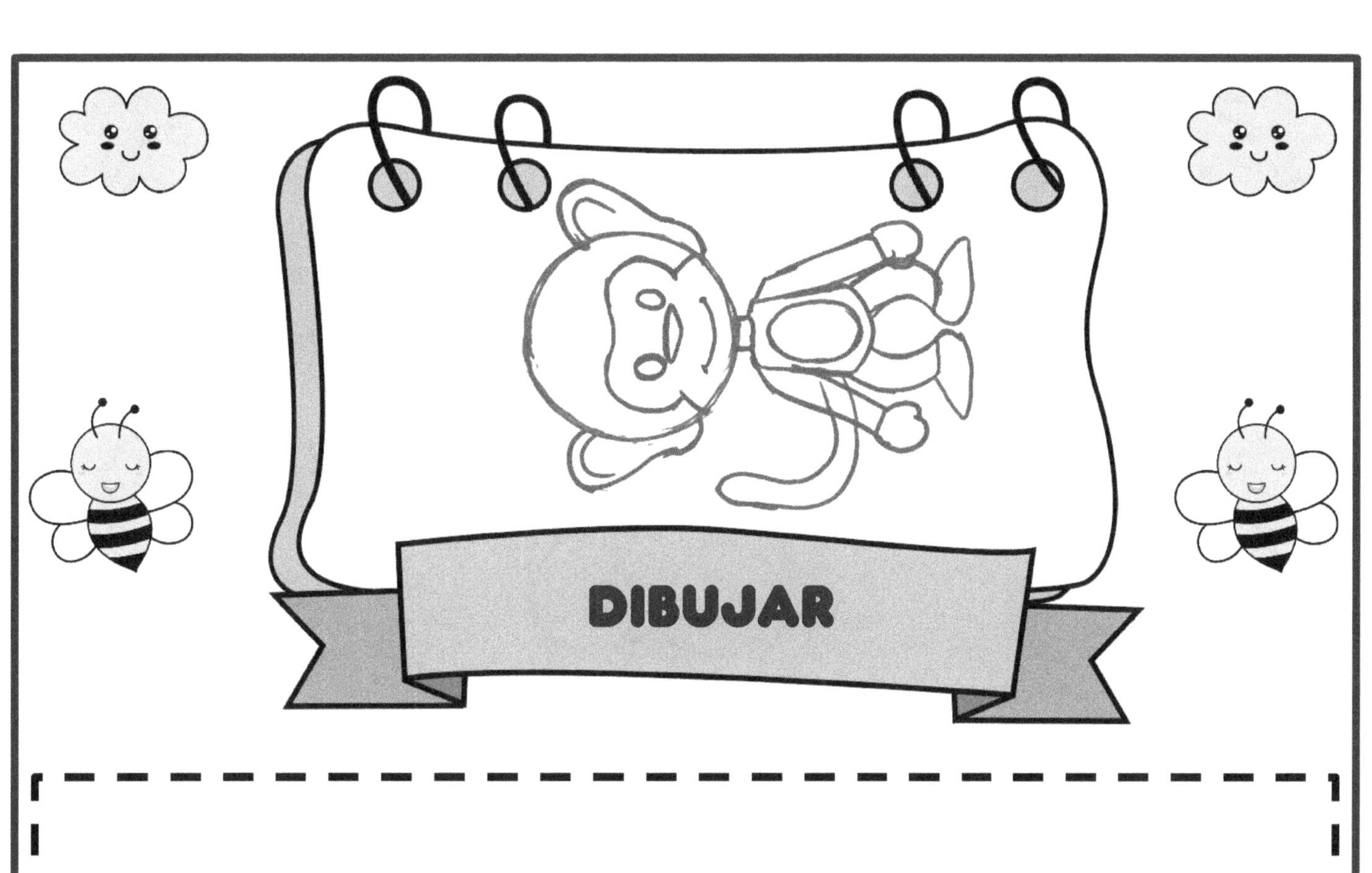
DIBUJAR

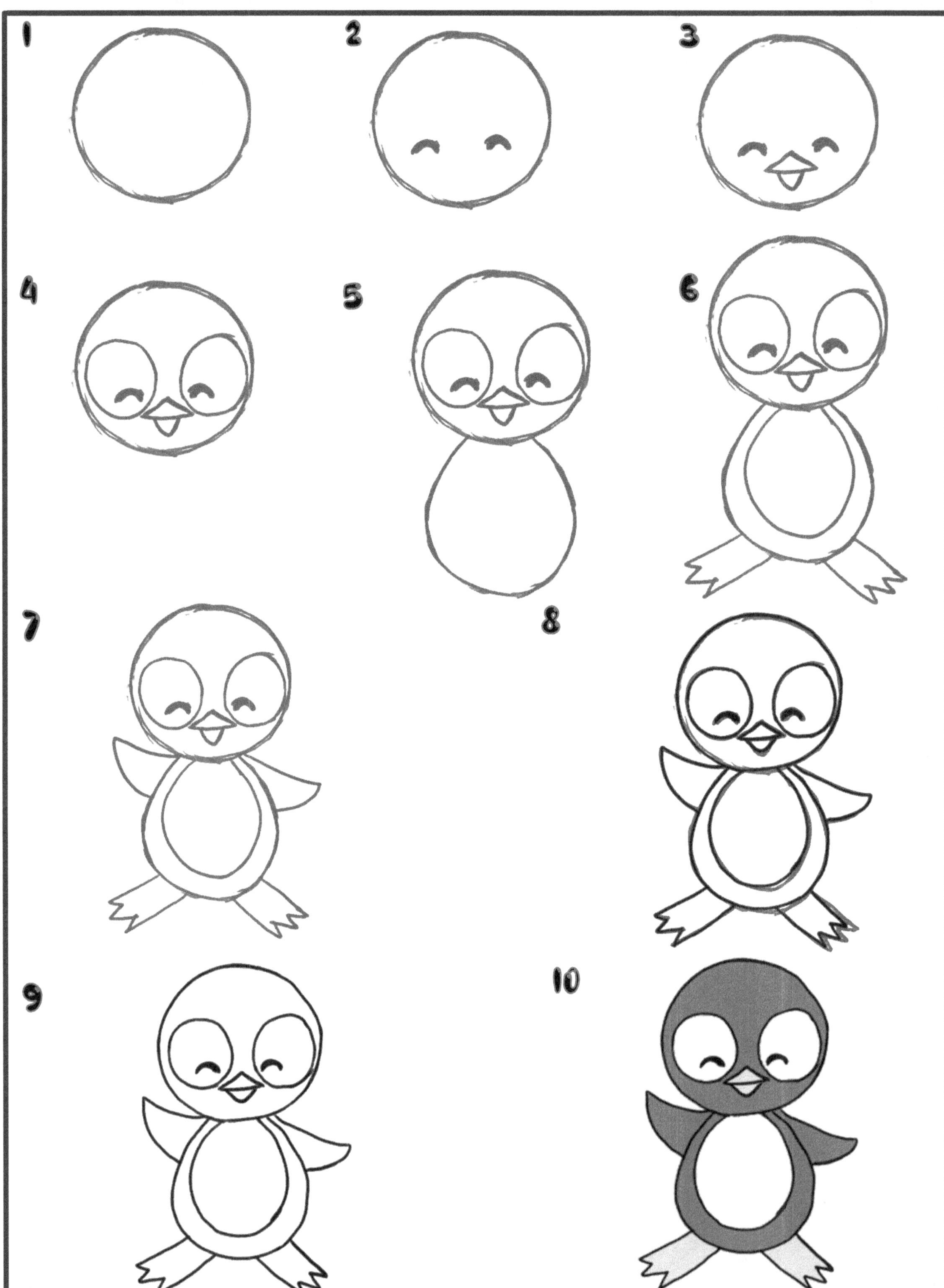

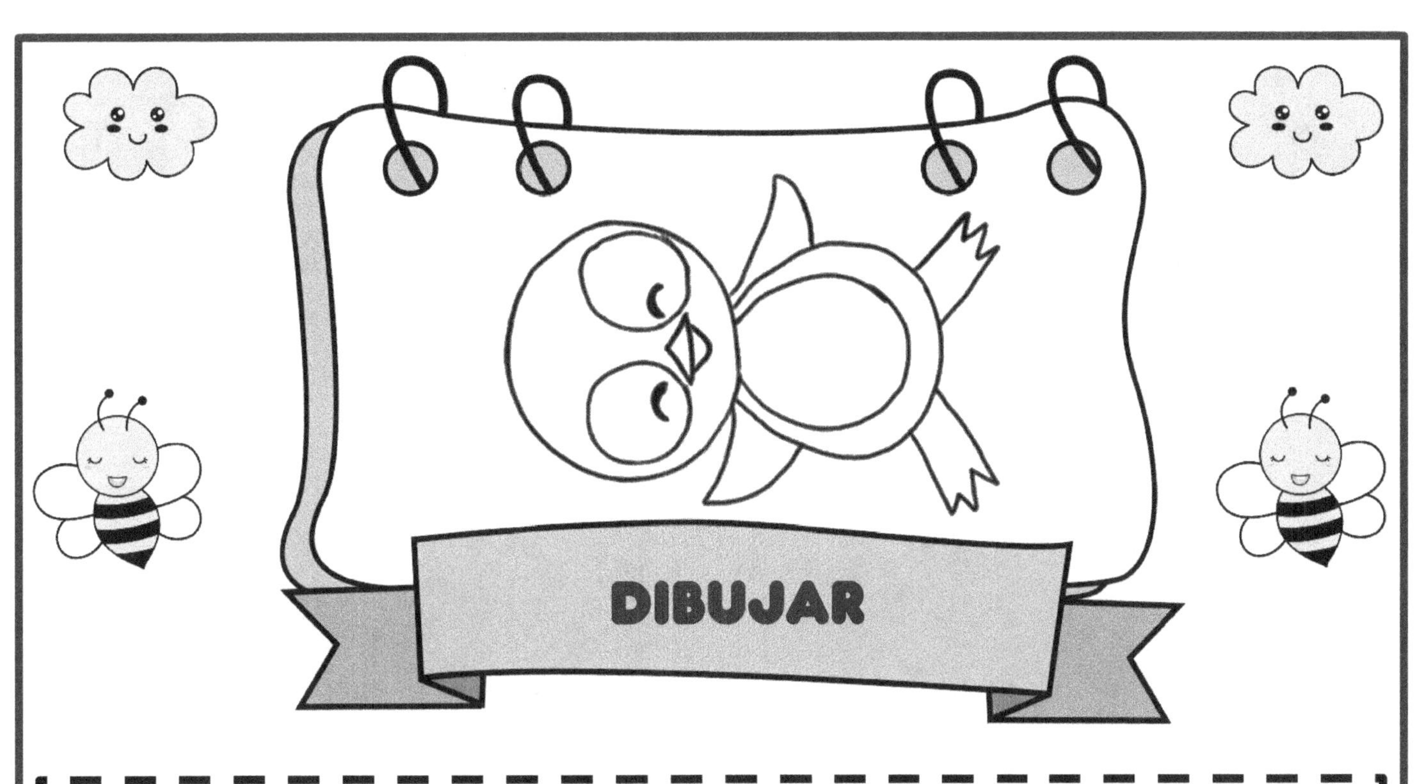

DIBUJAR

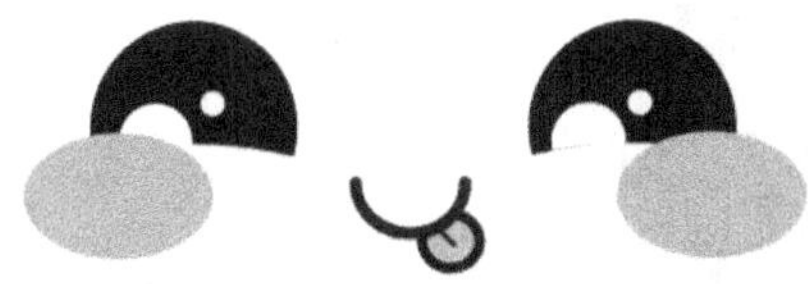

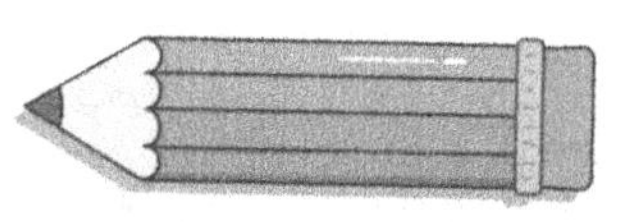

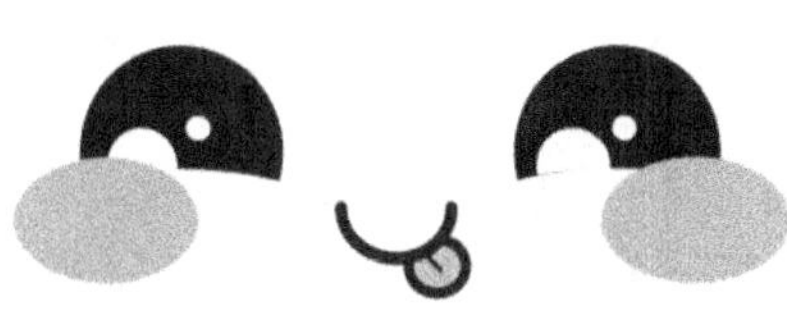

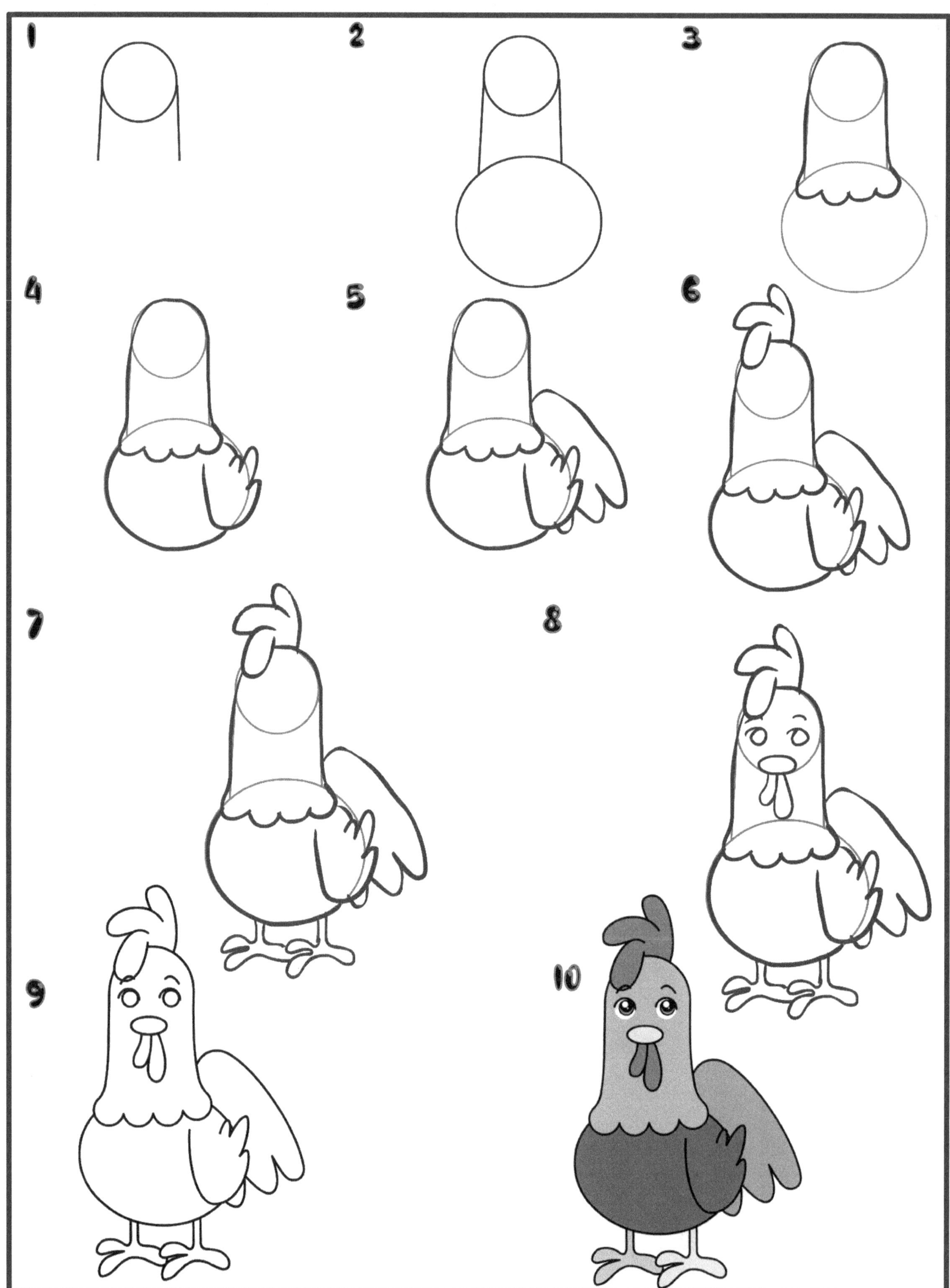

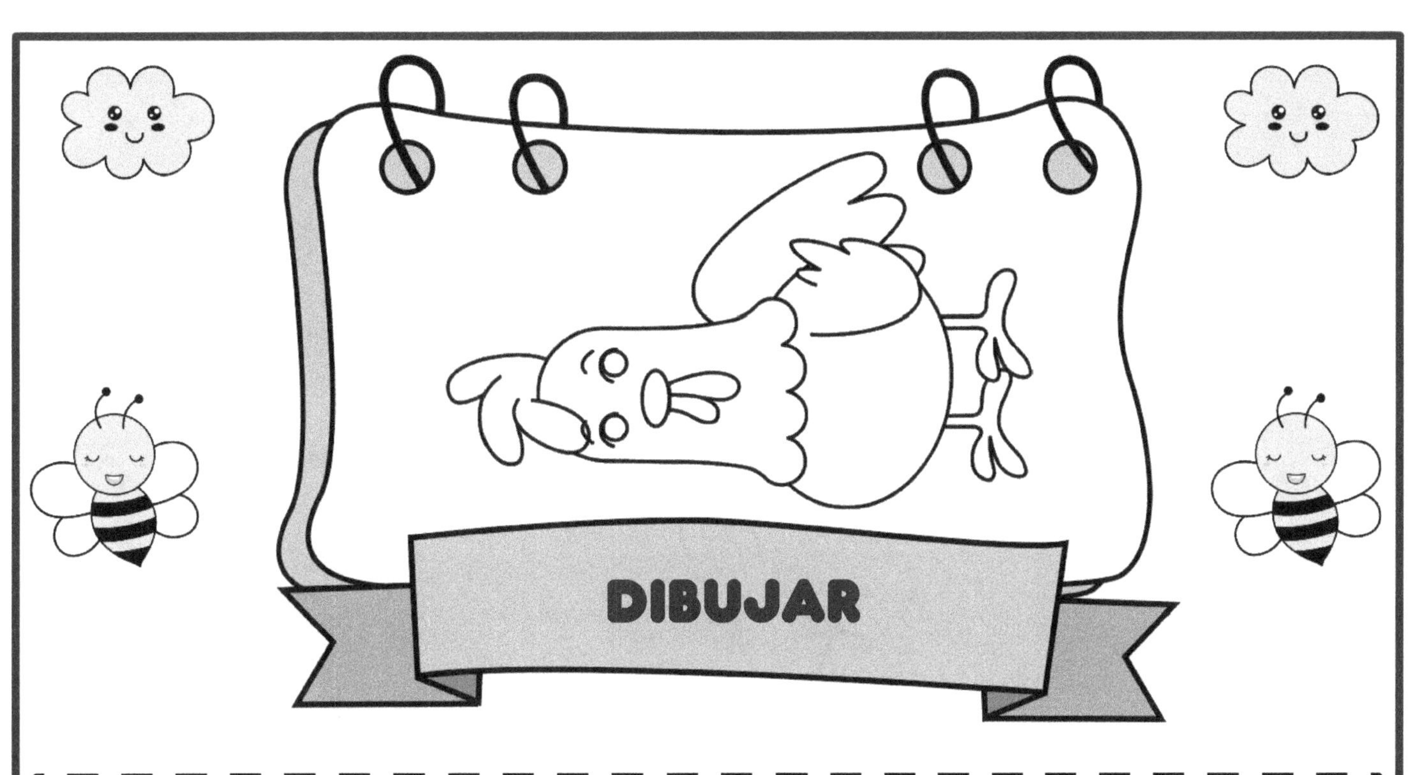

DIBUJAR

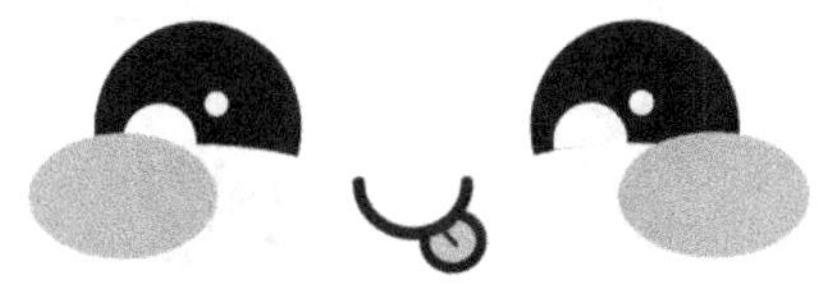
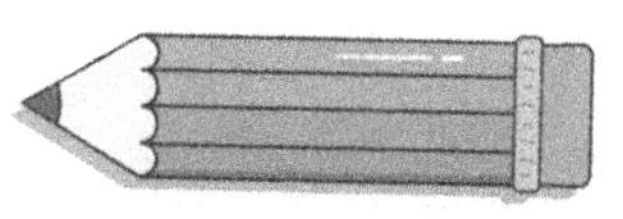
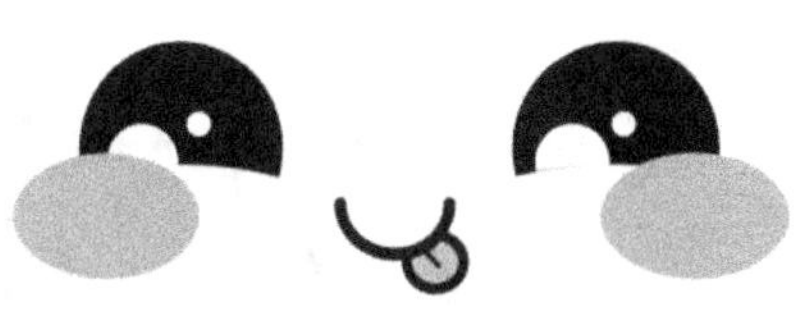

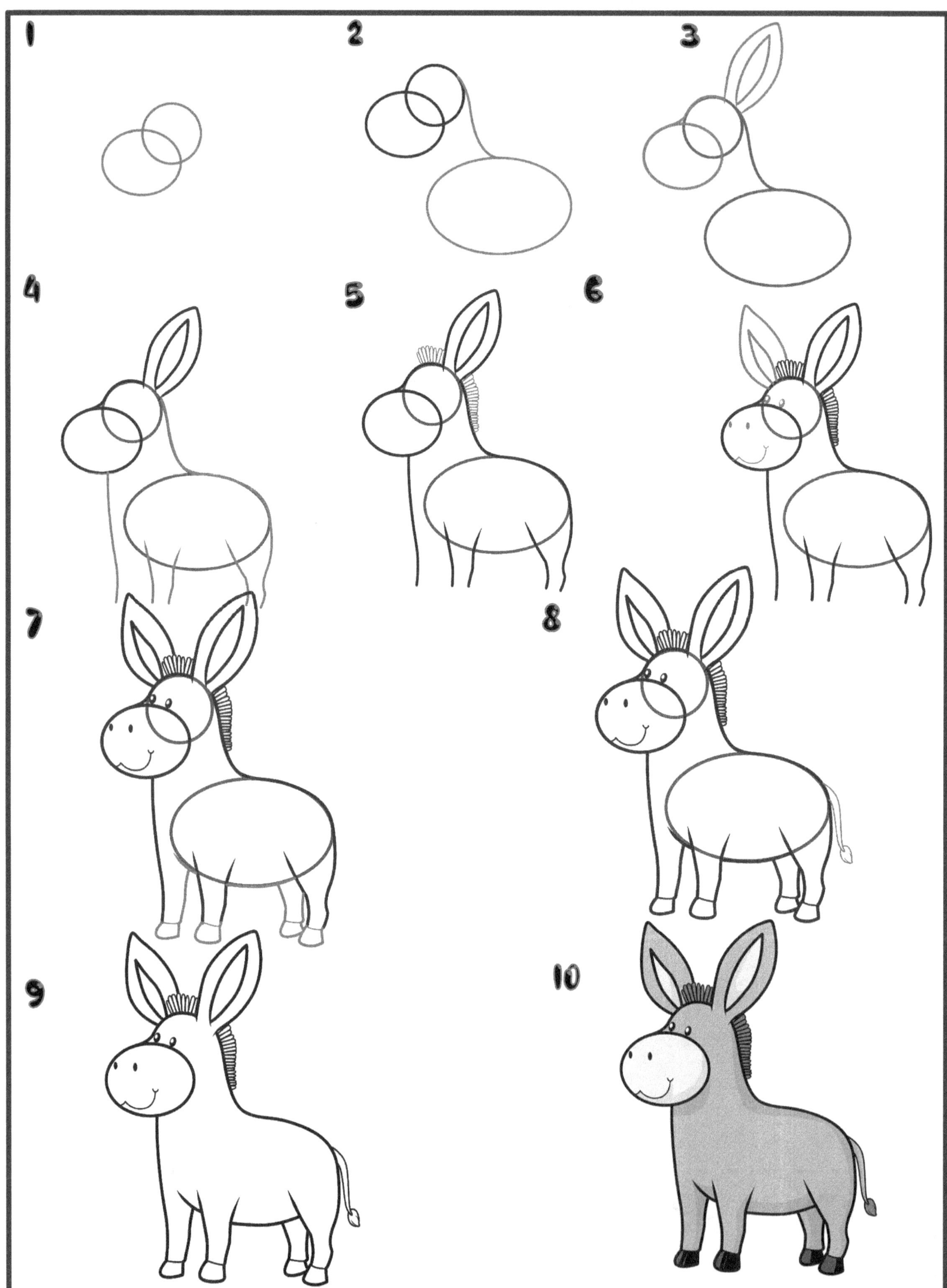

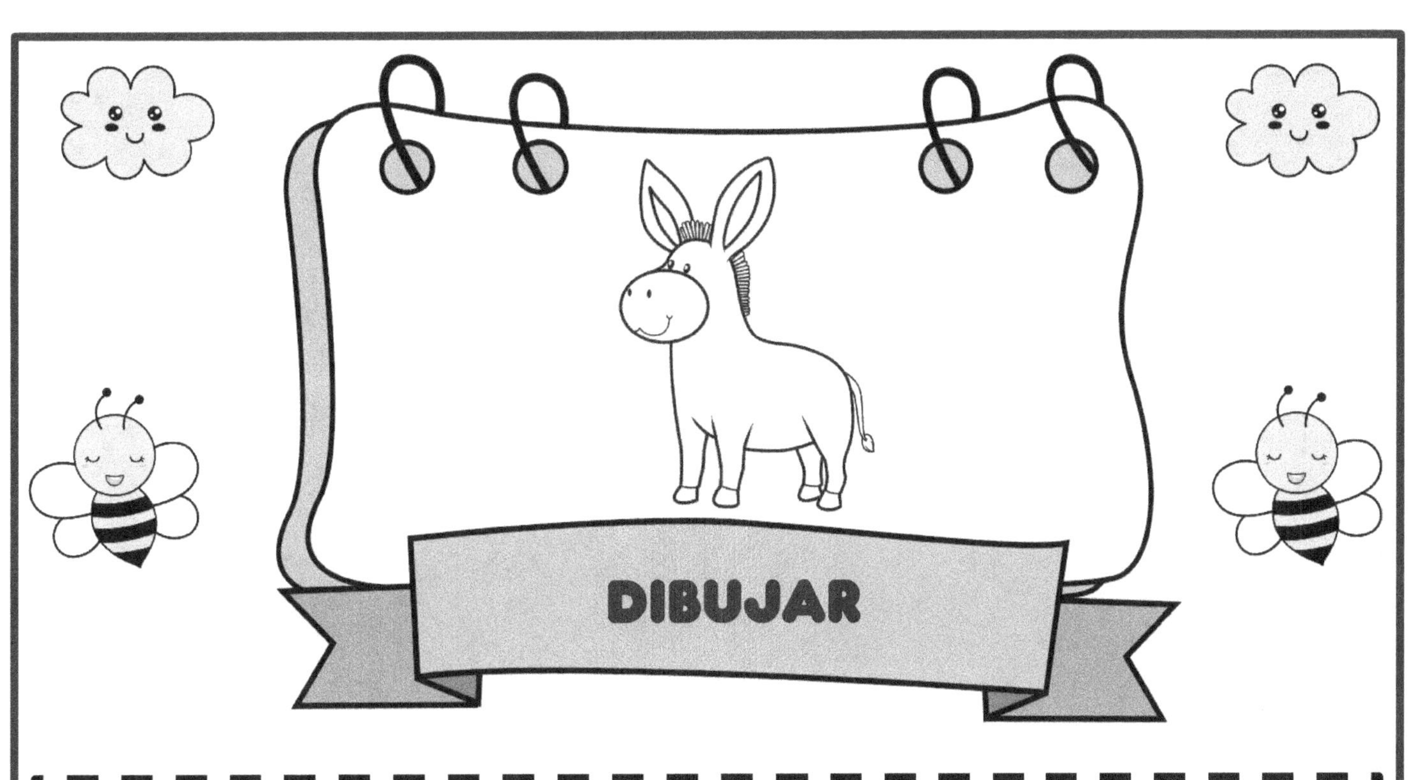
DIBUJAR

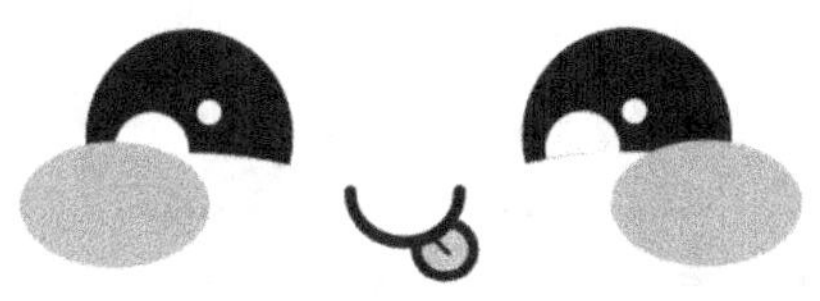
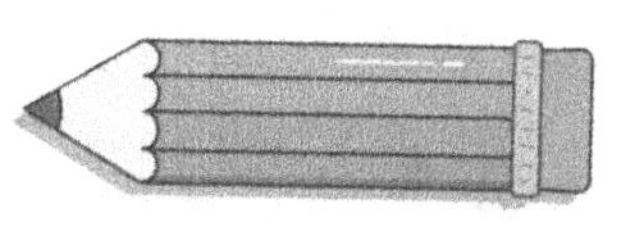
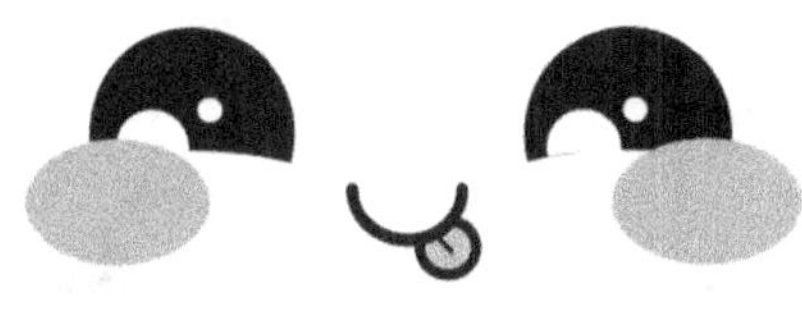

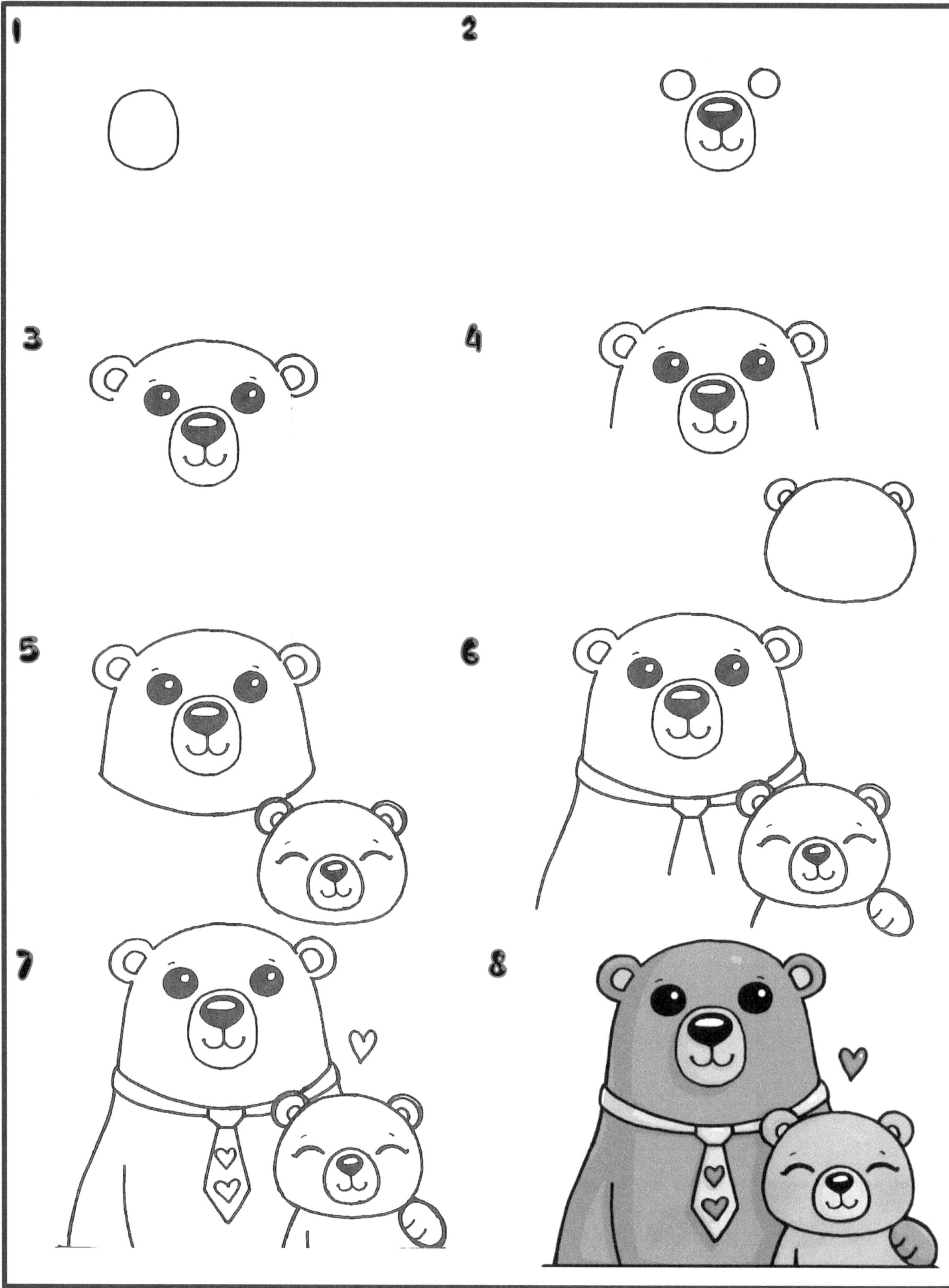

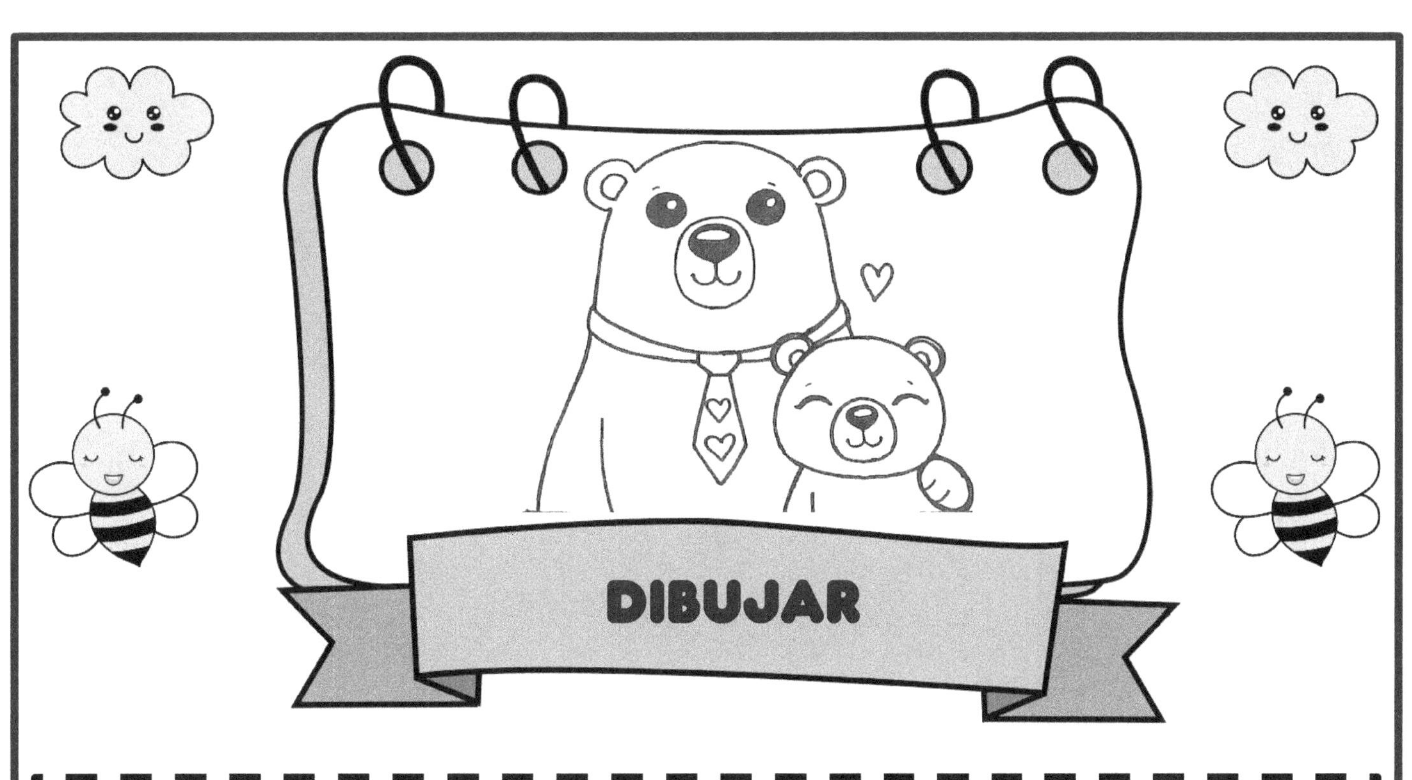
DIBUJAR

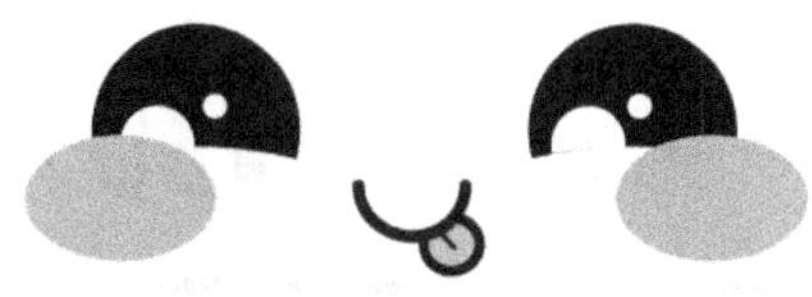
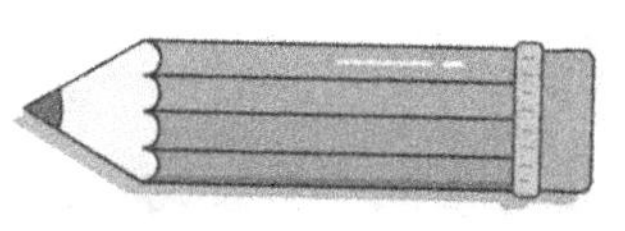
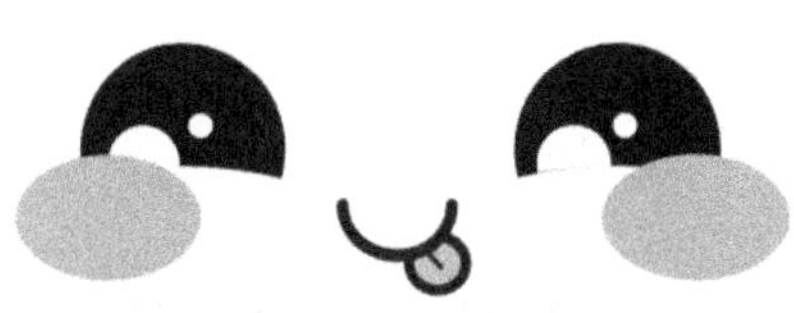

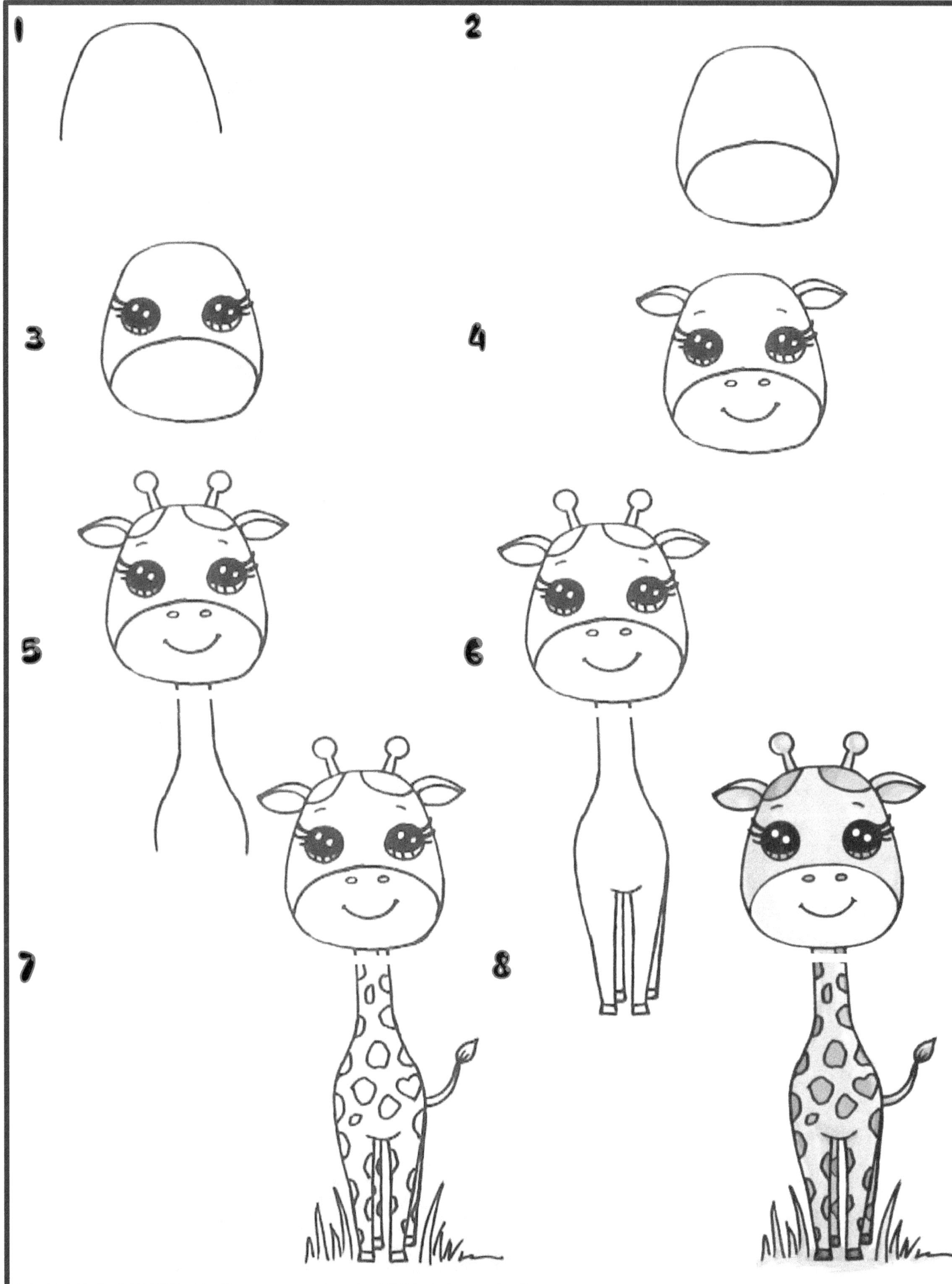

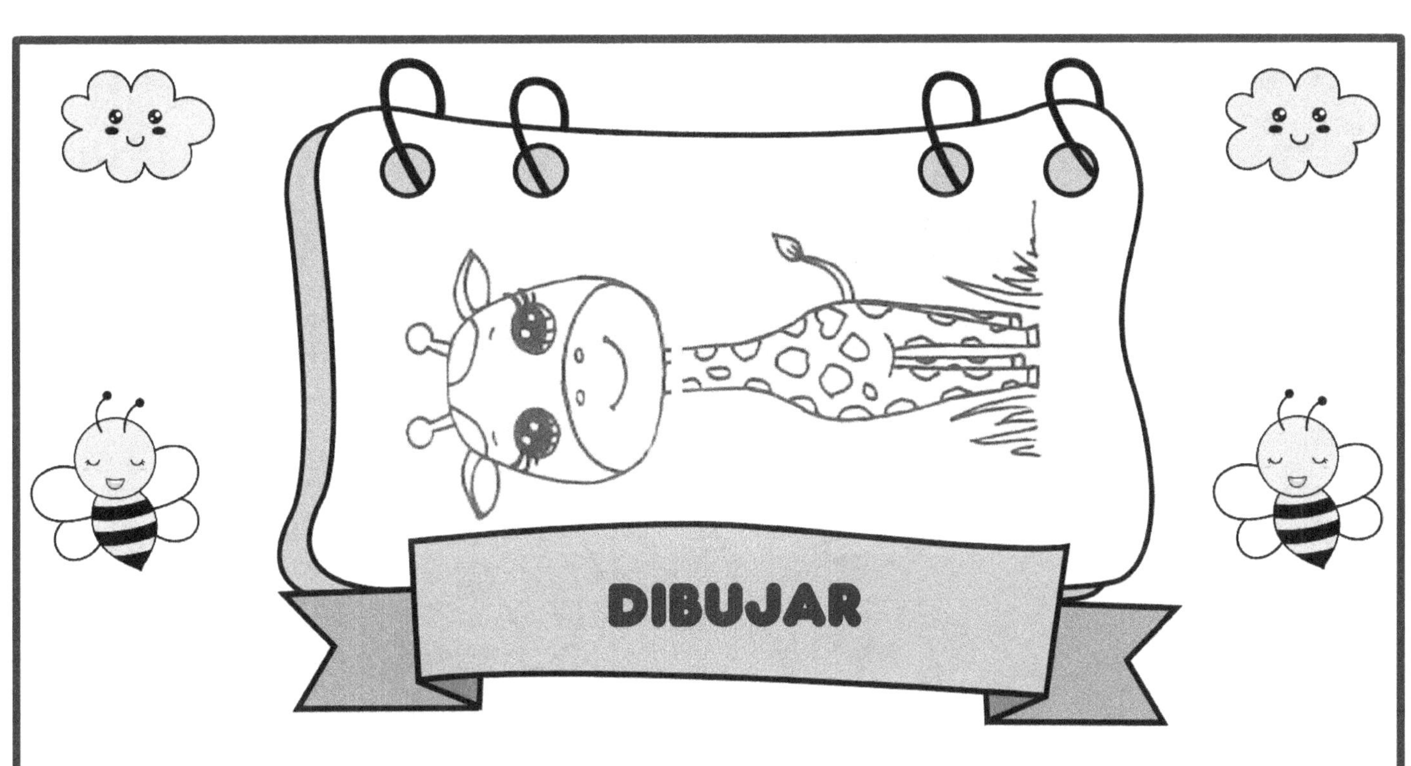
DIBUJAR

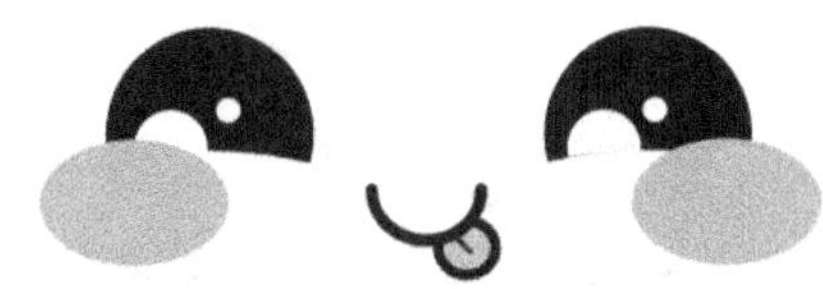
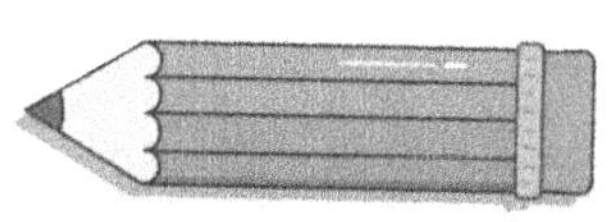
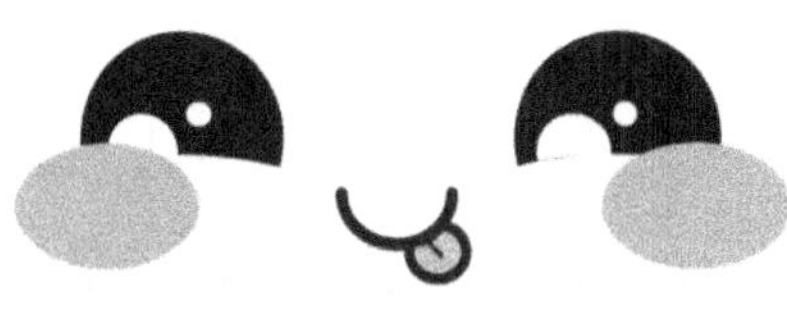

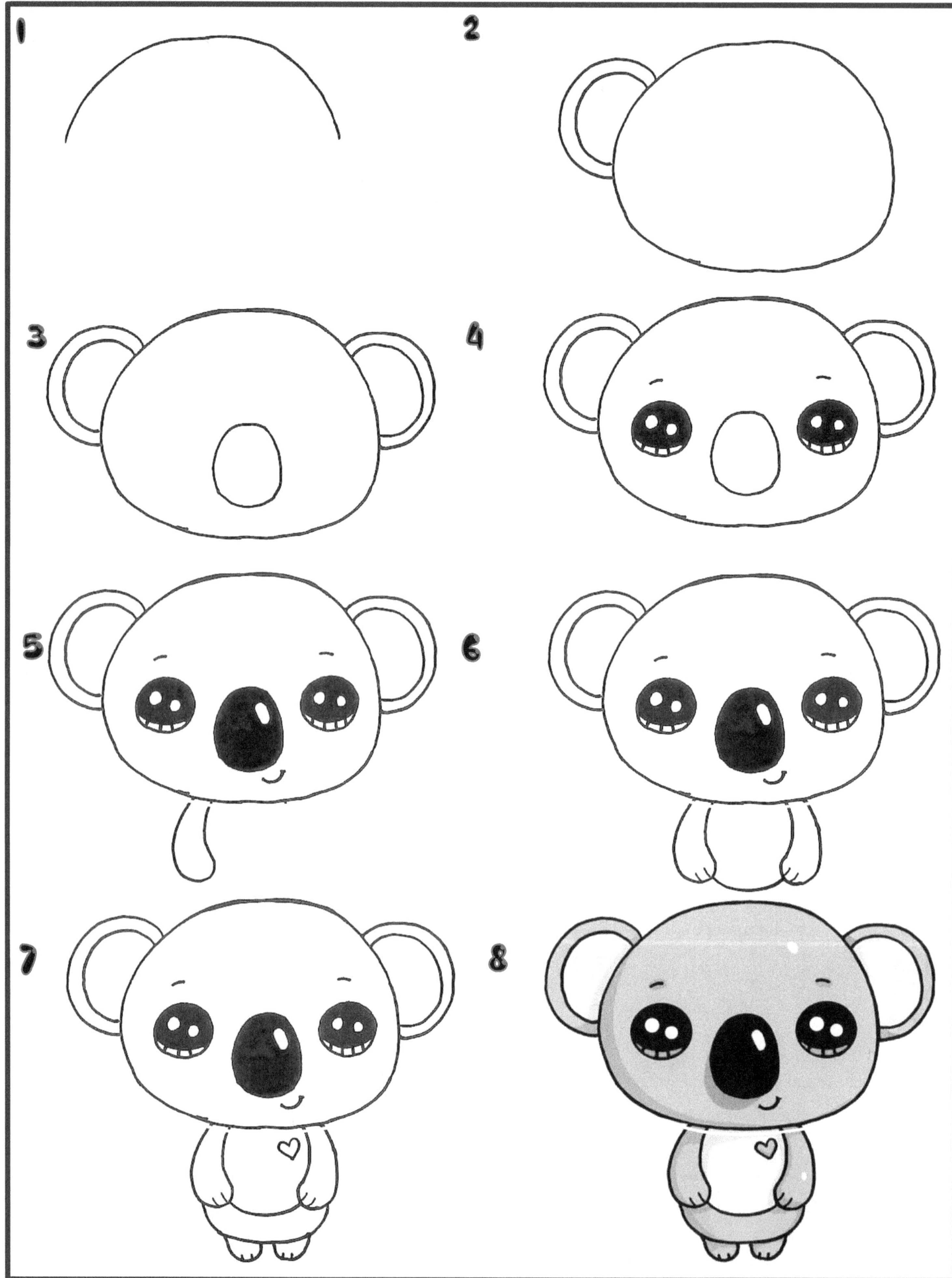

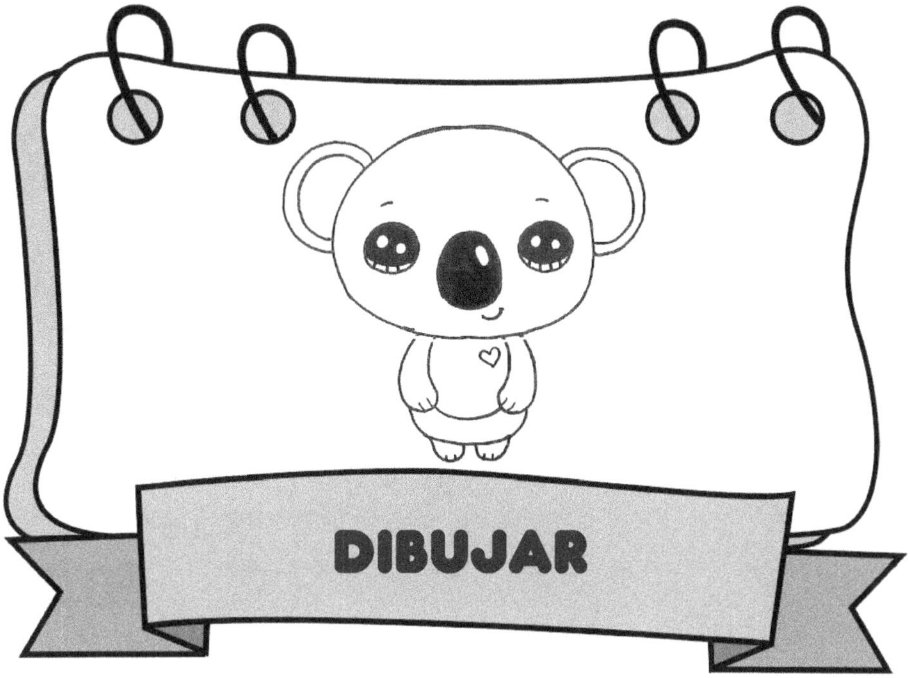

DIBUJAR

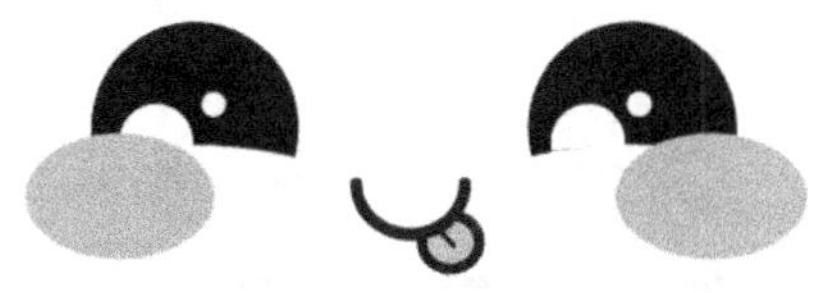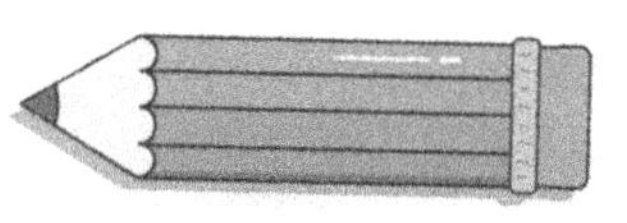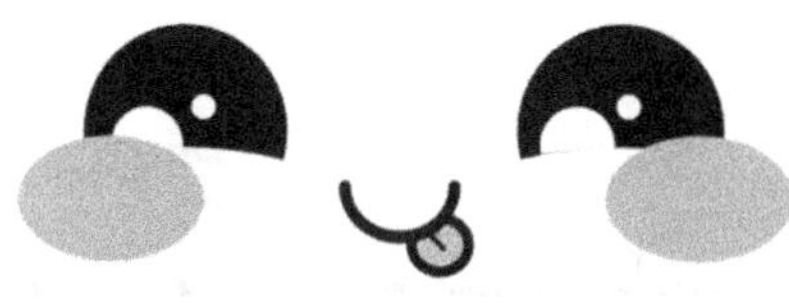

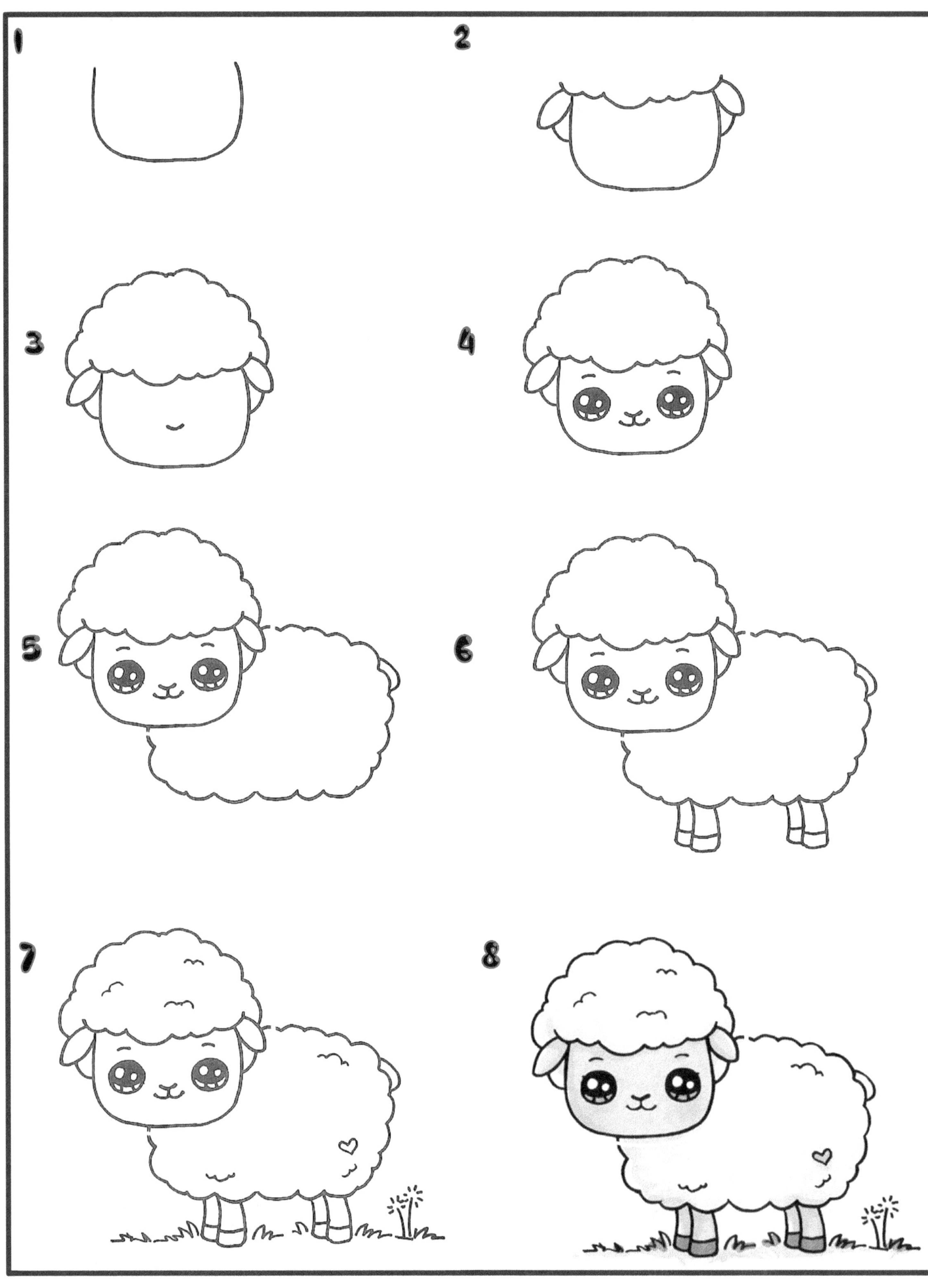

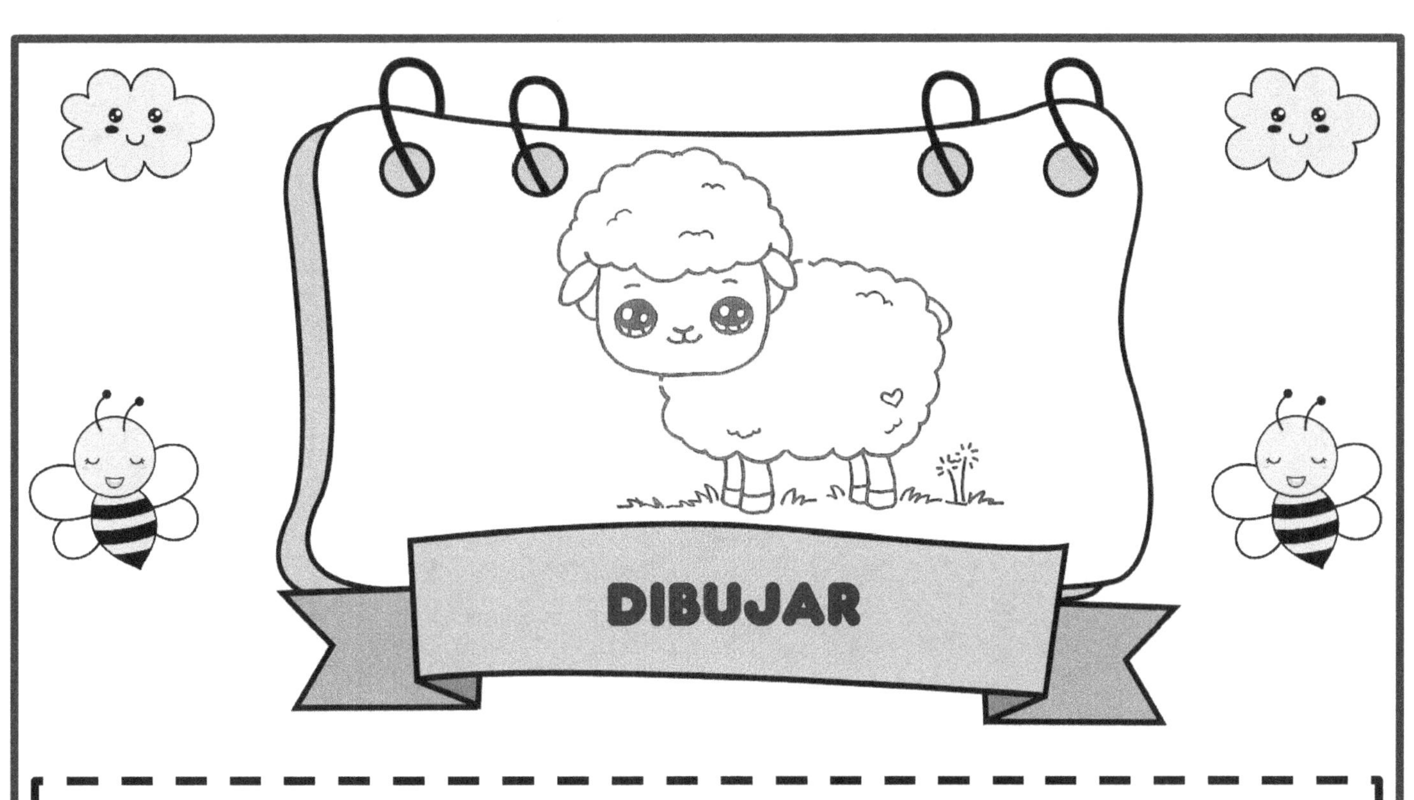

DIBUJAR

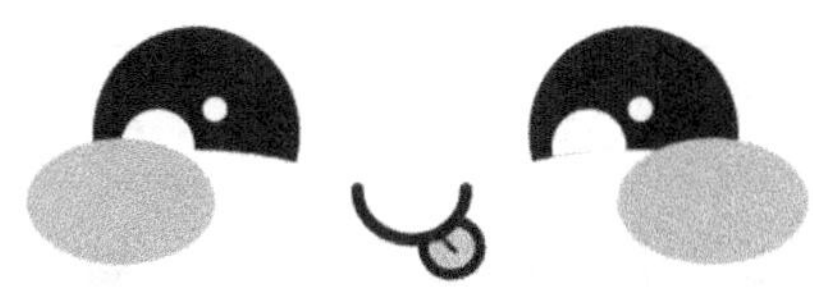
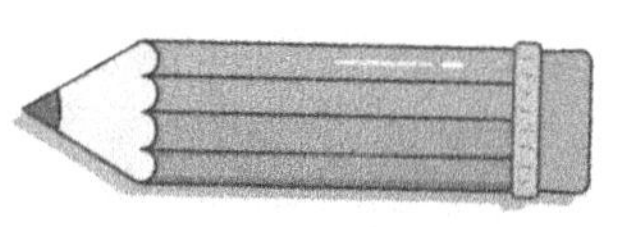
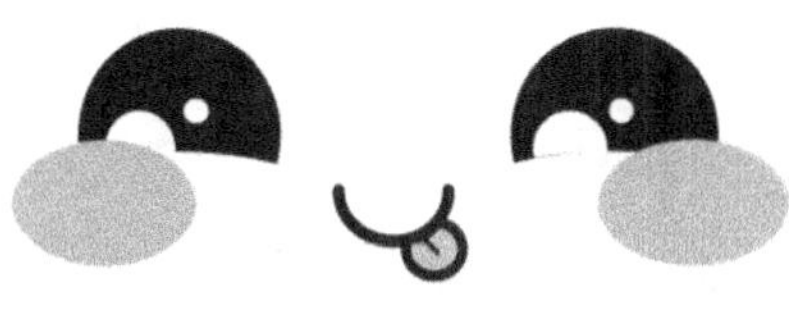

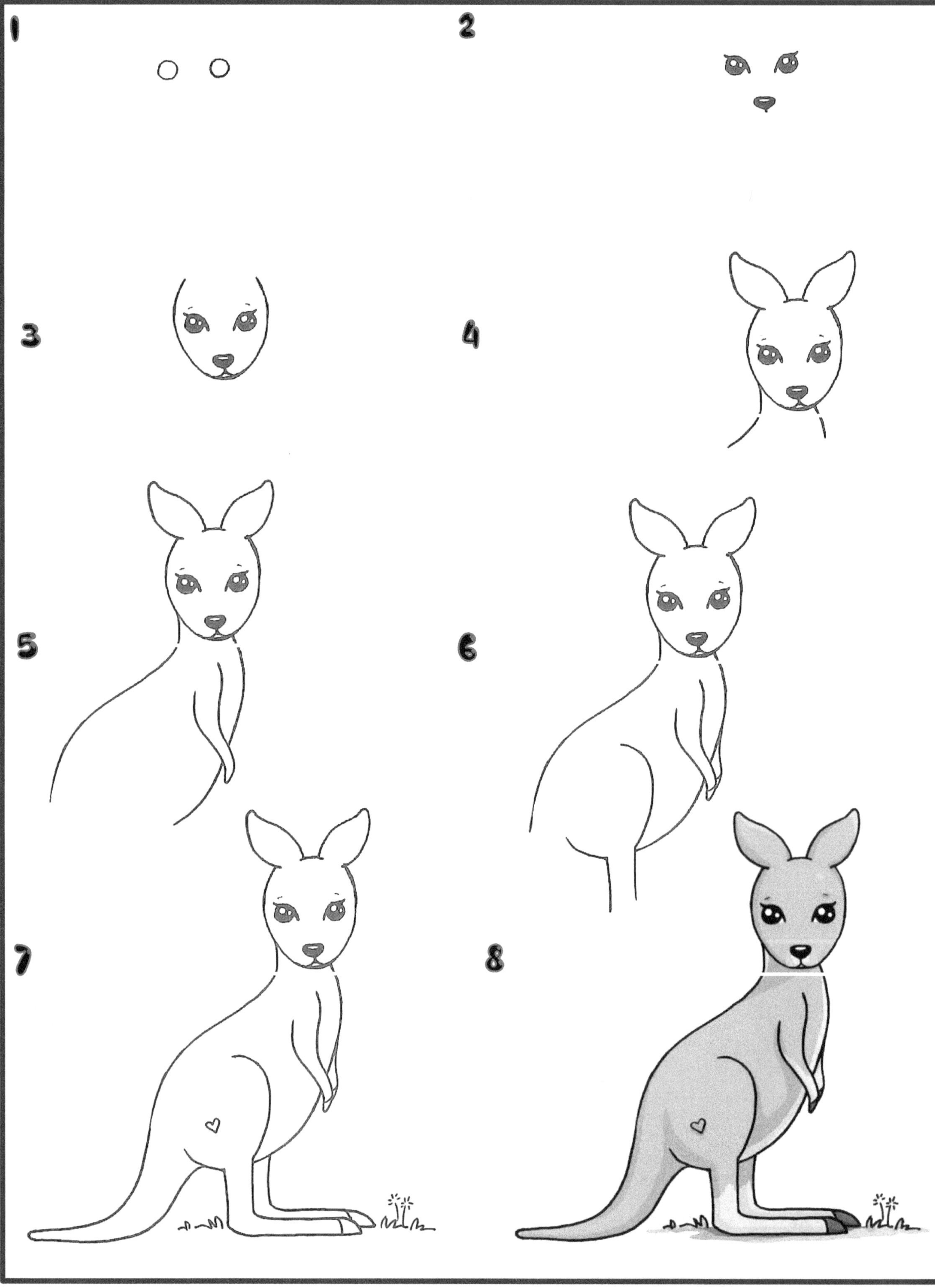

1
2
3
4
5
6
7
8

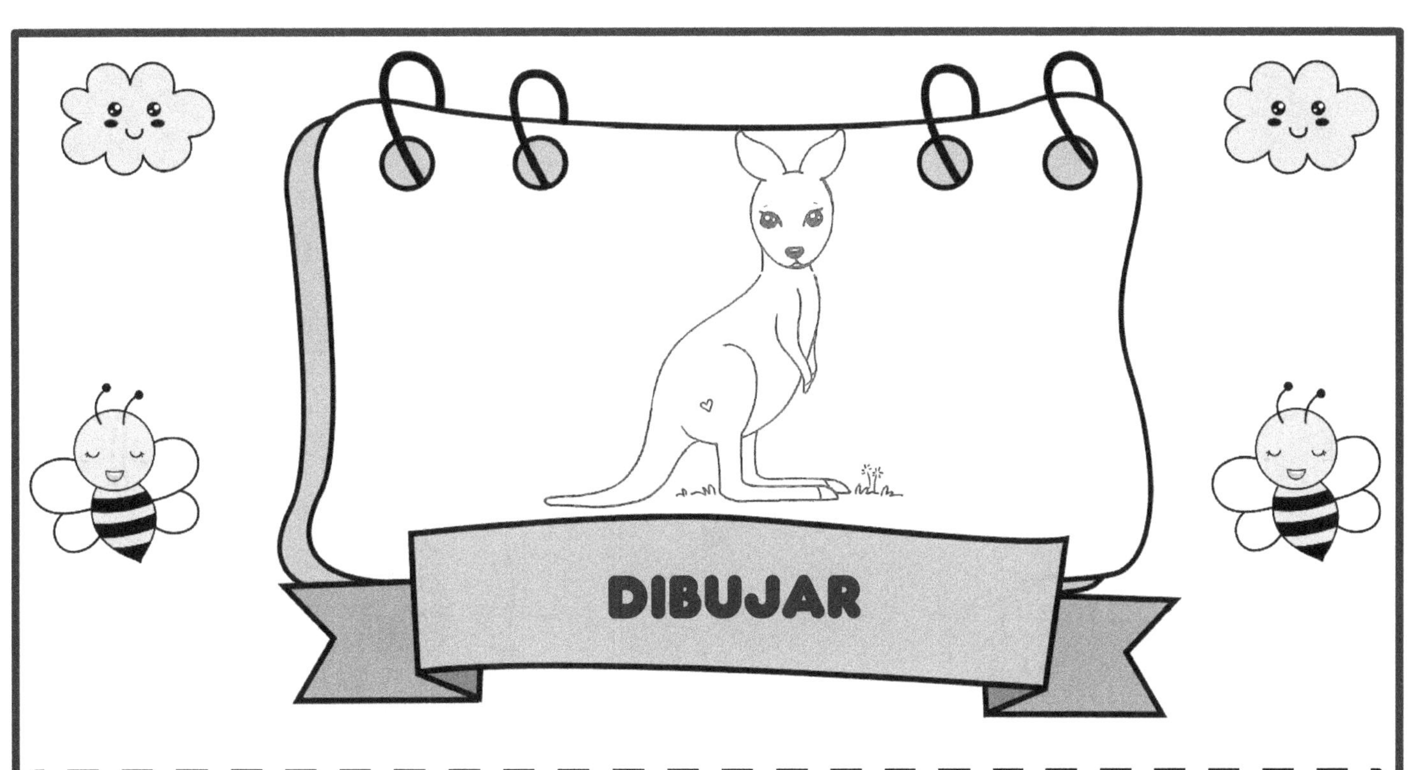

DIBUJAR

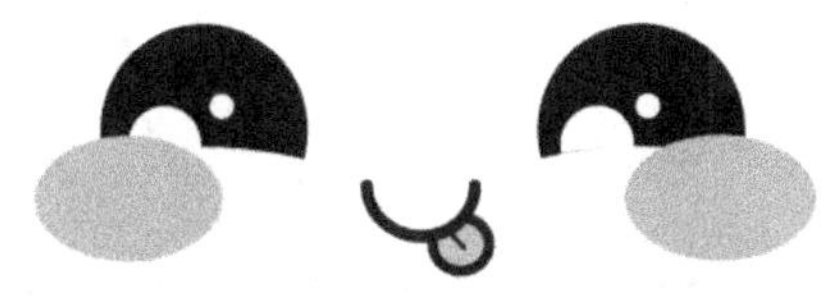
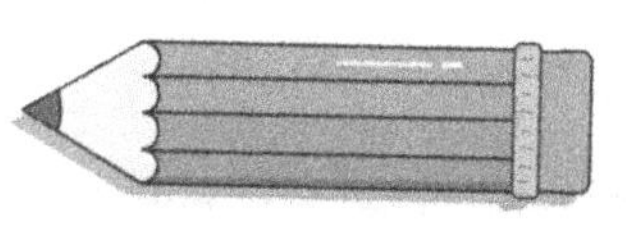
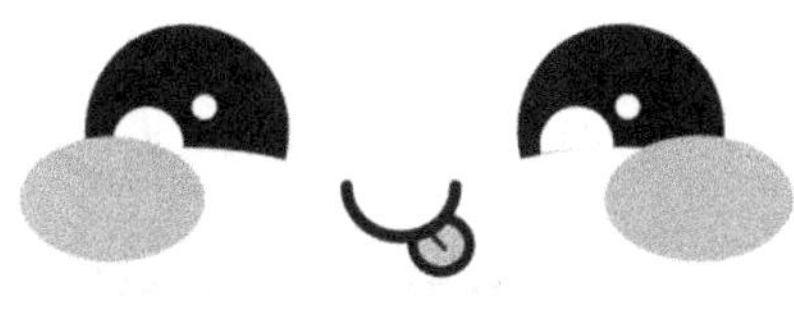

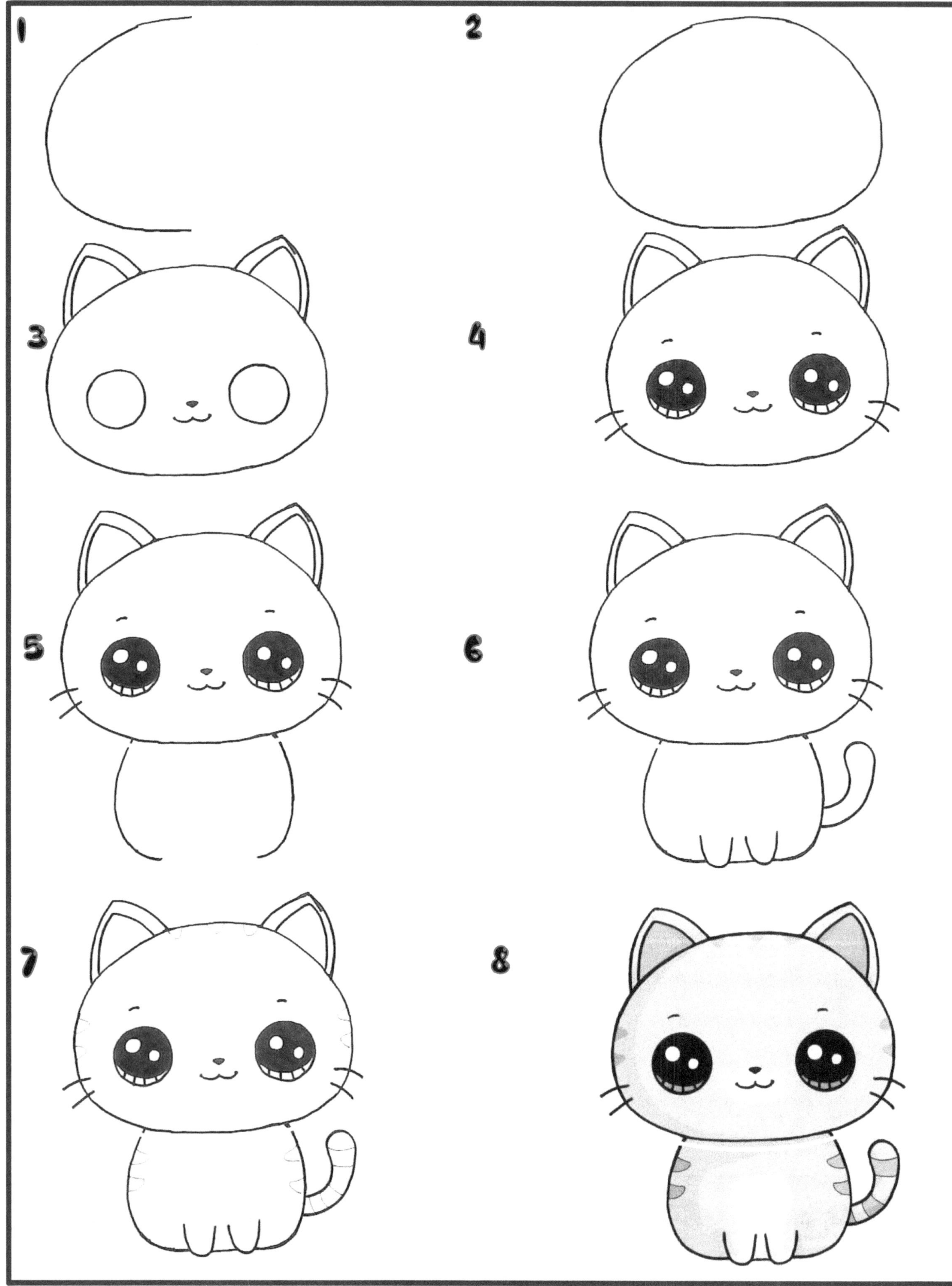

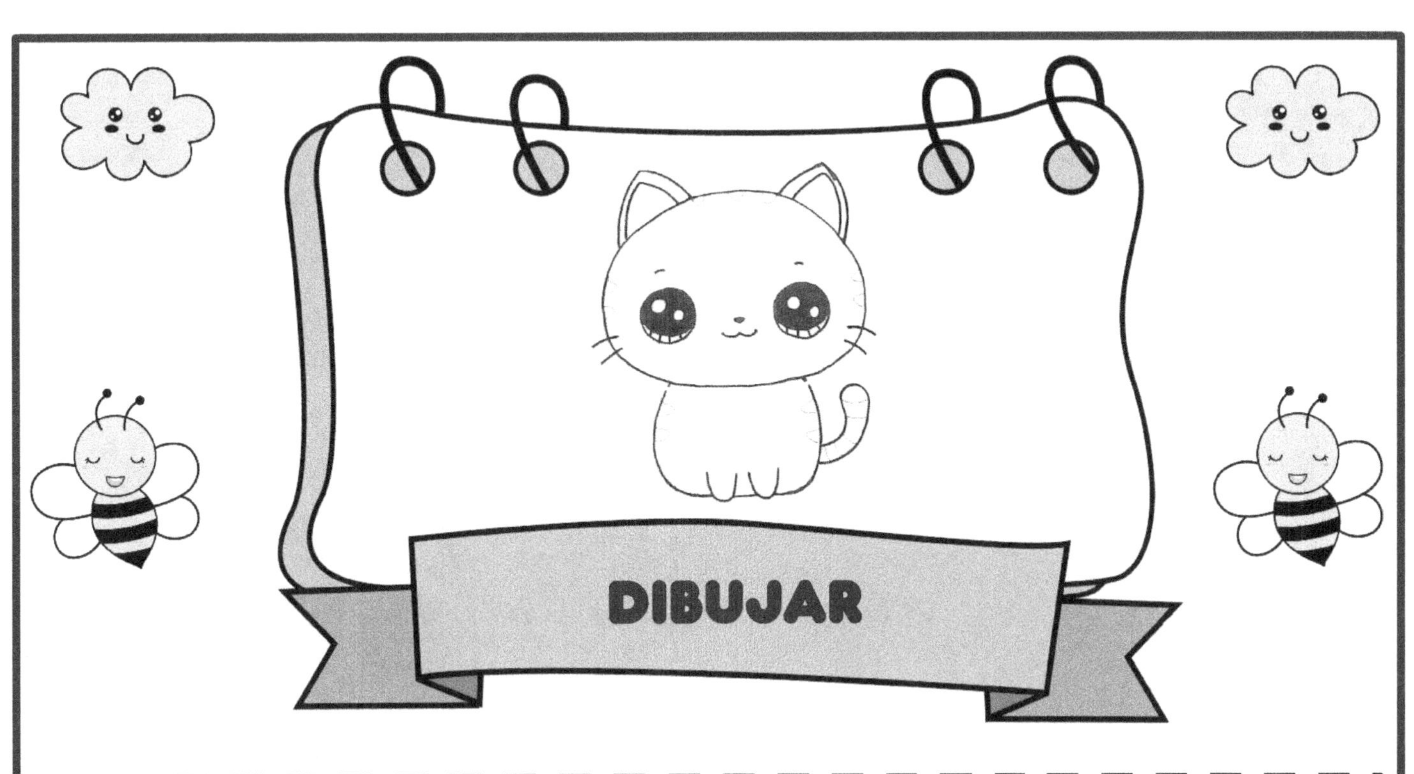
DIBUJAR

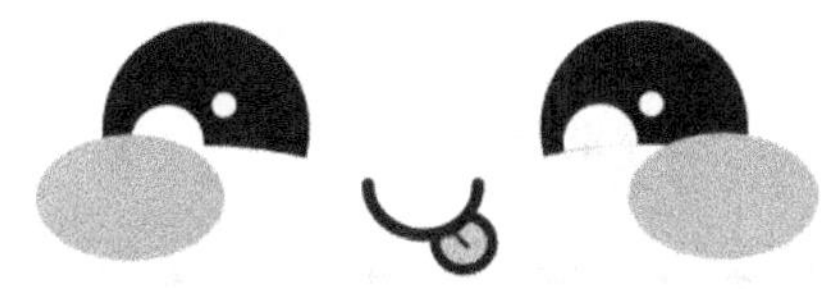
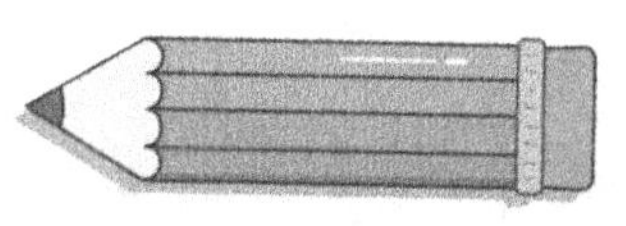
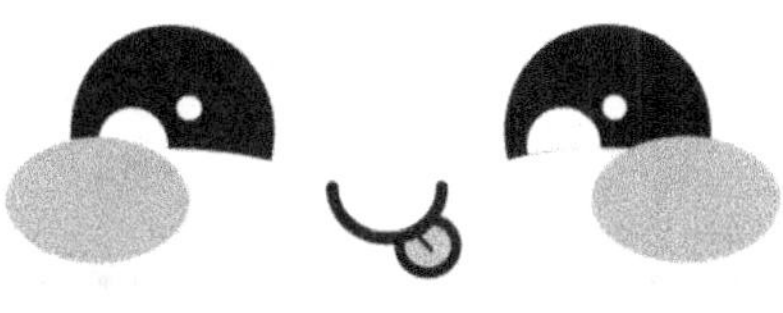

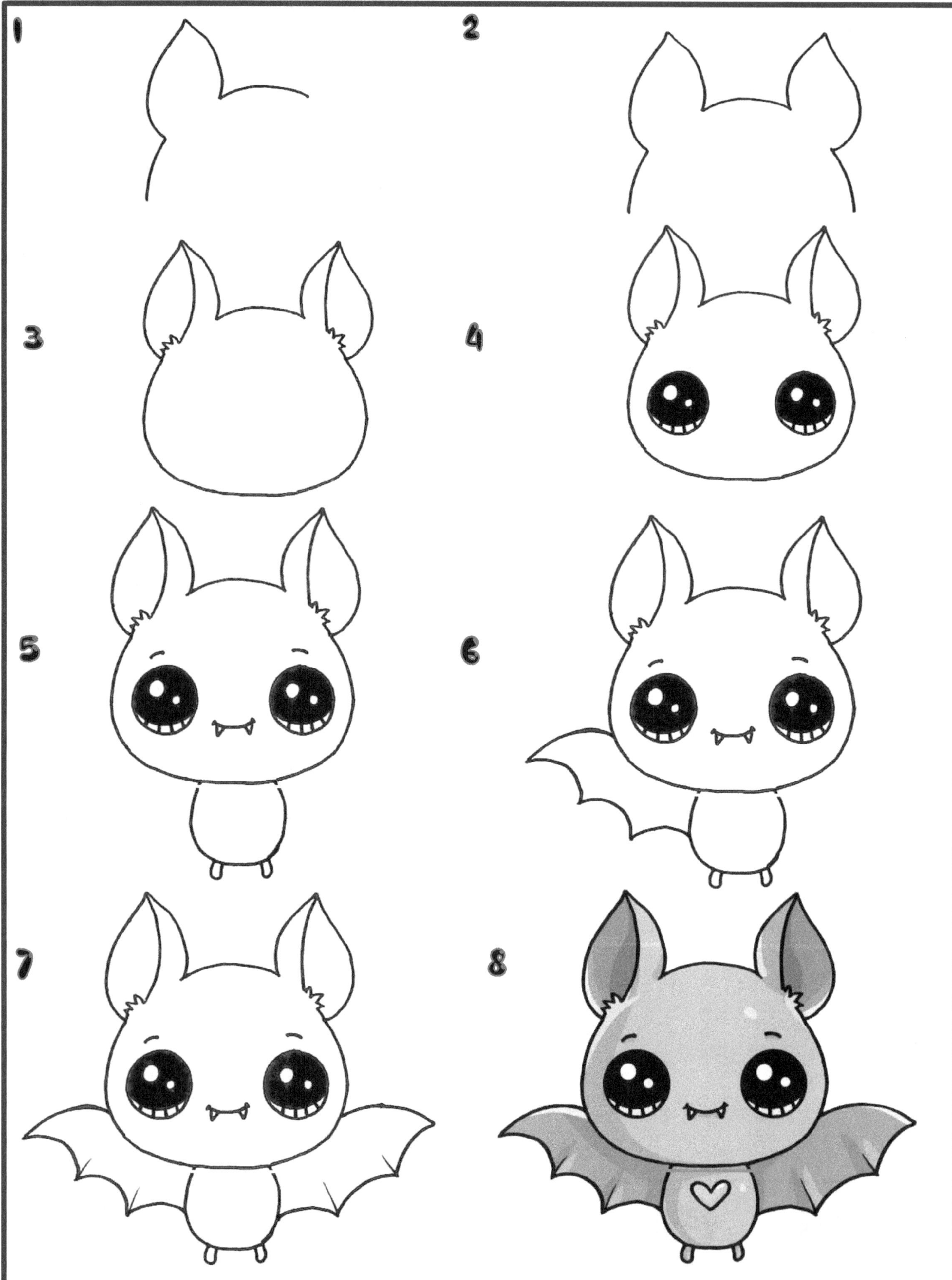

1
2
3
4
5
6
7
8

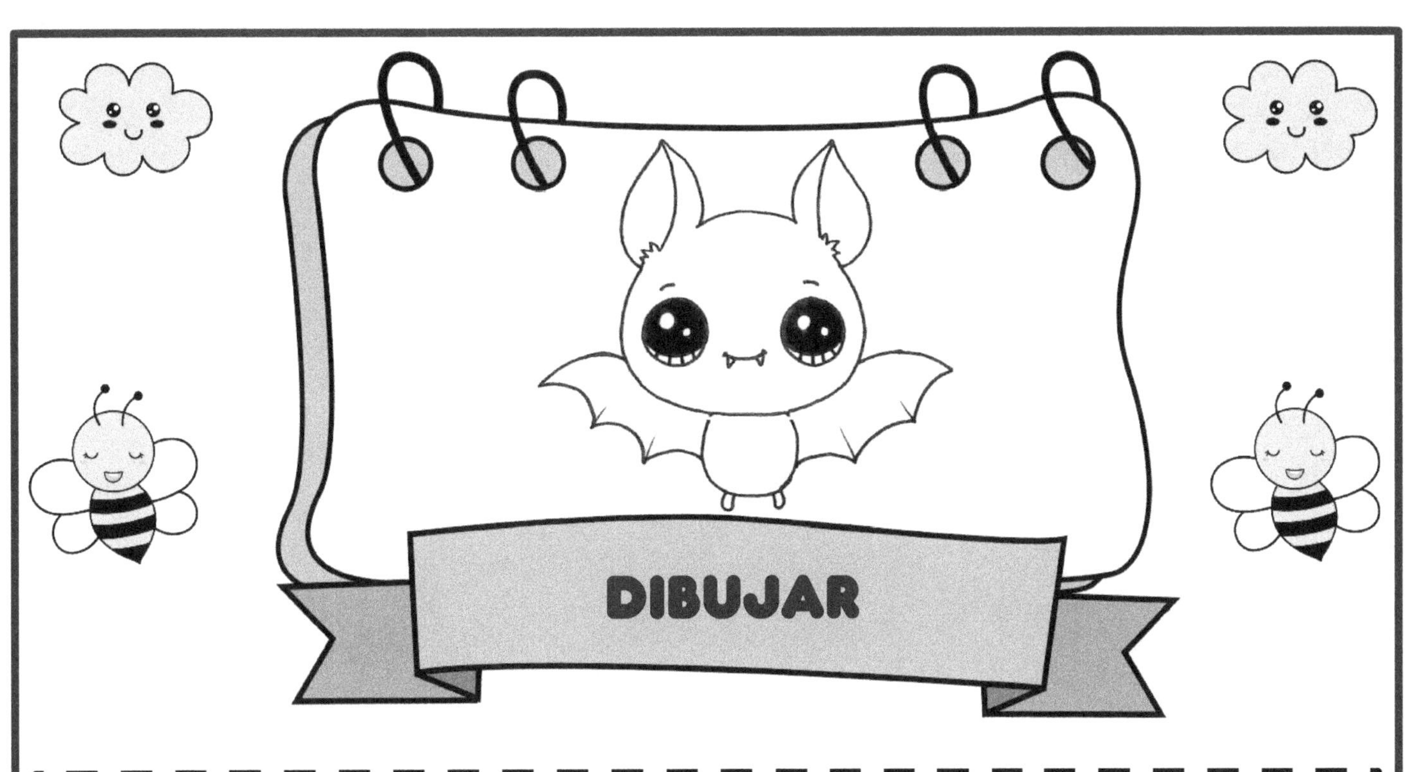

DIBUJAR

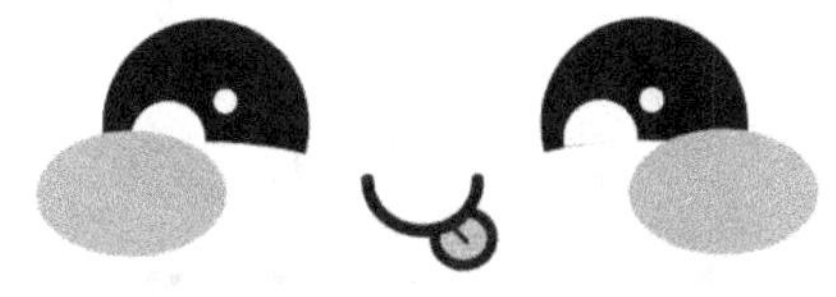

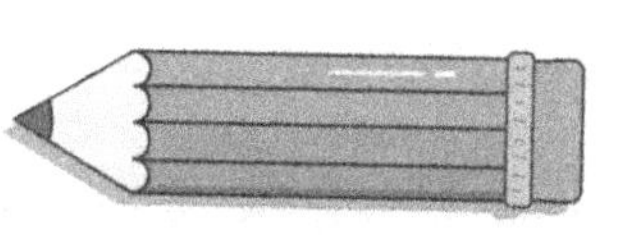

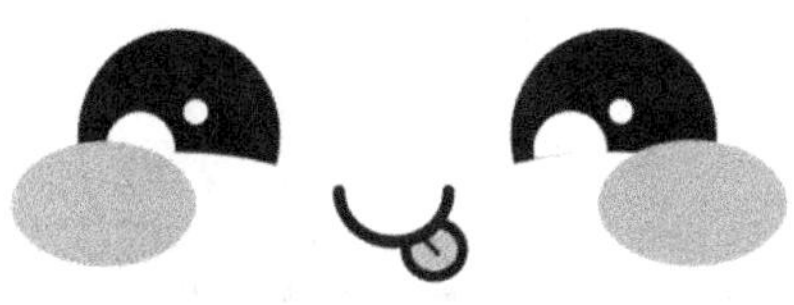

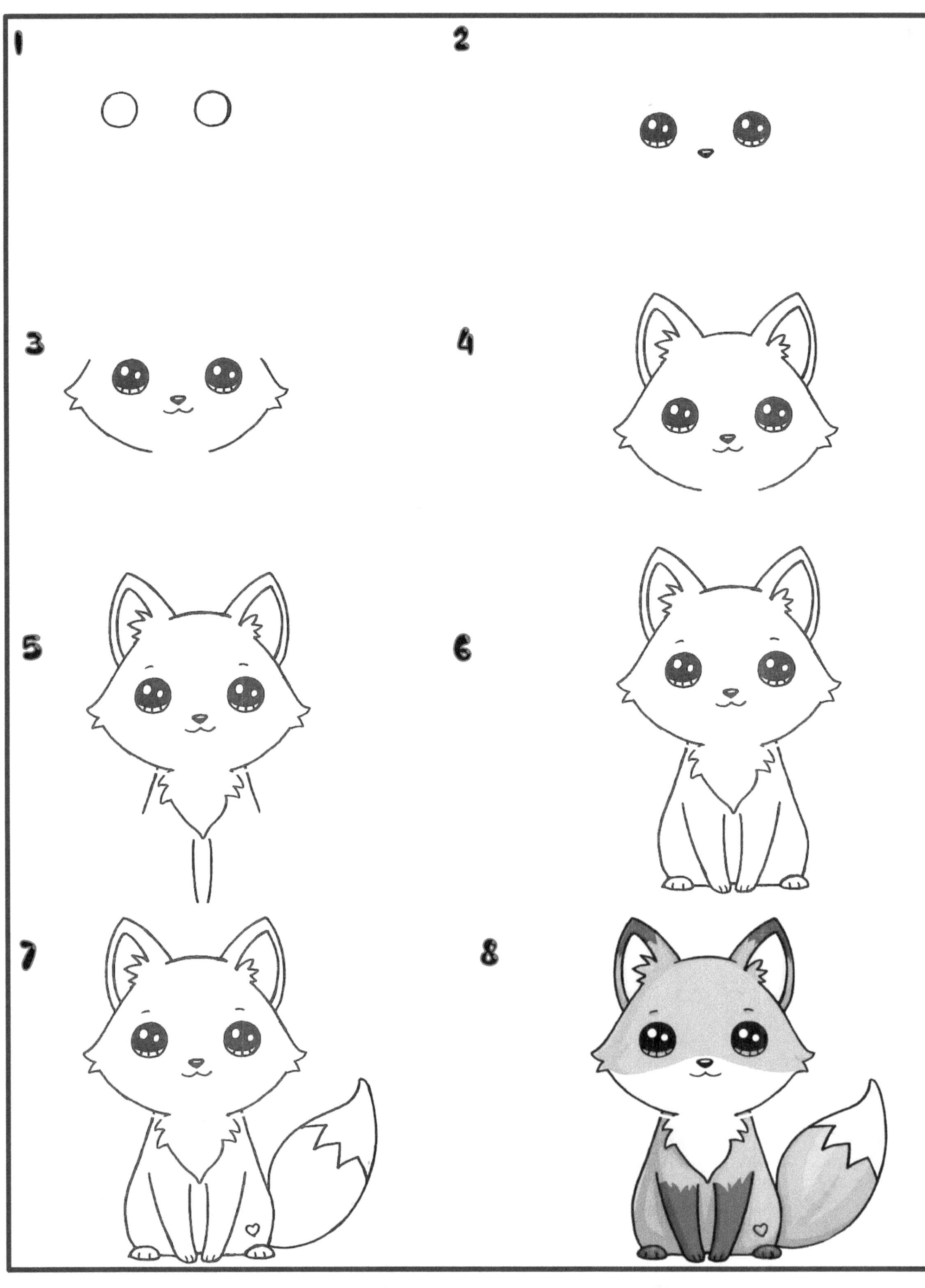

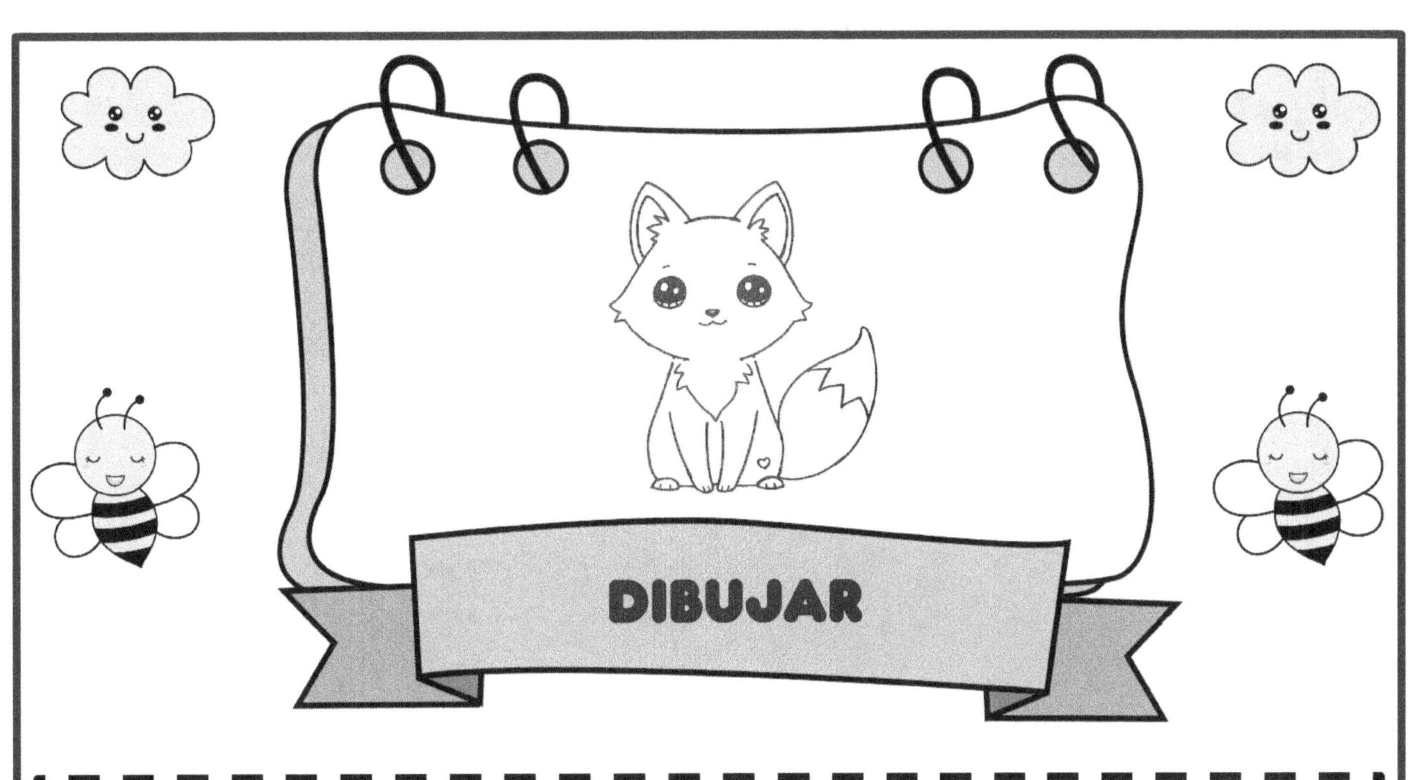

DIBUJAR

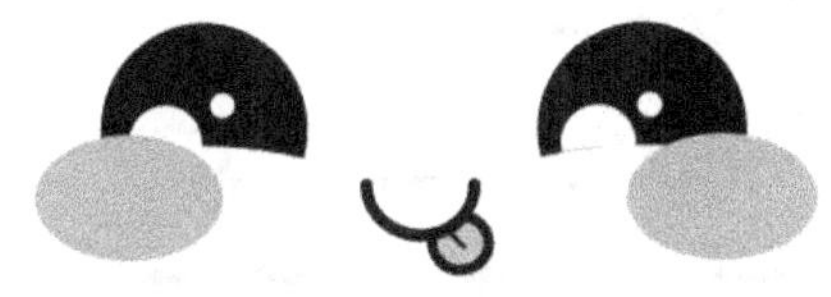
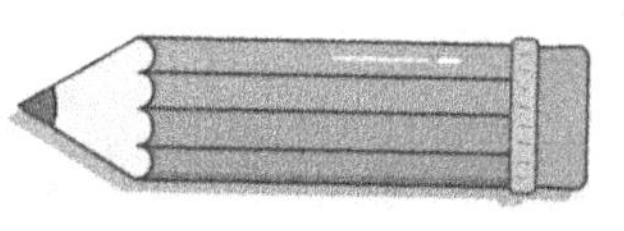
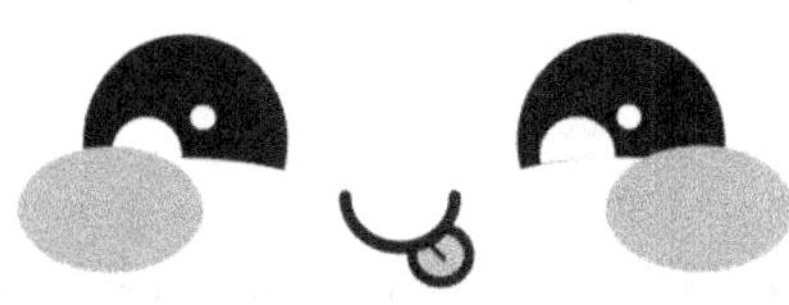

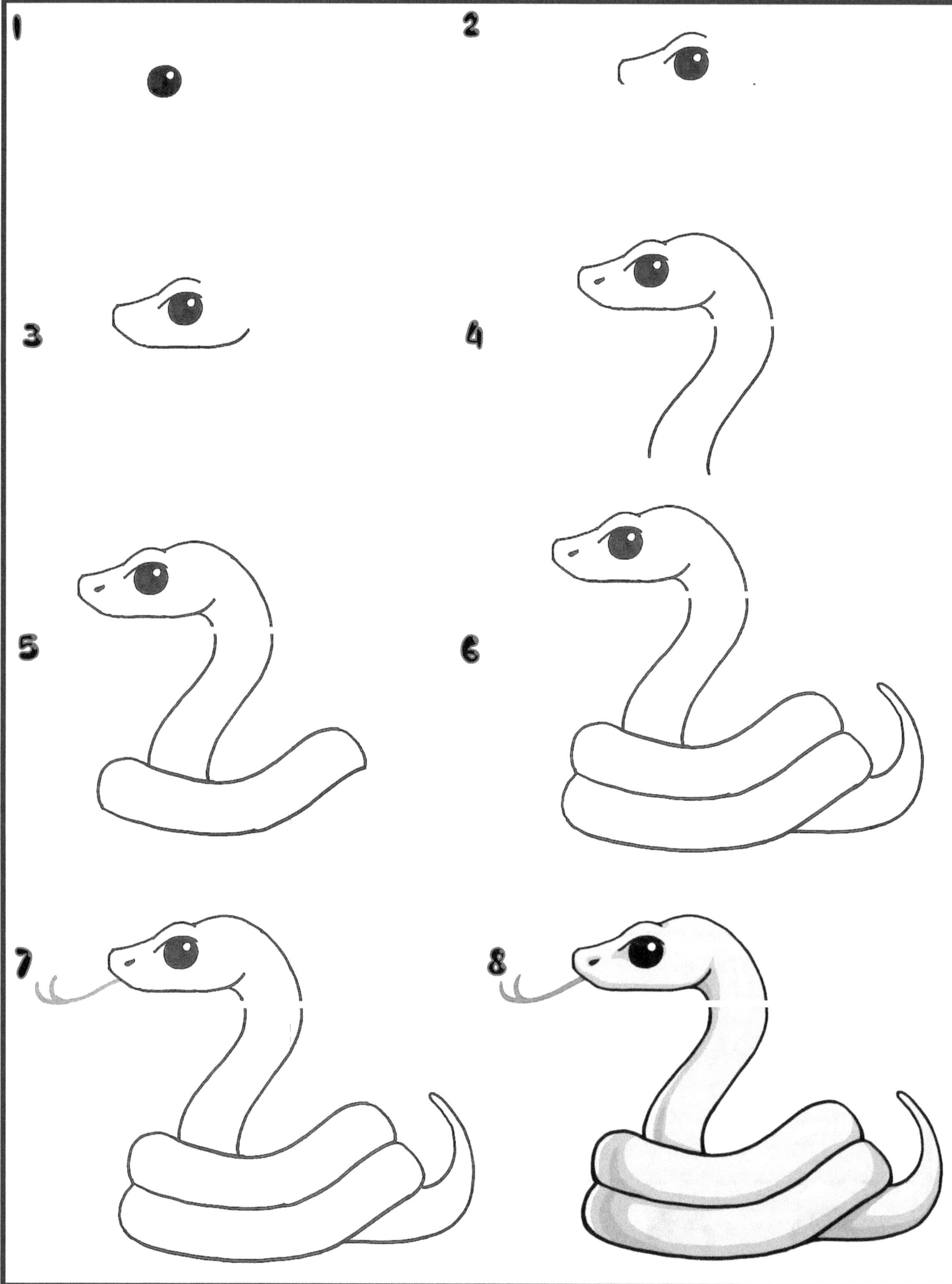
1
2
3
4
5
6
7
8

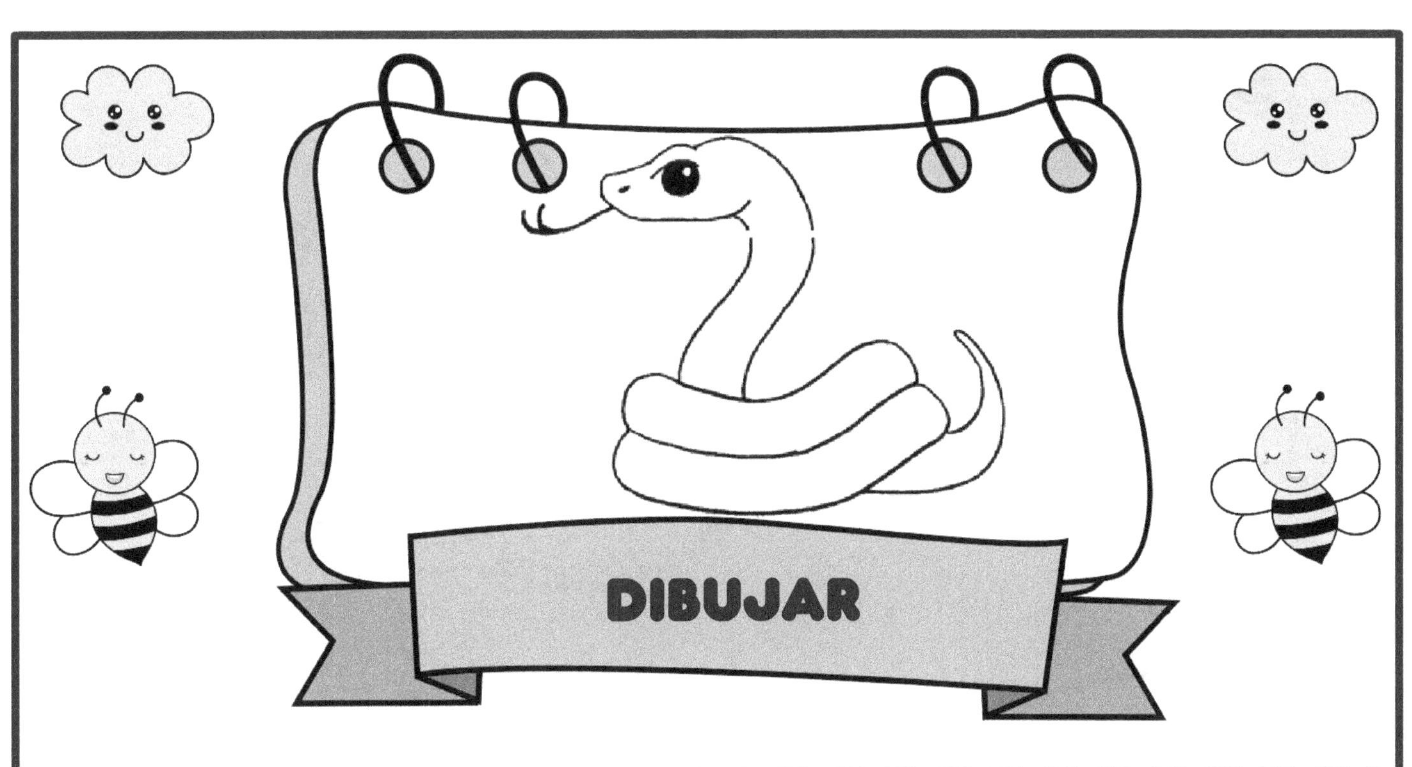
DIBUJAR

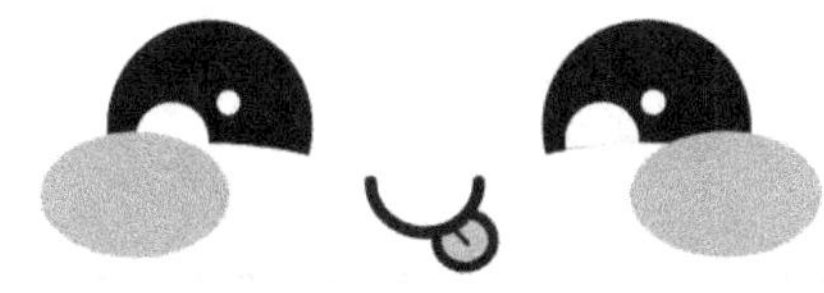
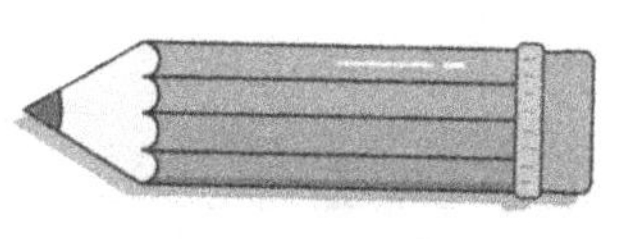
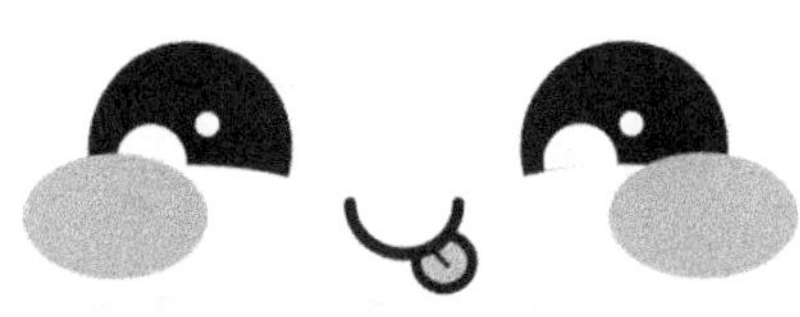

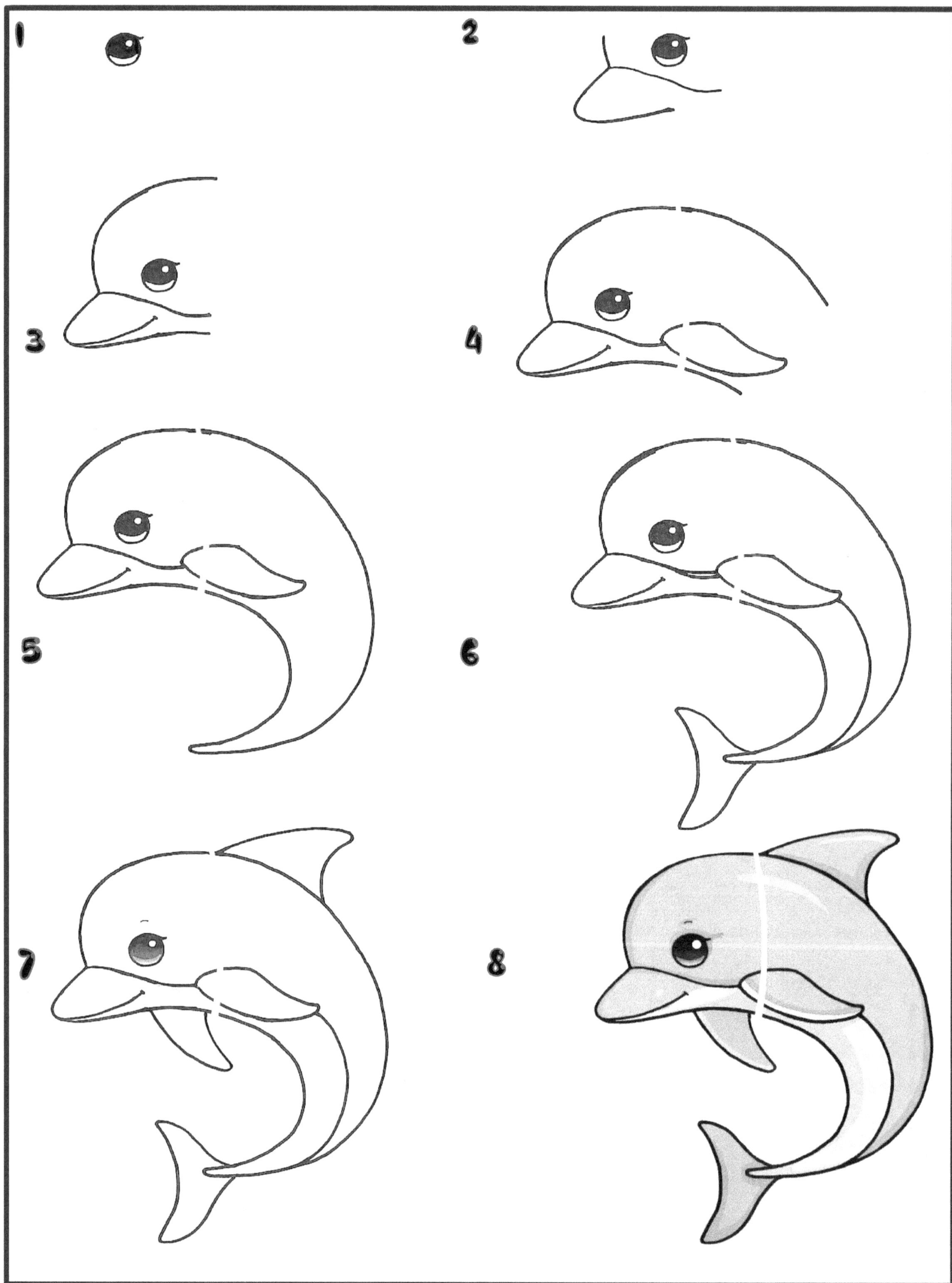
1
2
3
4
5
6
7
8

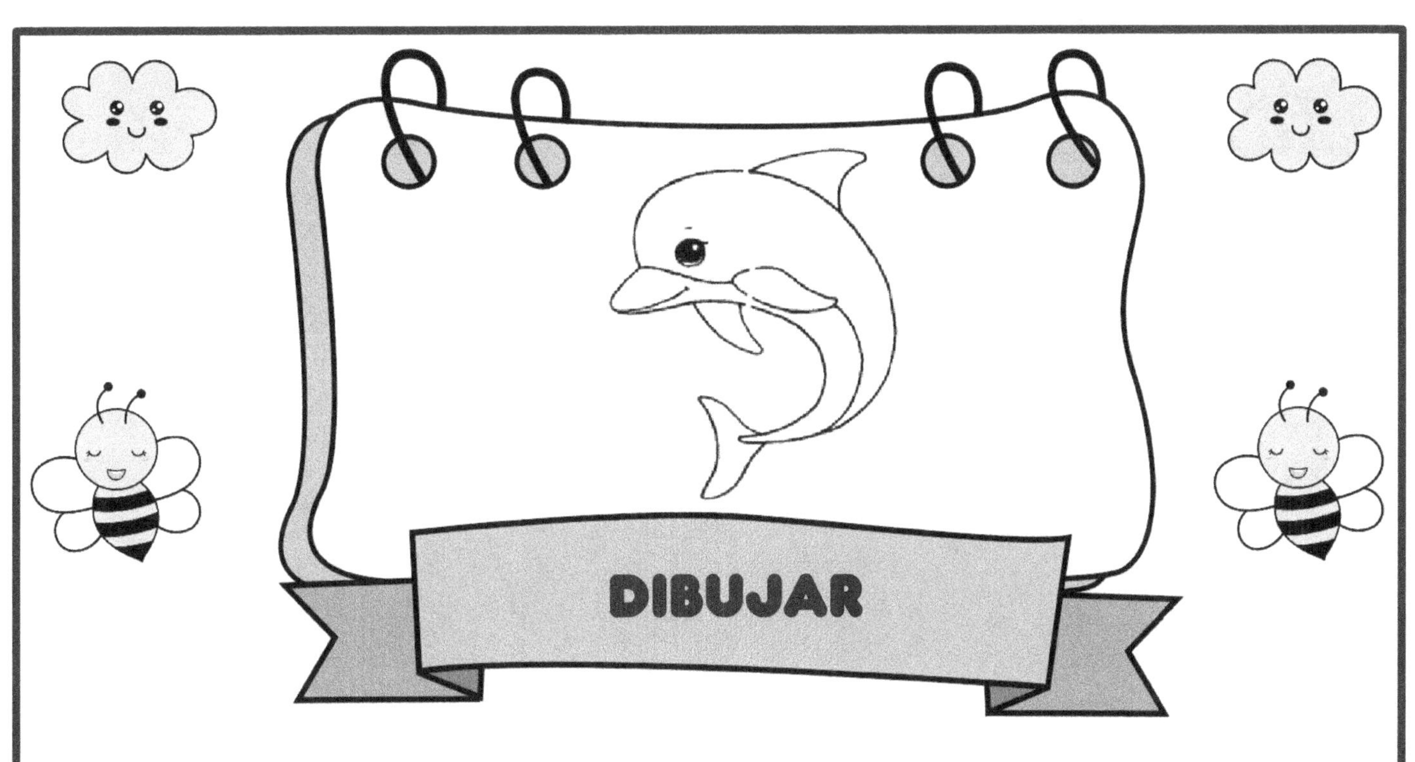

DIBUJAR

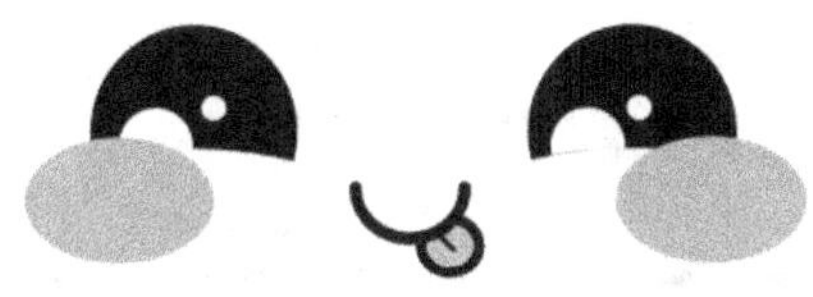
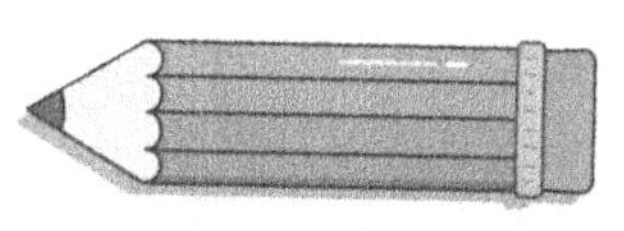
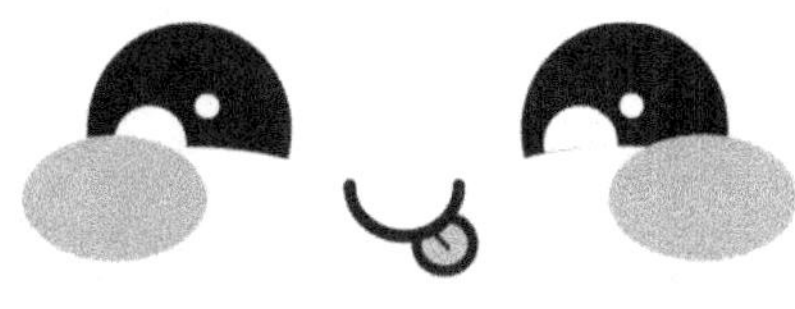

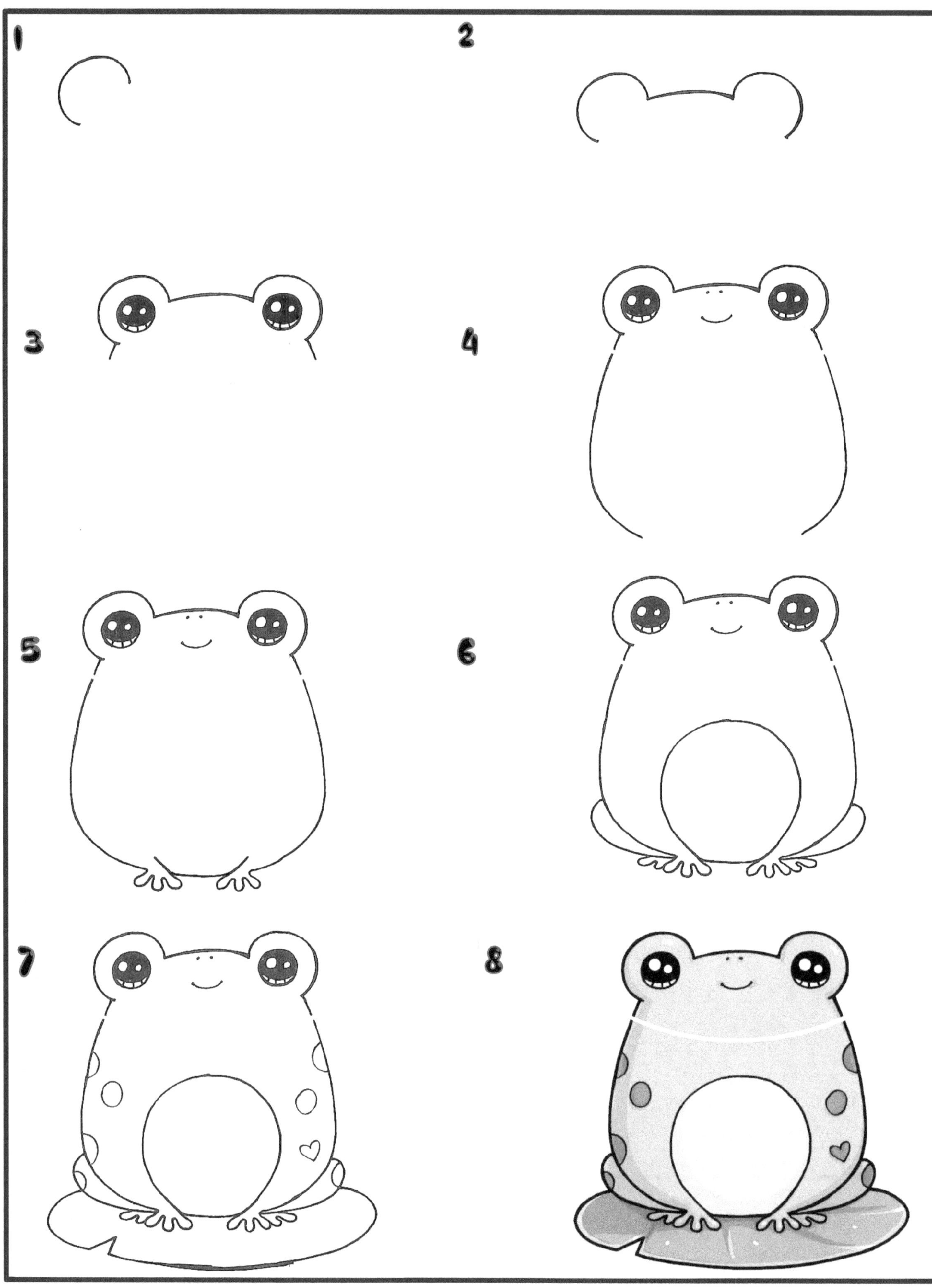

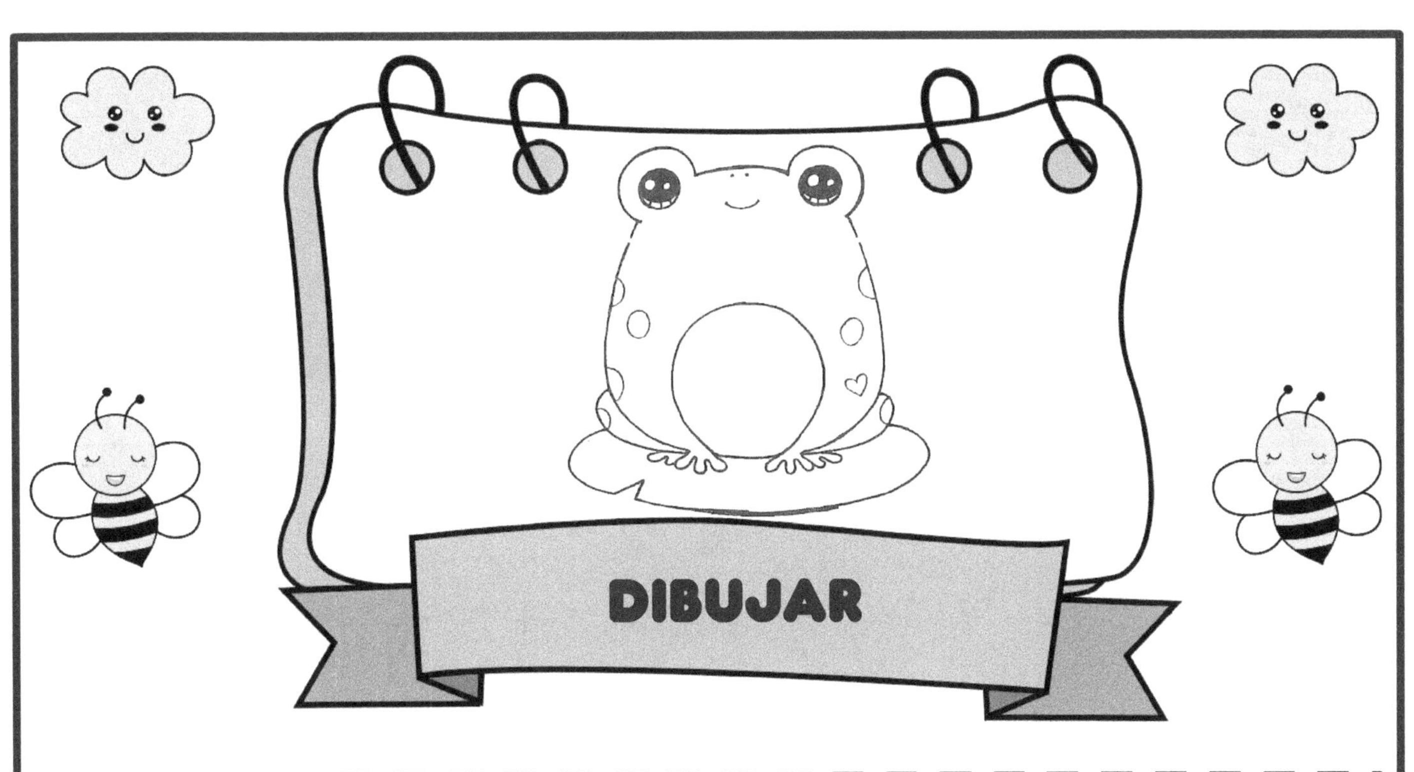

DIBUJAR

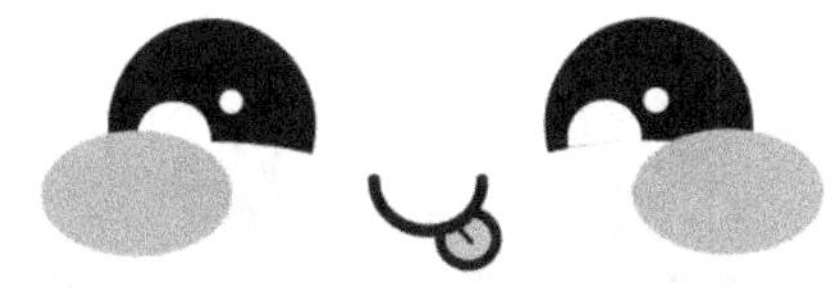

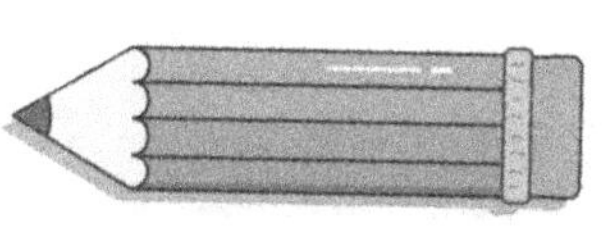

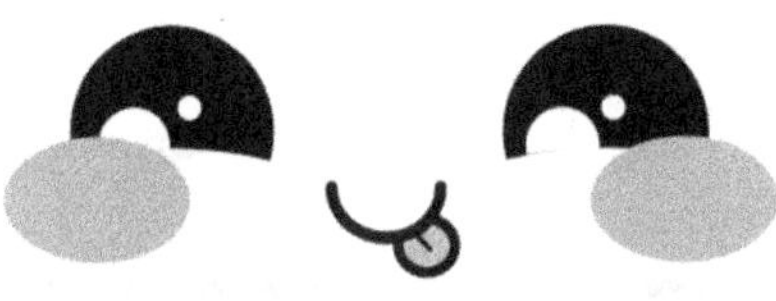

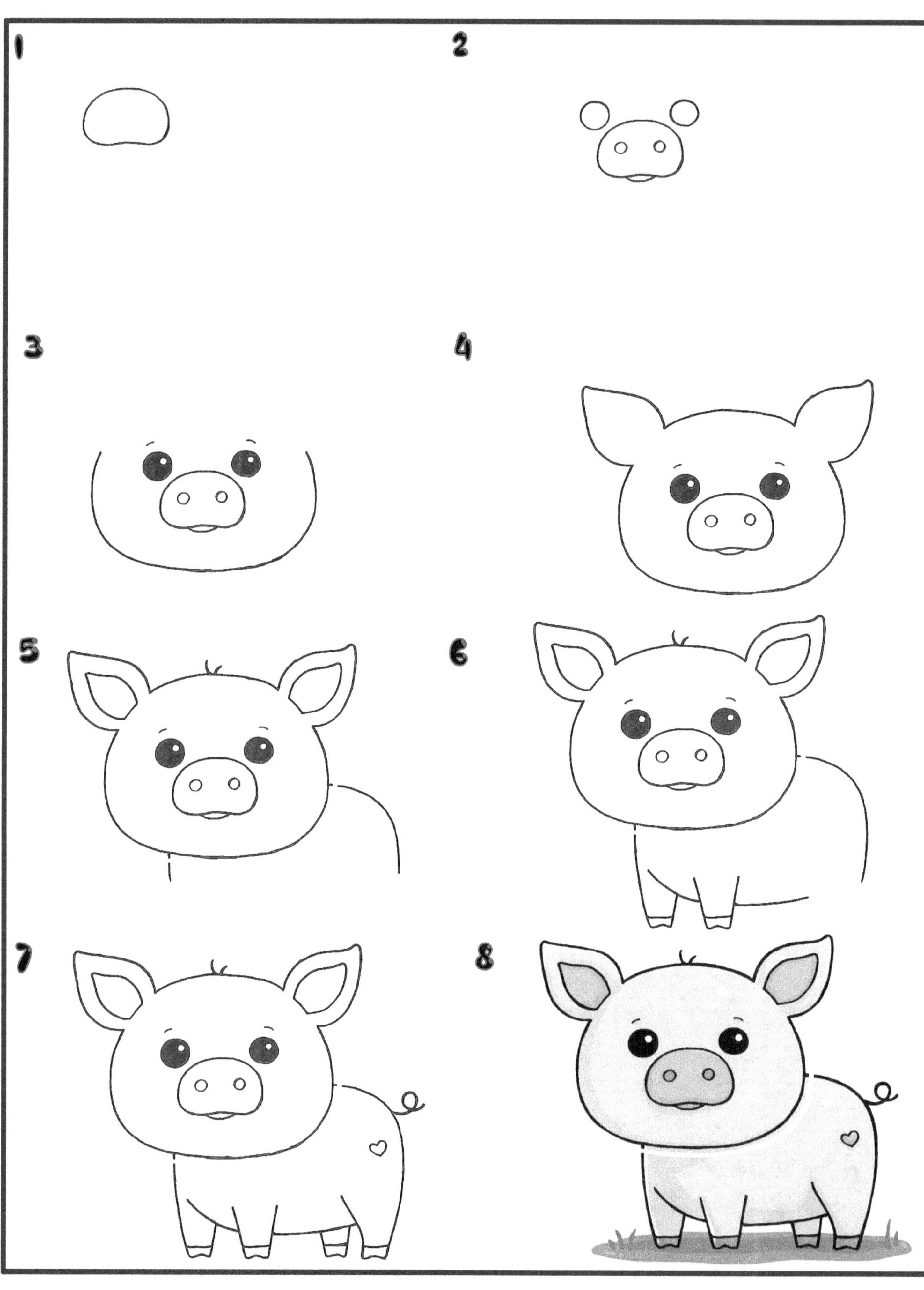

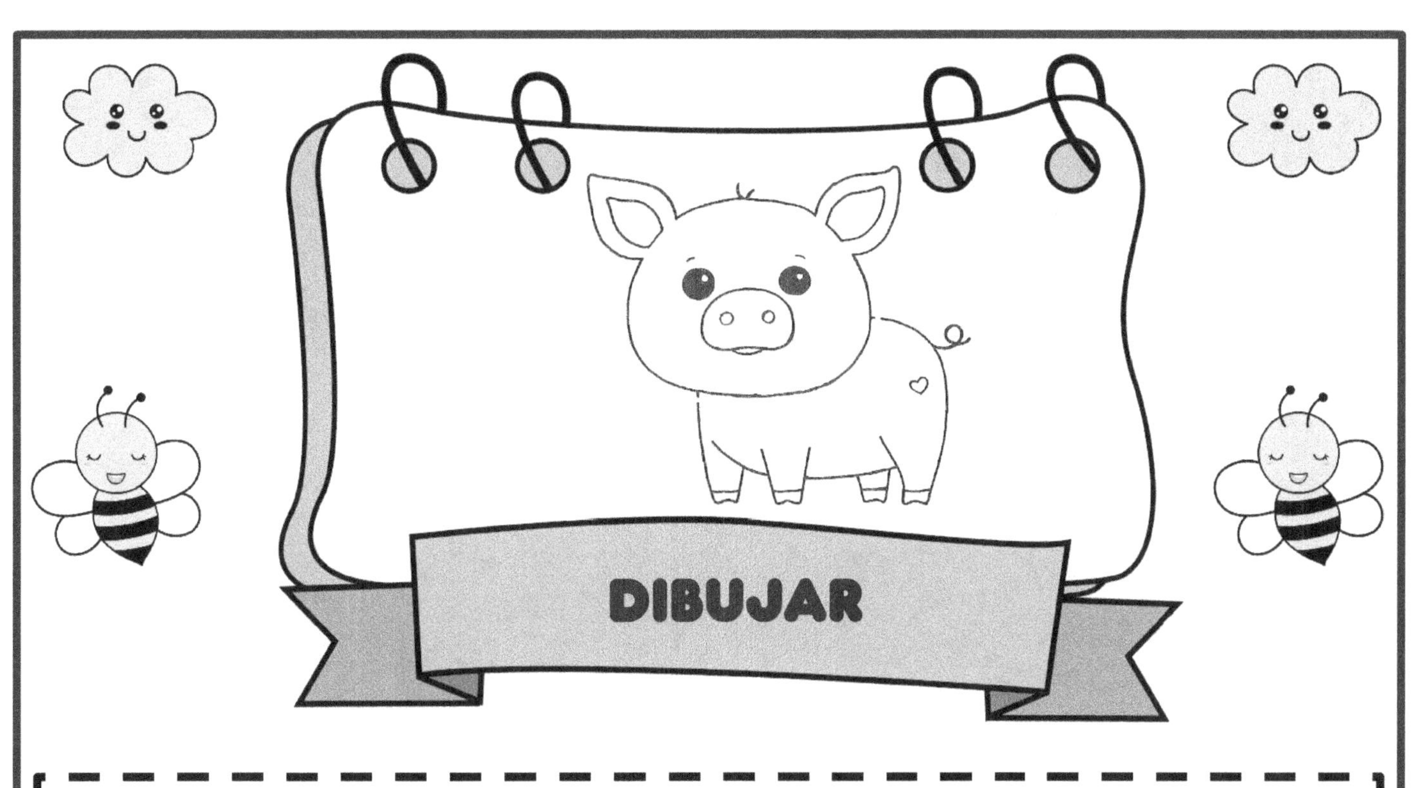

DIBUJAR

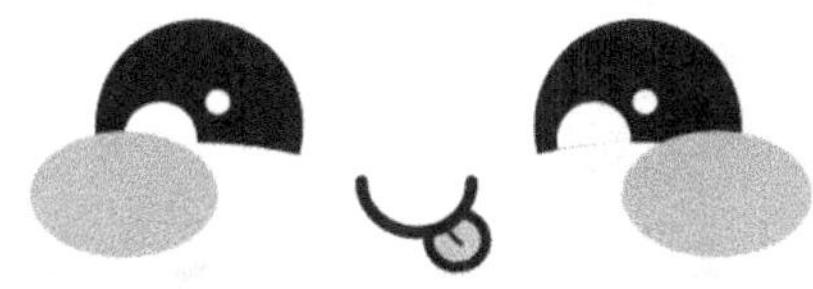
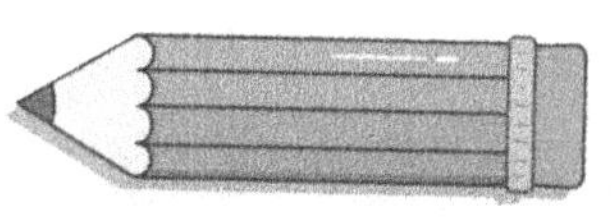
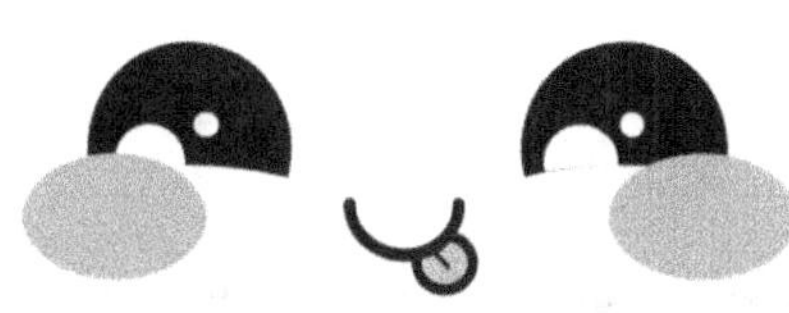

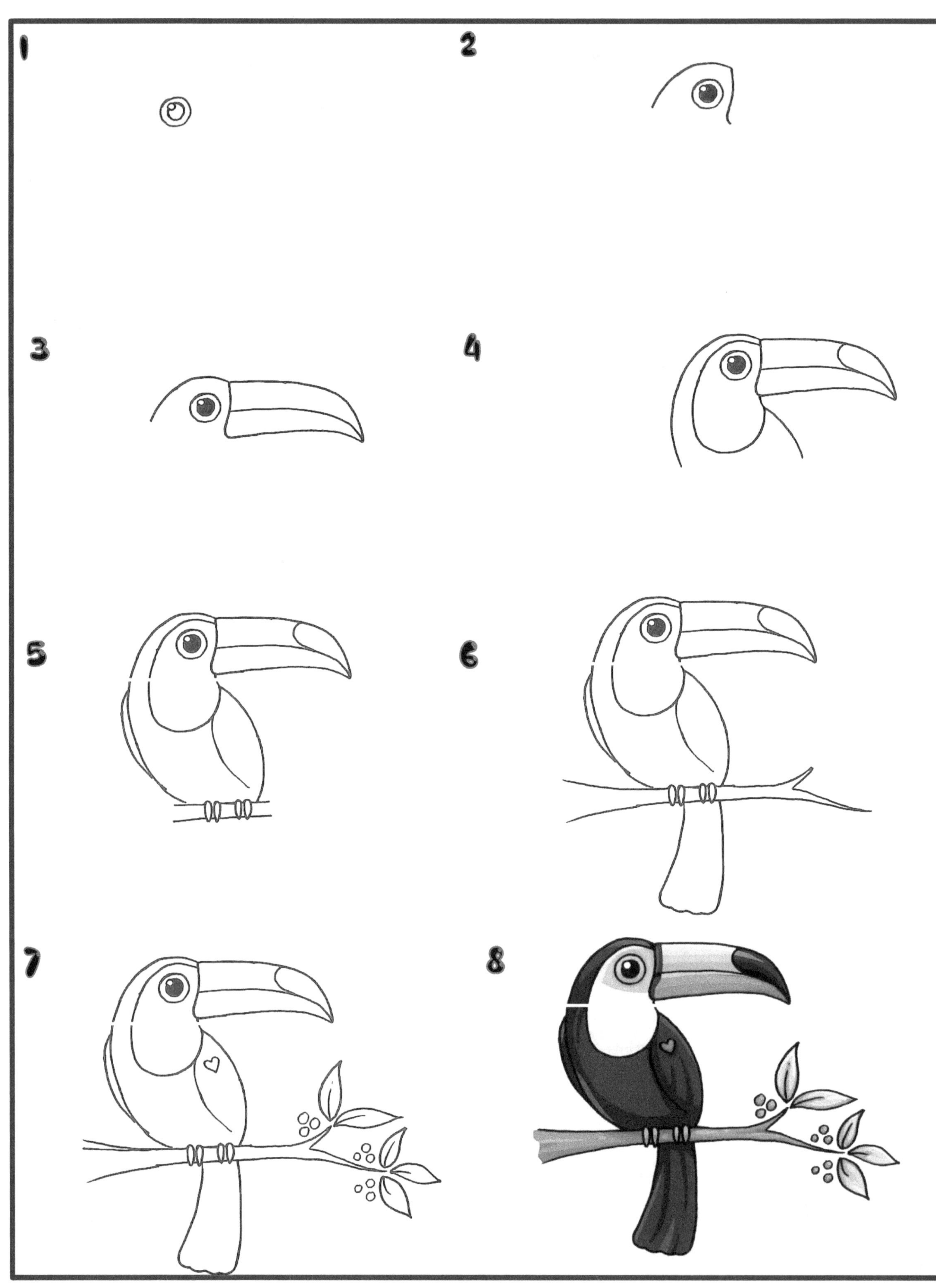

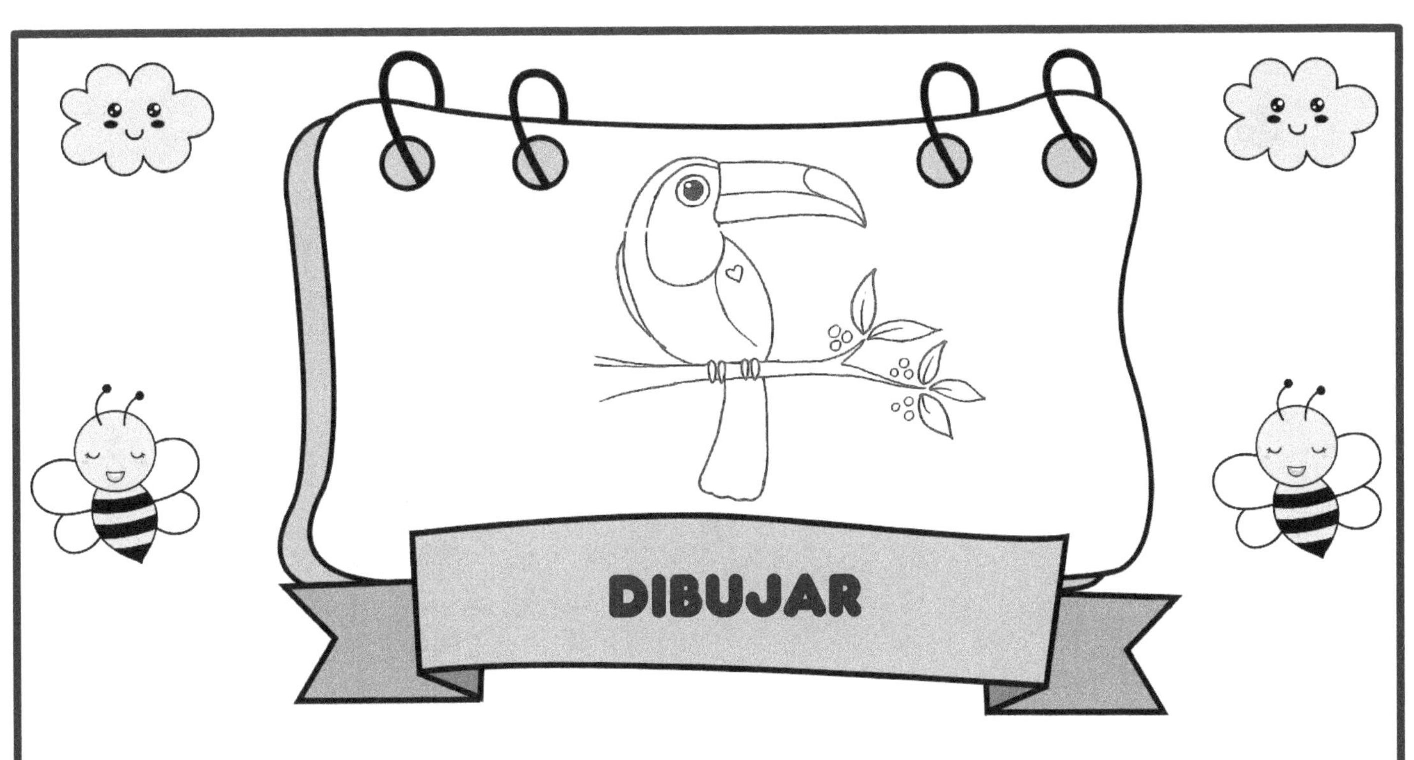

DIBUJAR

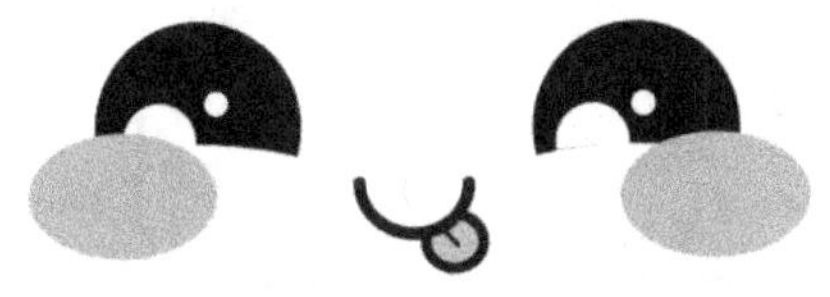
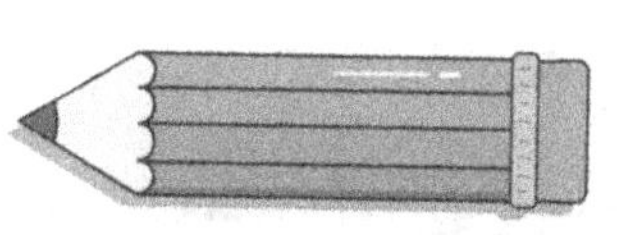
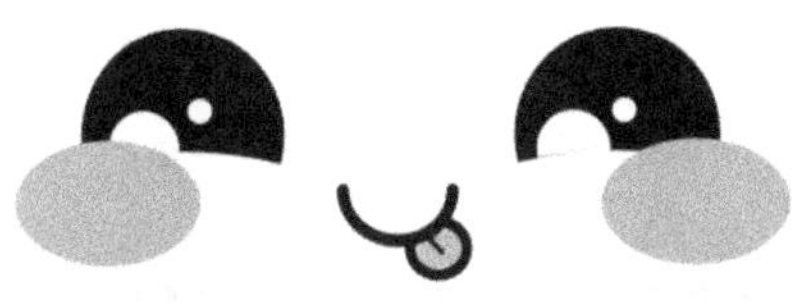

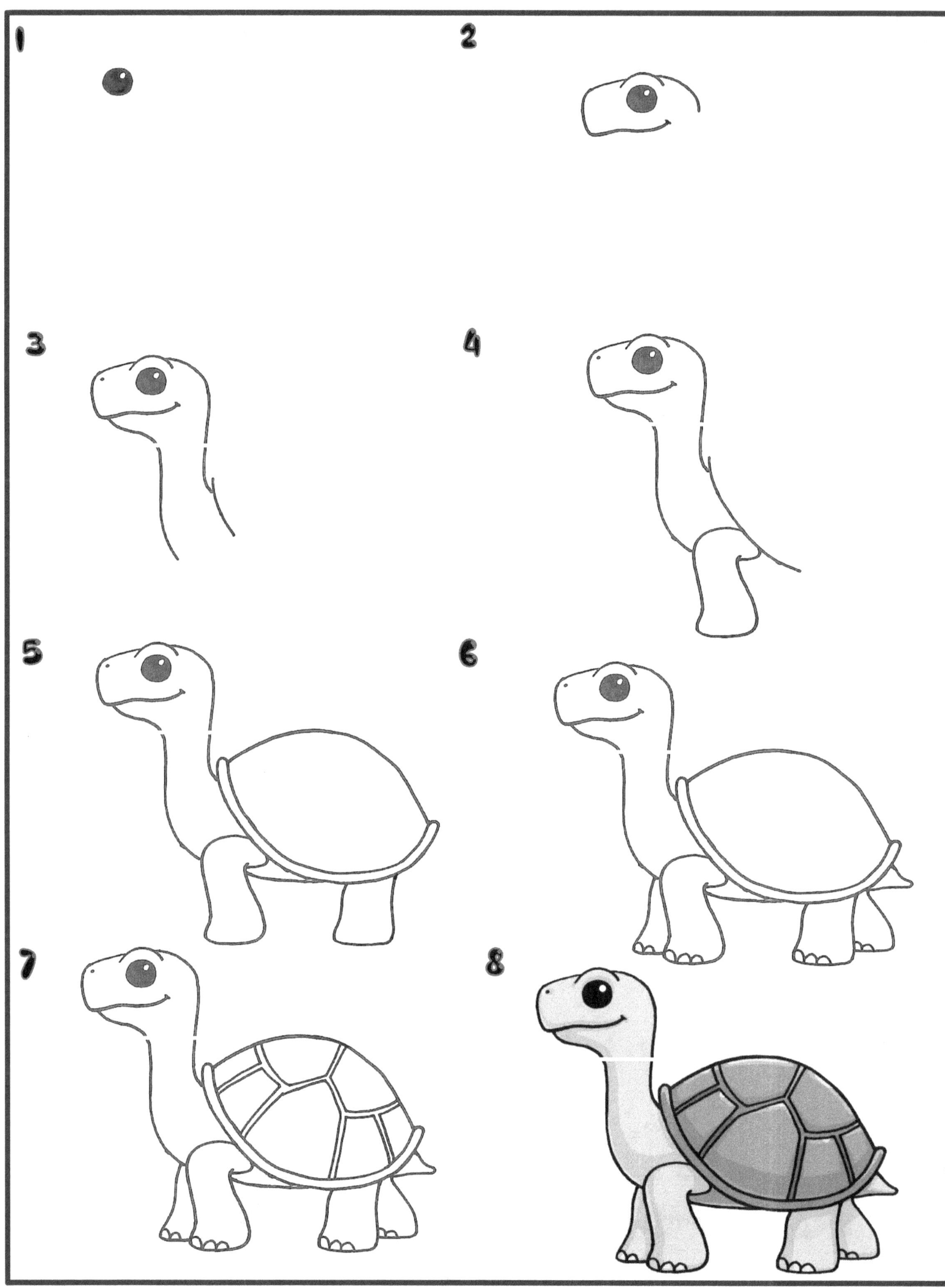

1
2
3
4
5
6
7
8

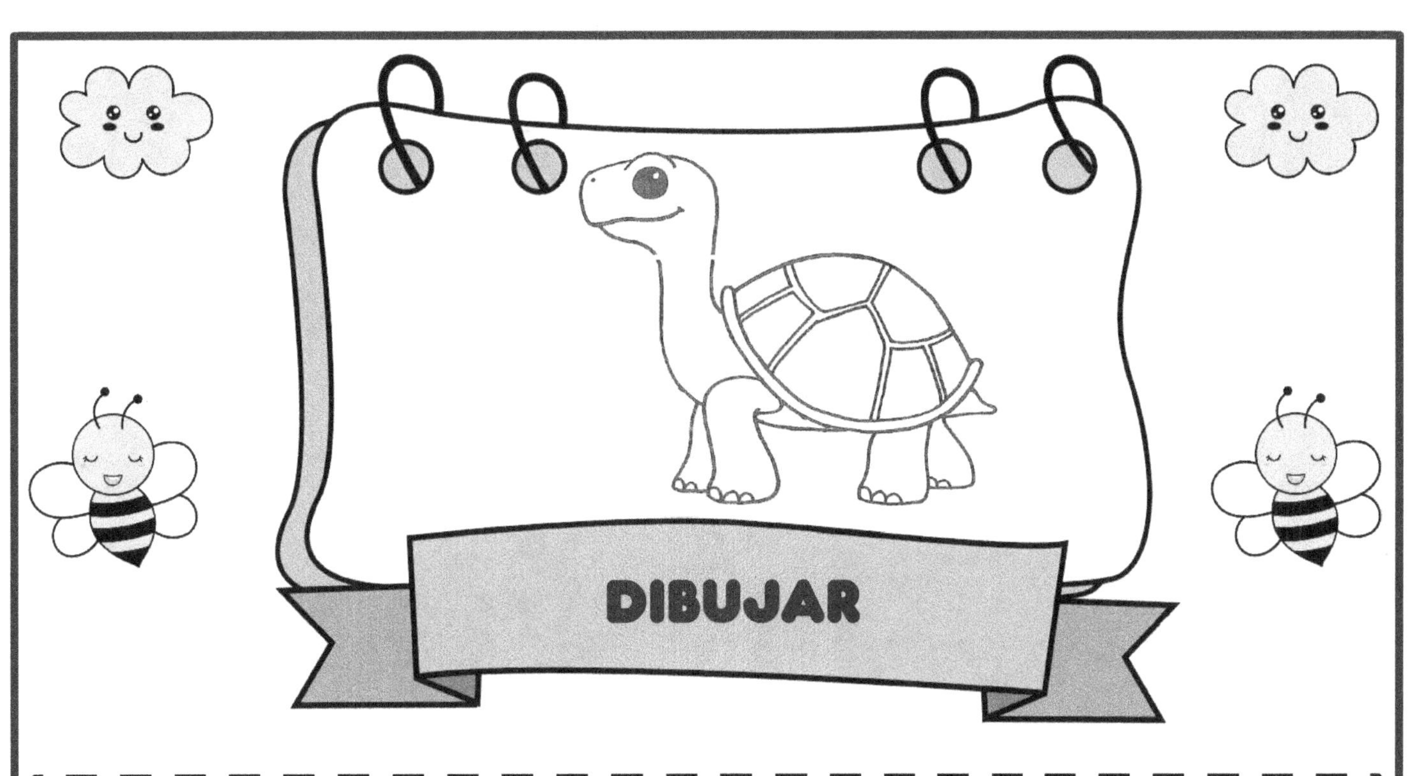
DIBUJAR

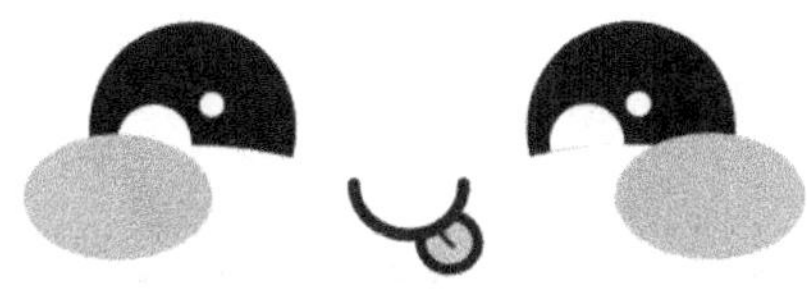

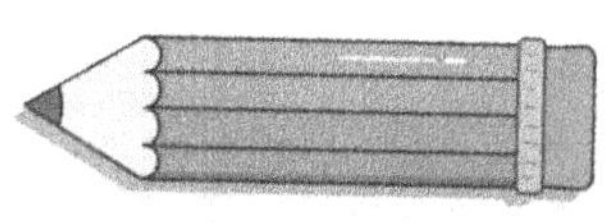

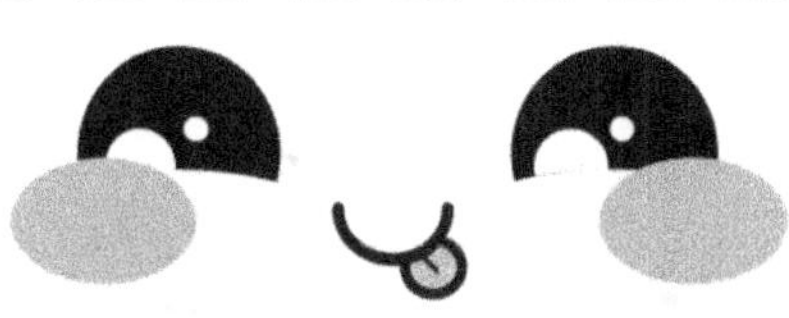

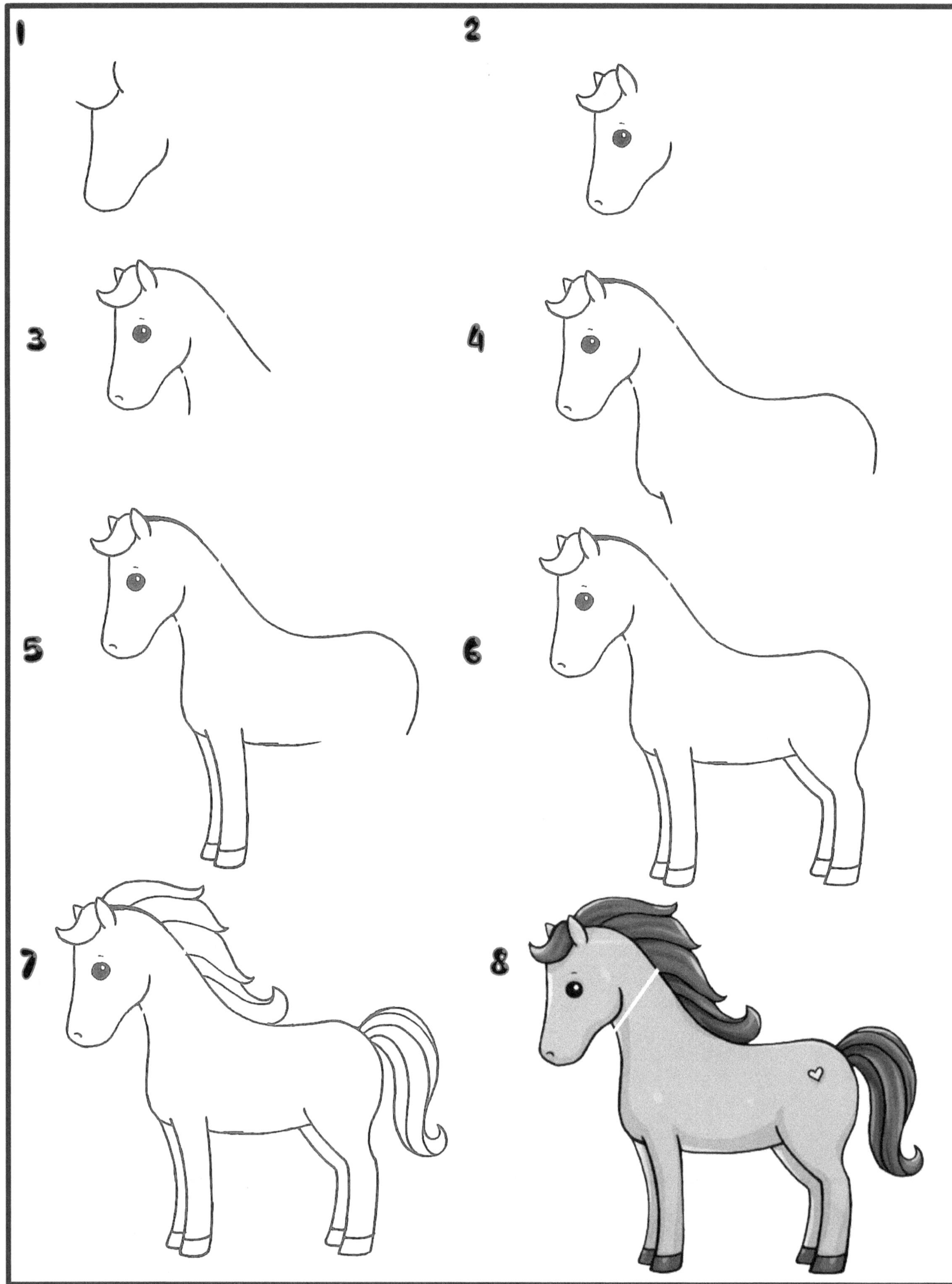

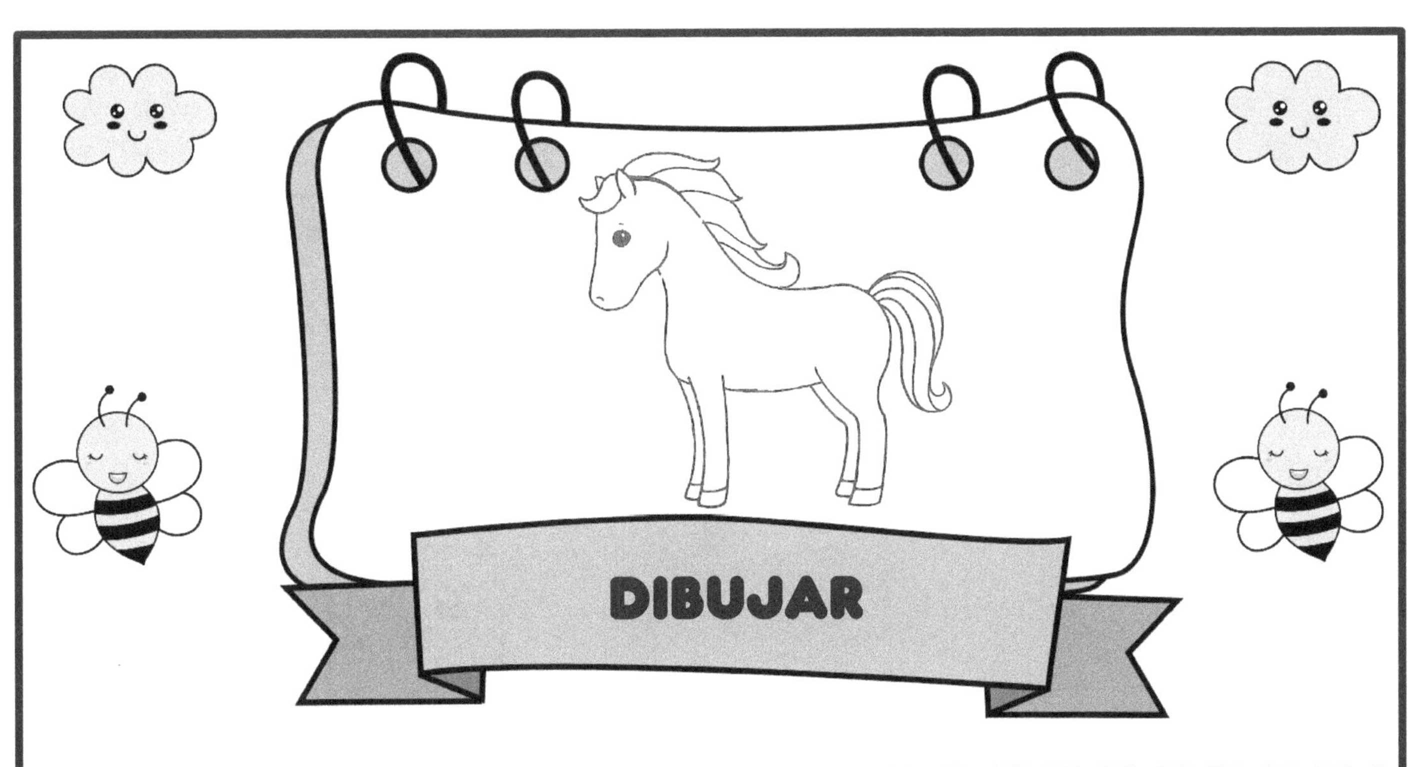

DIBUJAR

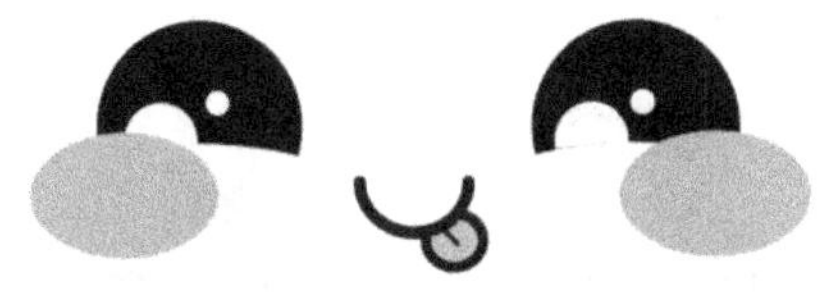

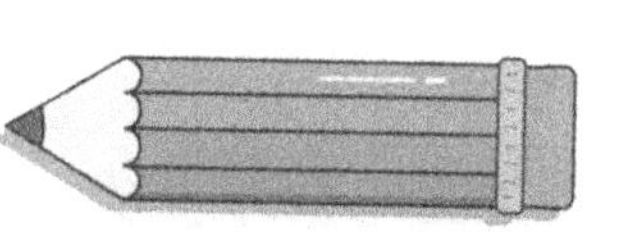

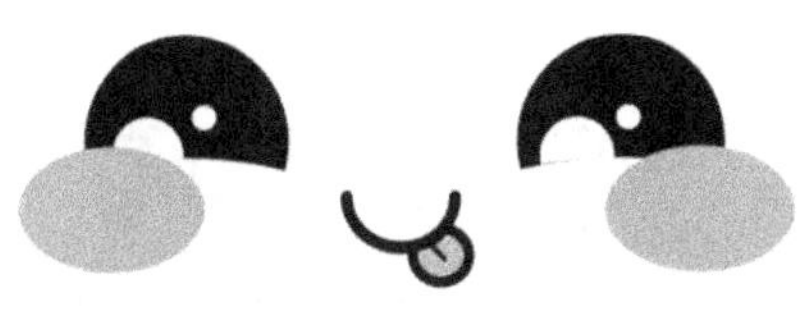

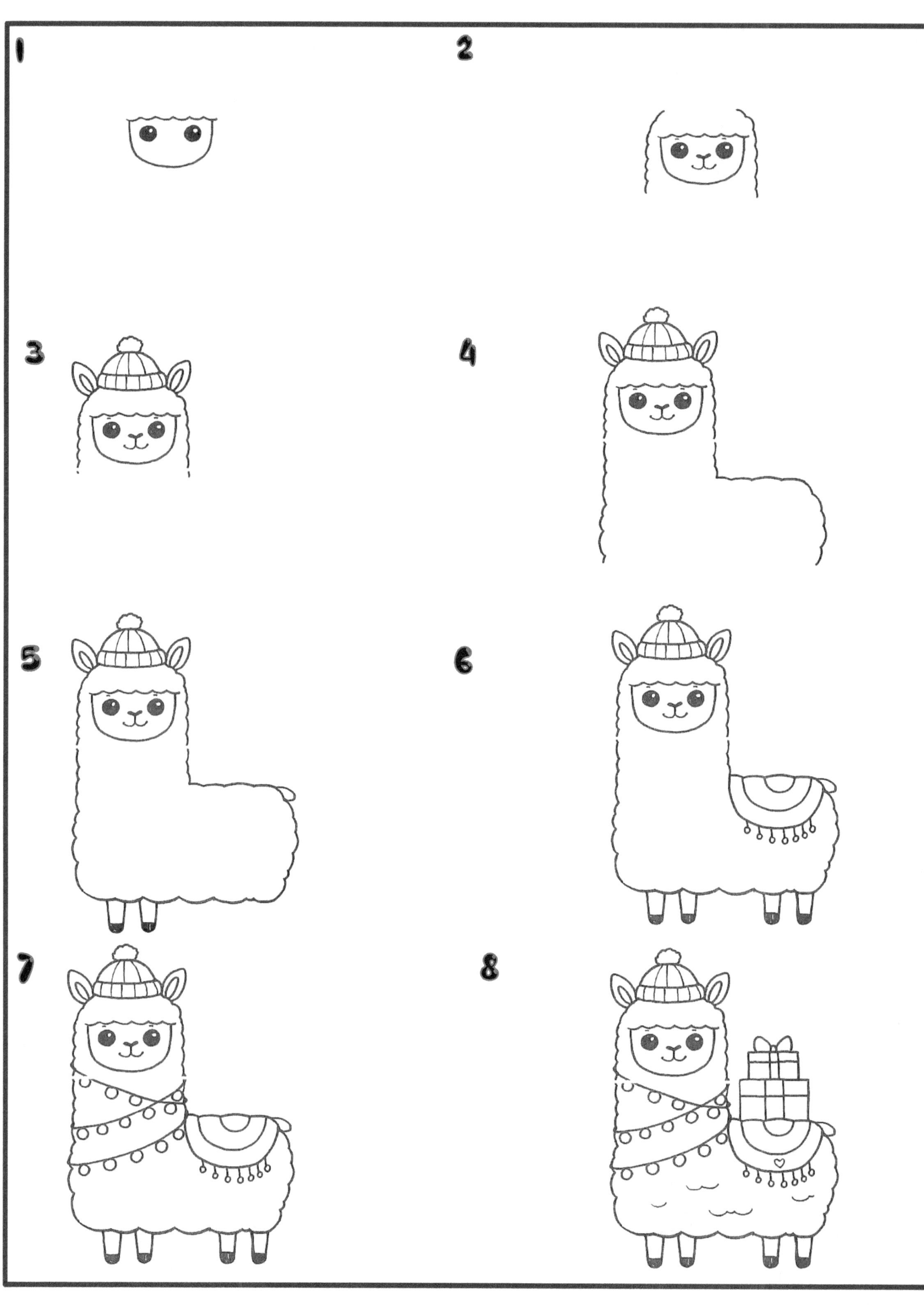

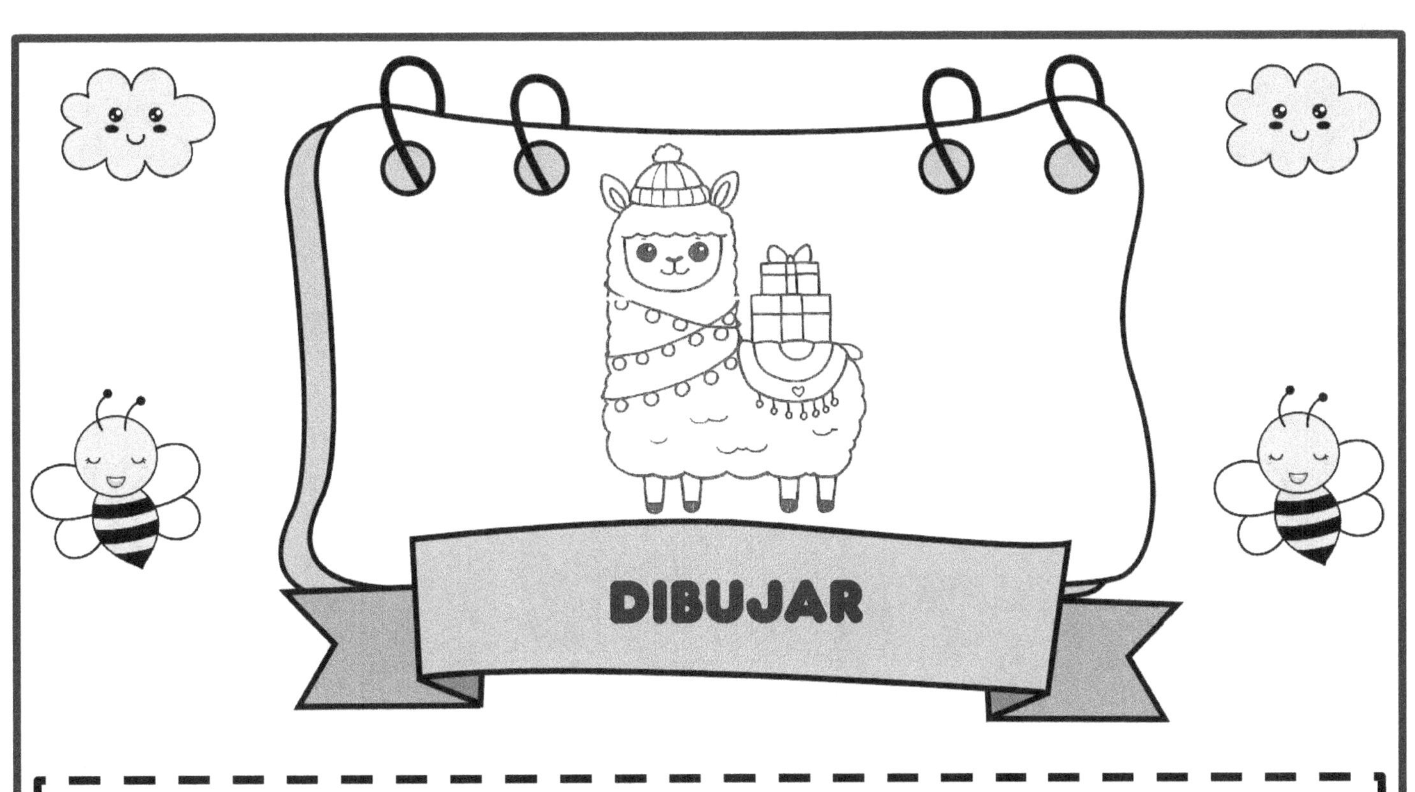

DIBUJAR

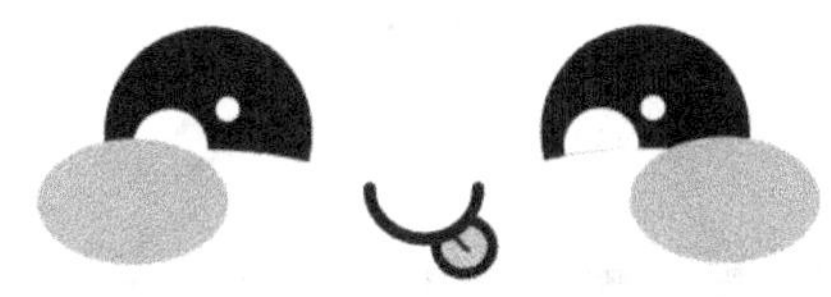

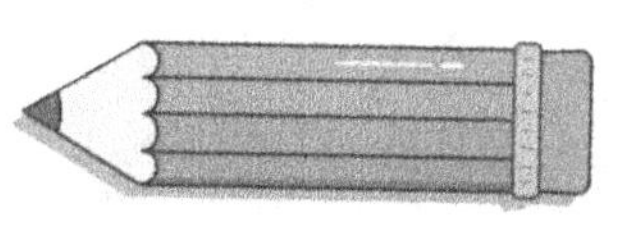

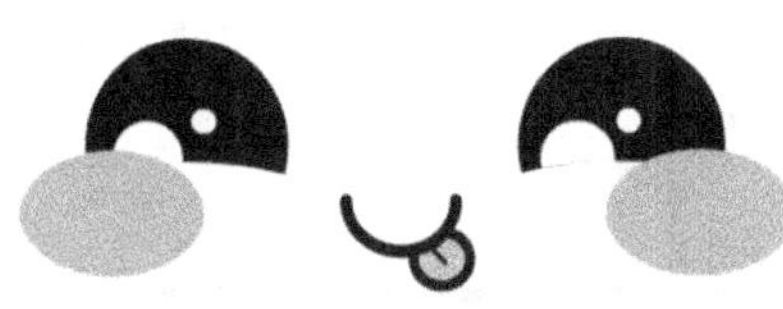

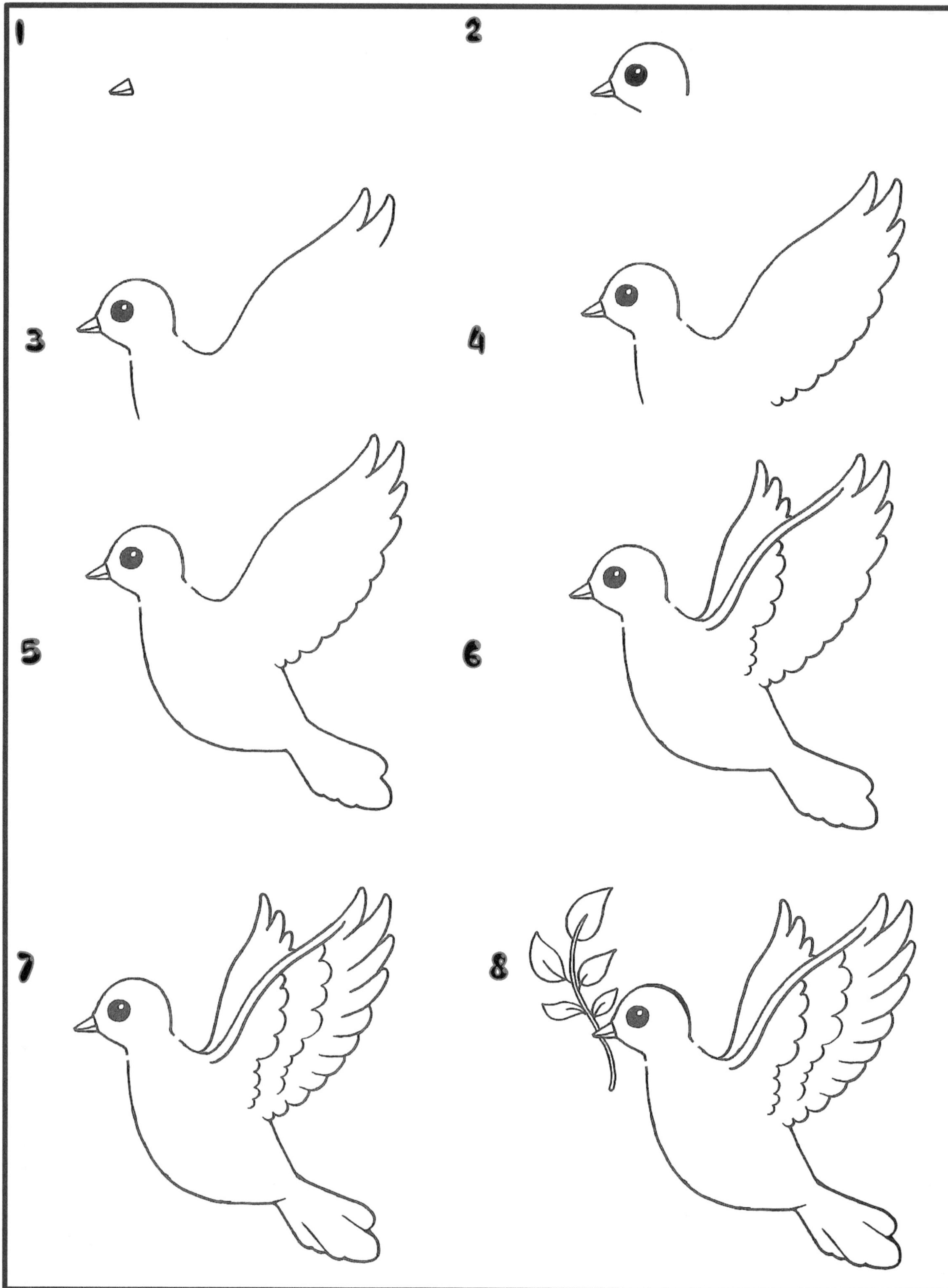

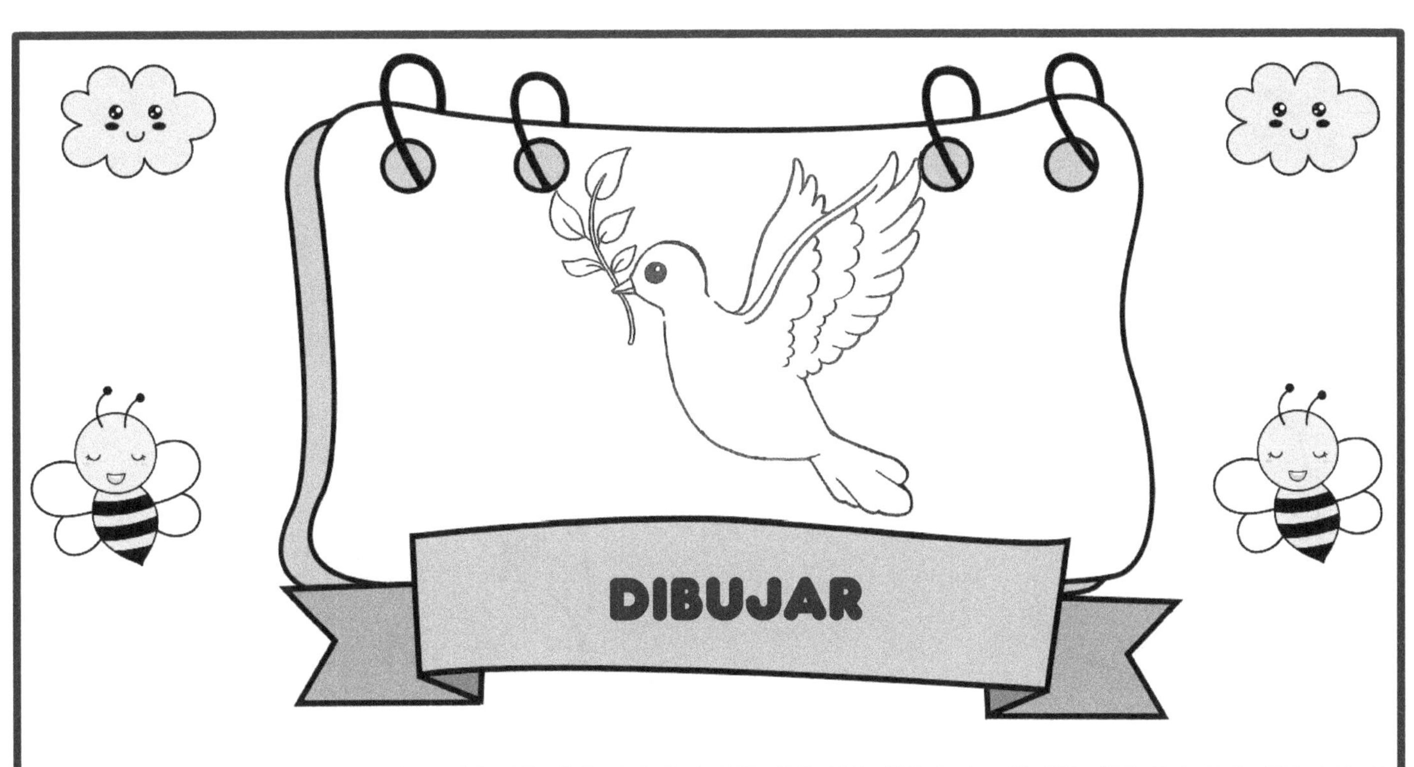

DIBUJAR

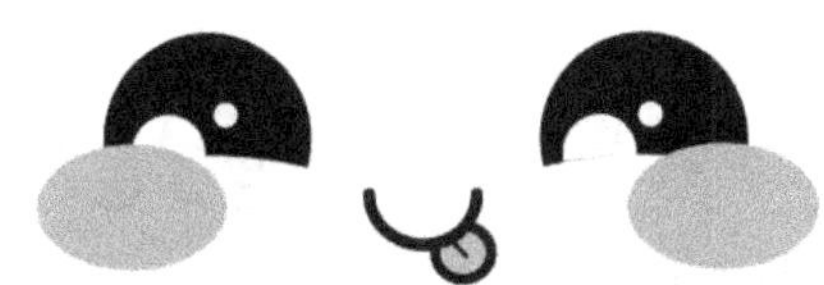
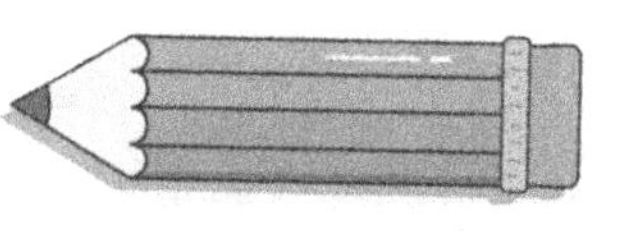
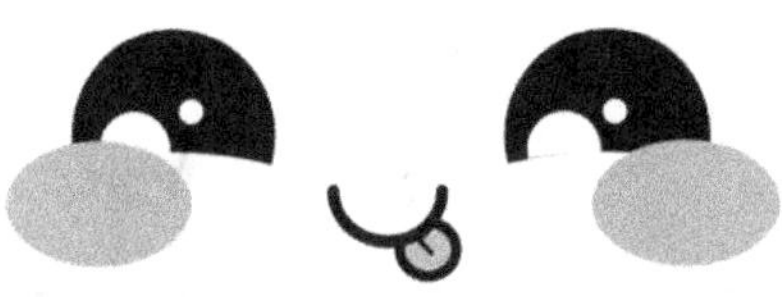

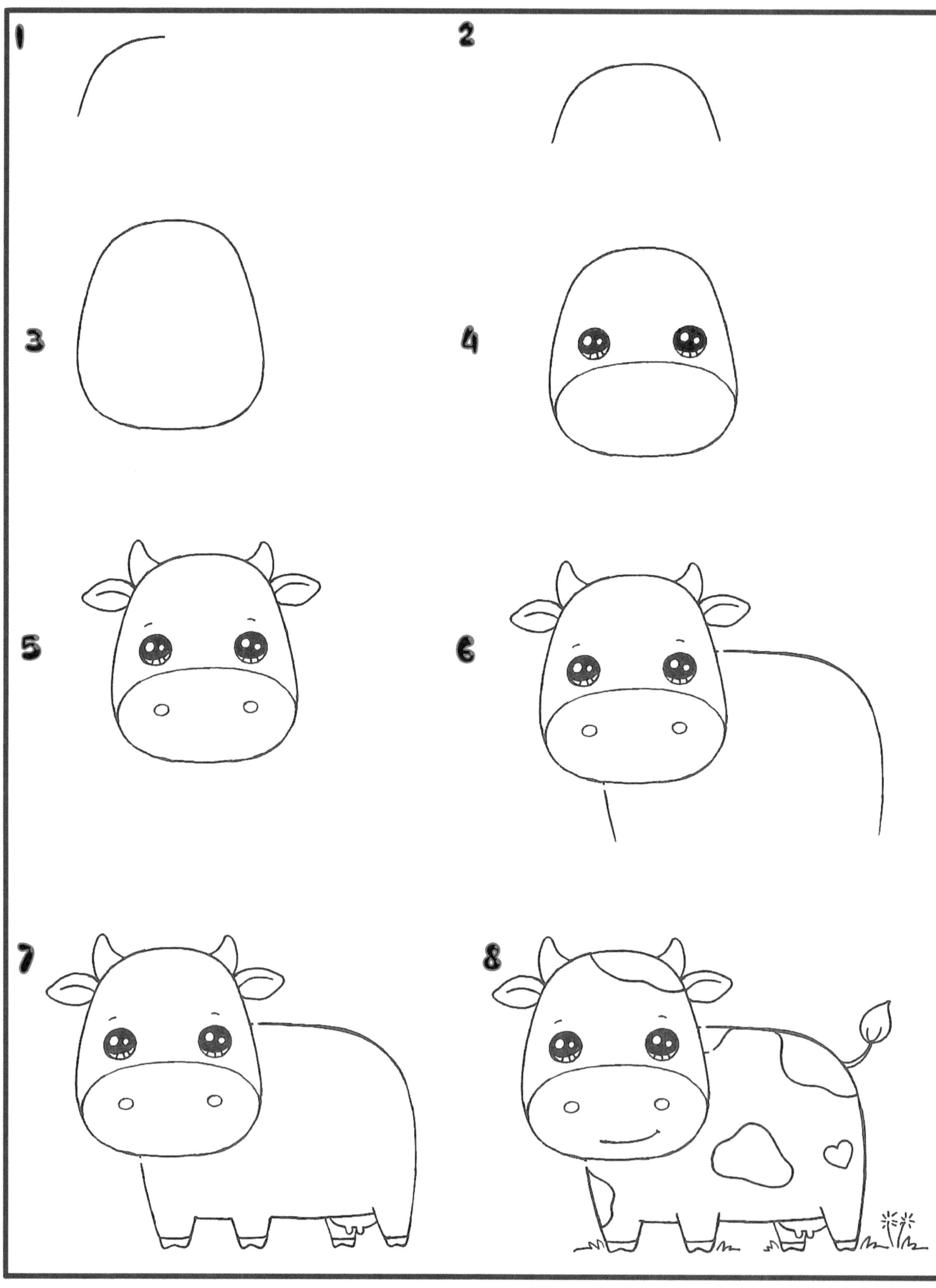

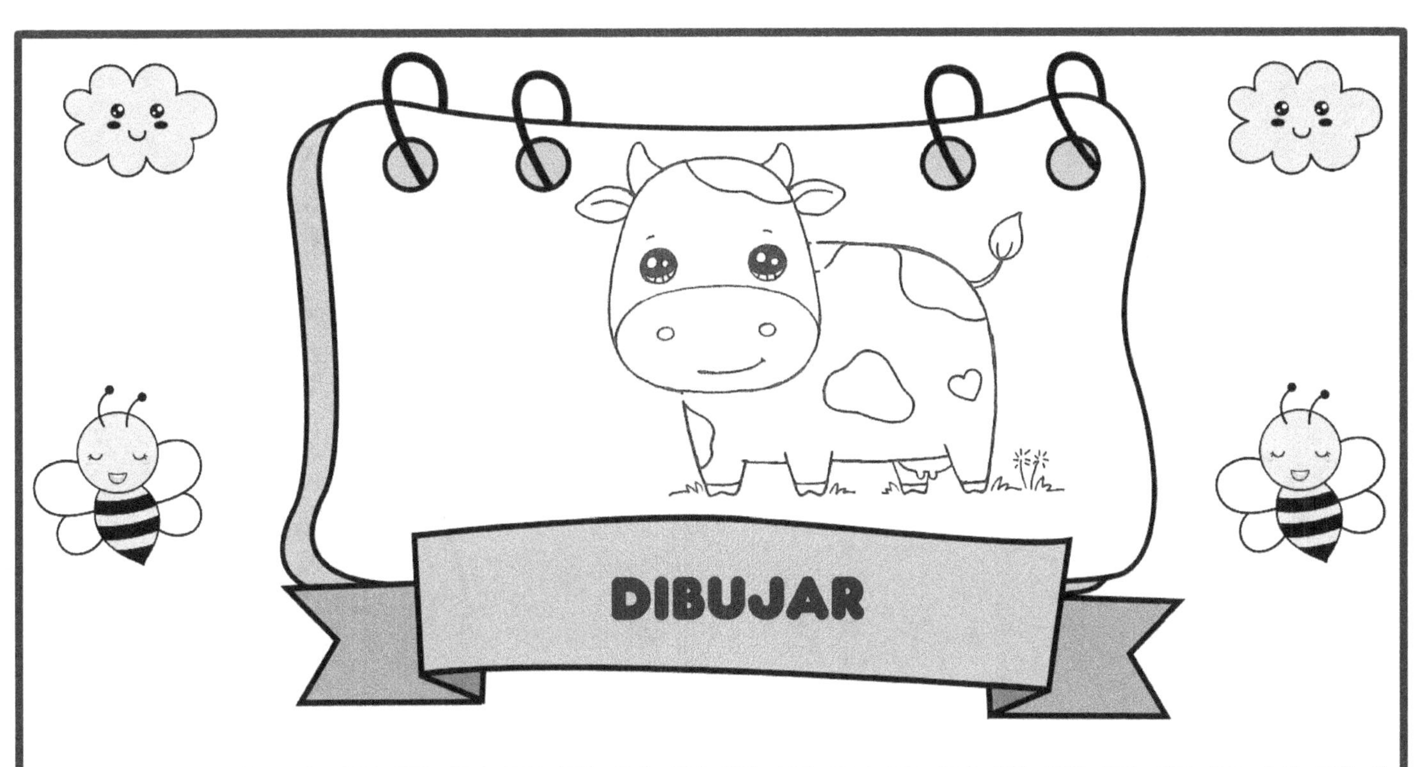

DIBUJAR

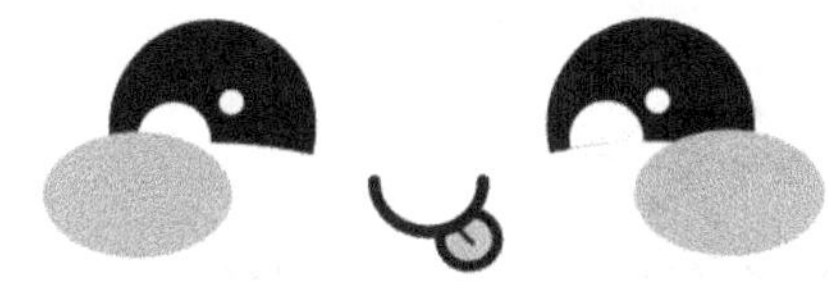
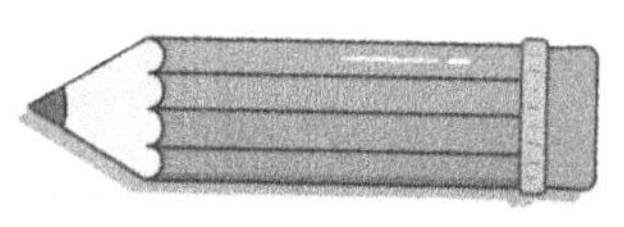
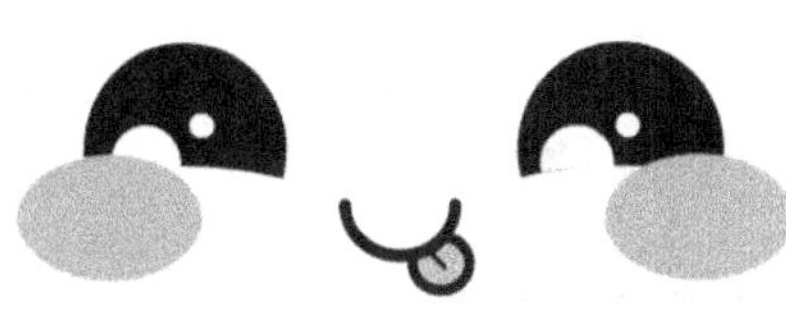

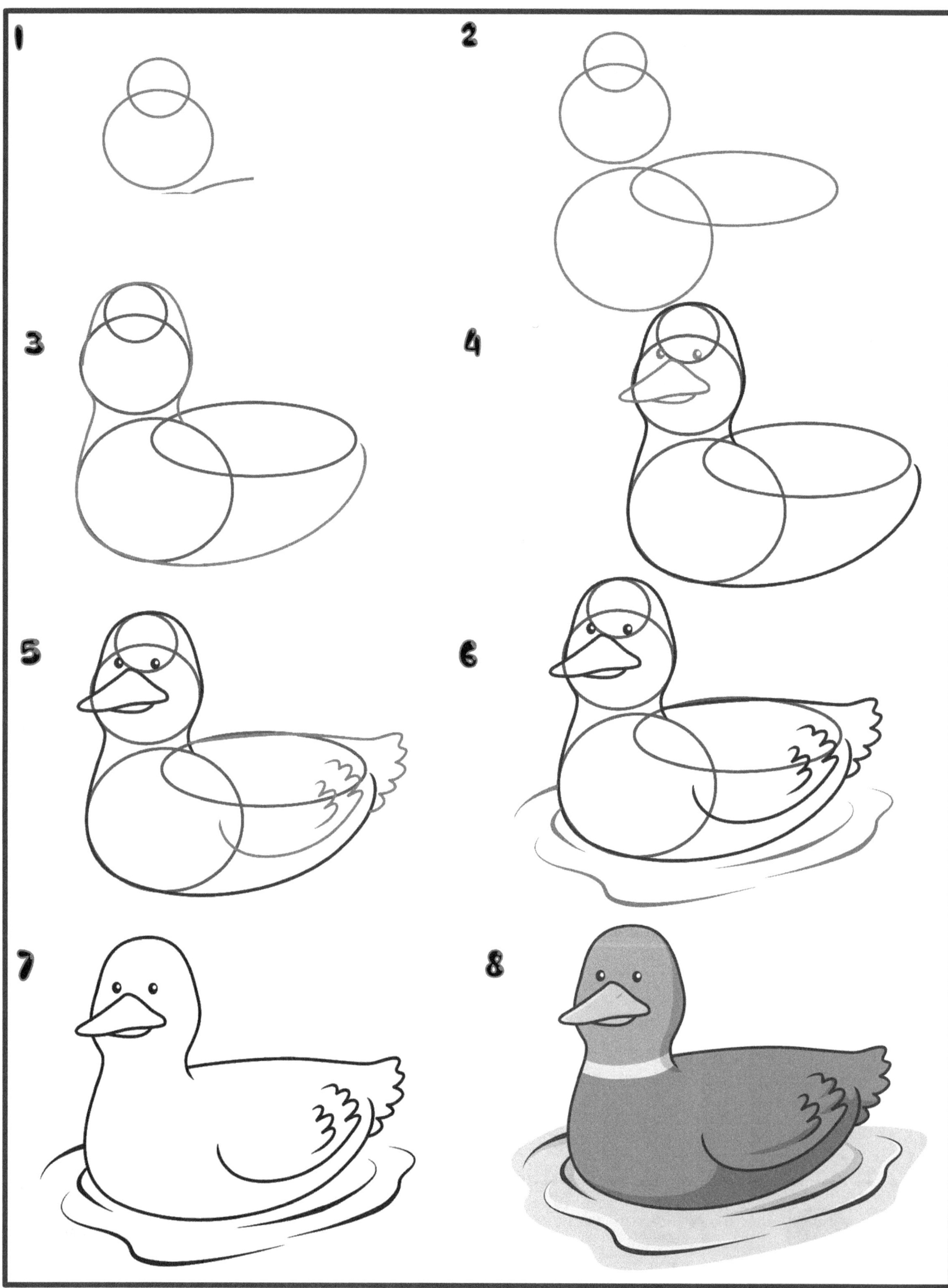

1
2
3
4
5
6
7
8

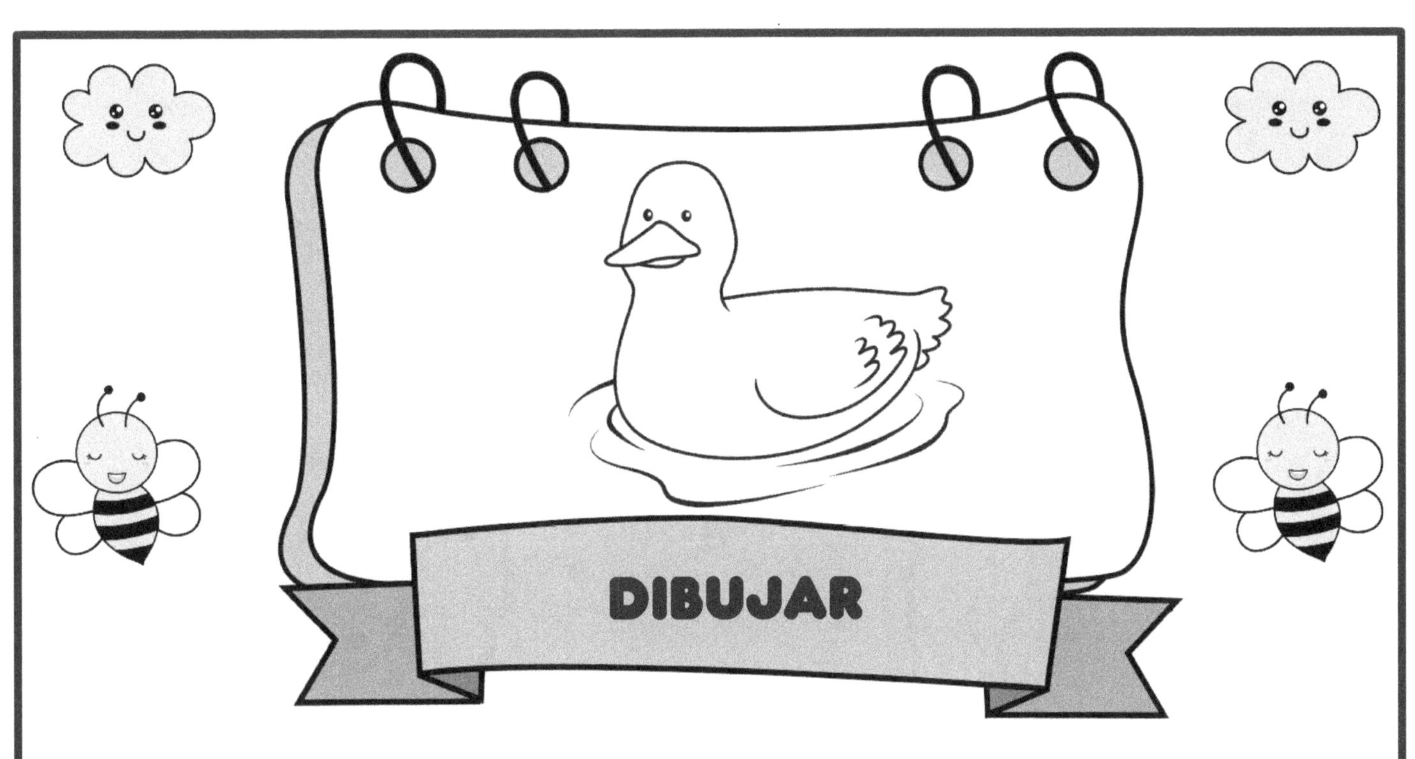

DIBUJAR

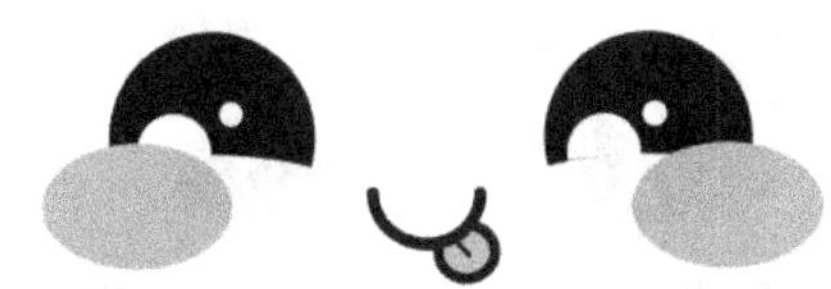
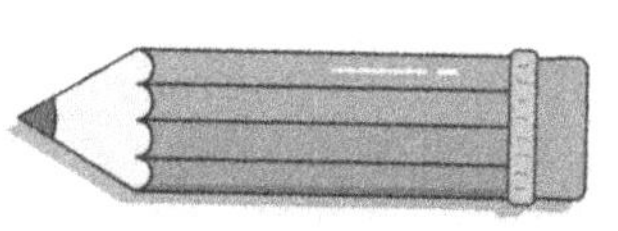
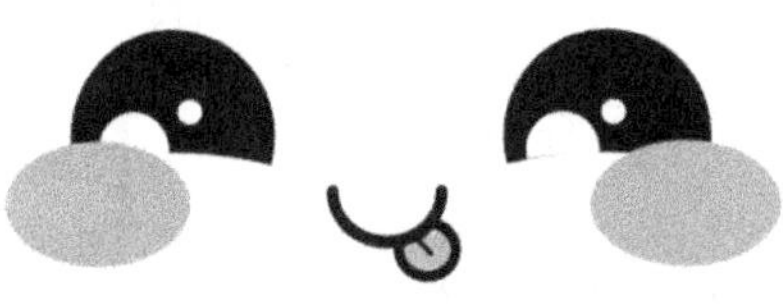

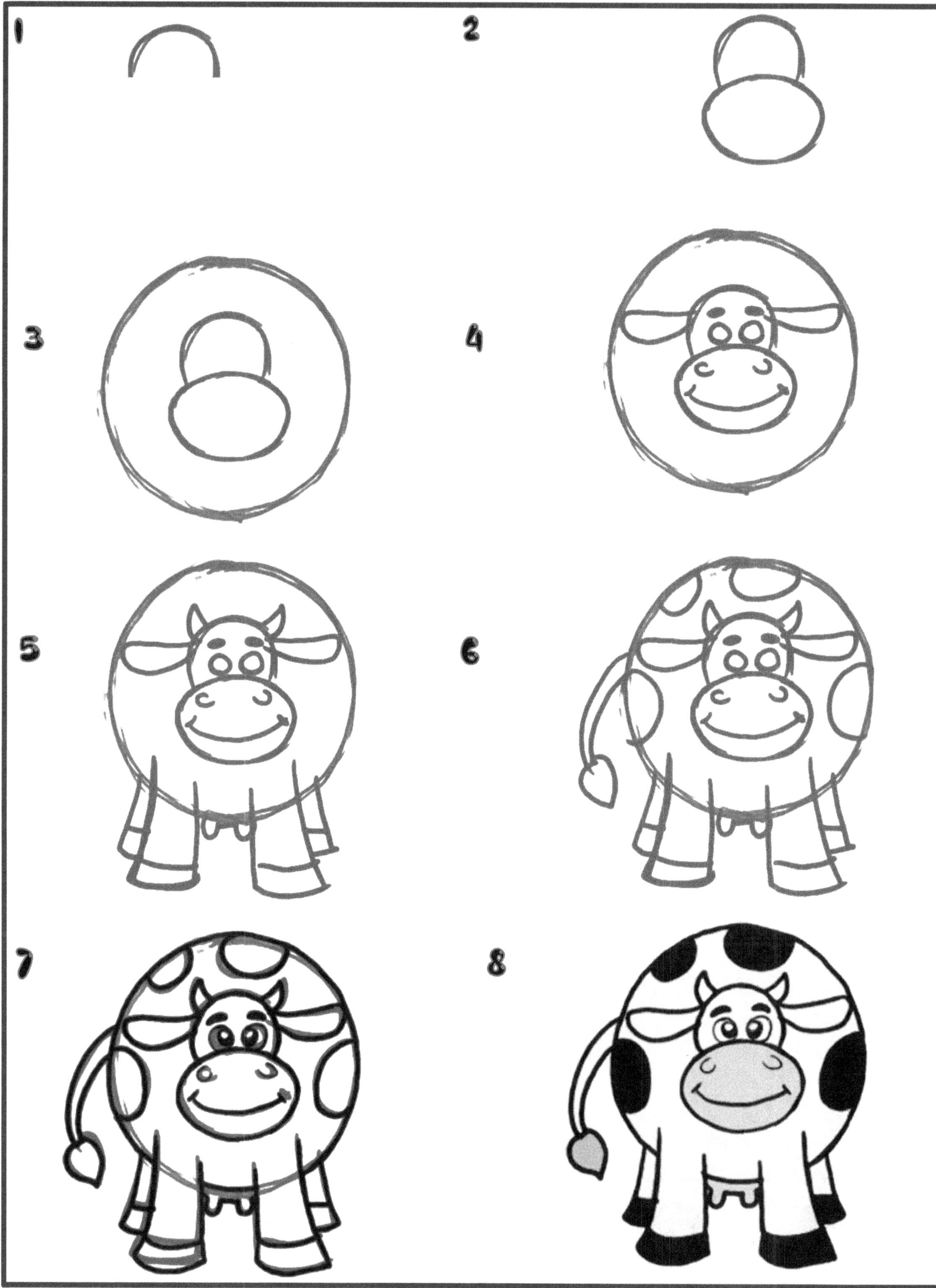

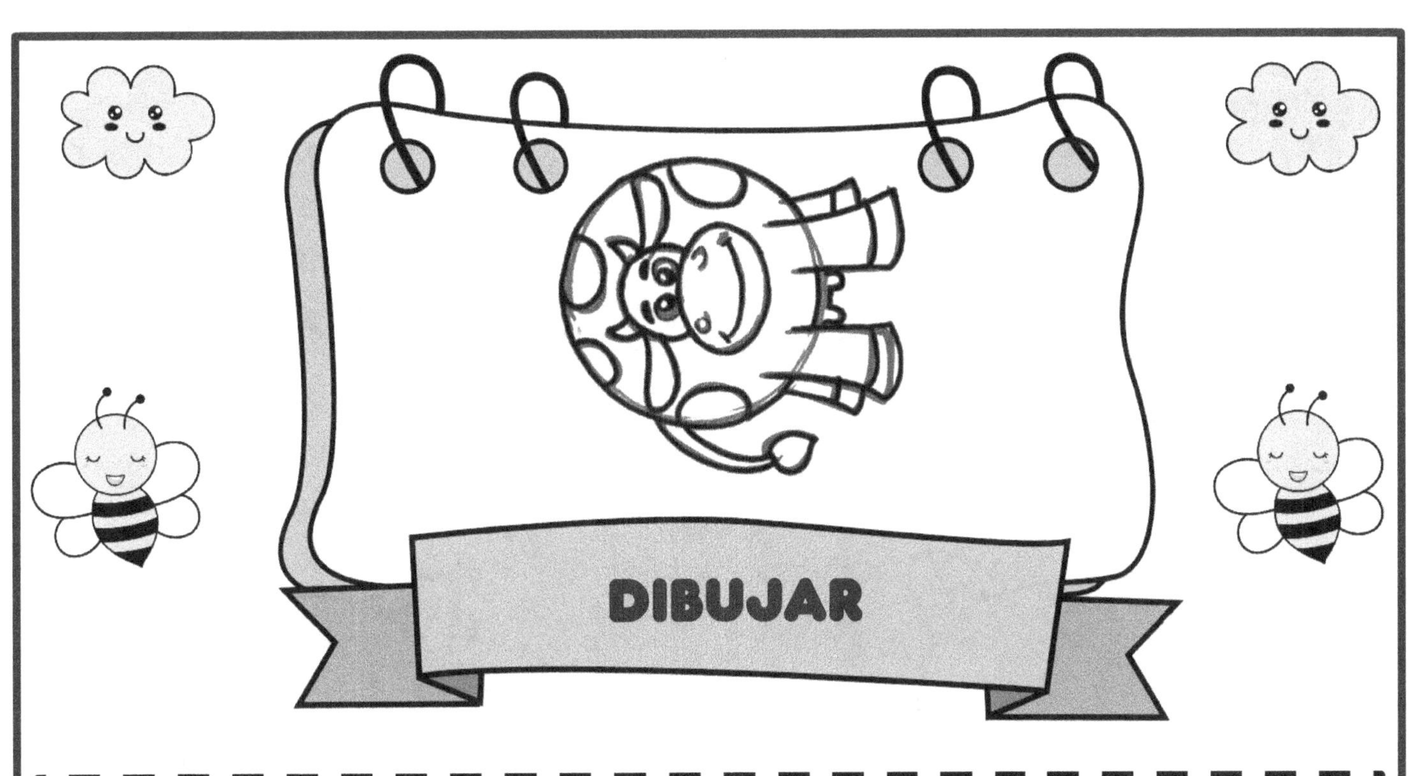

DIBUJAR

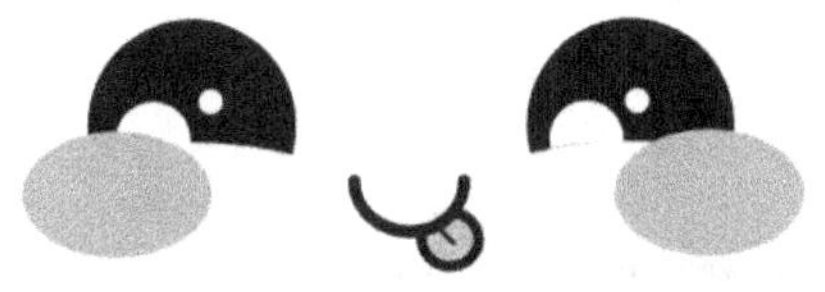
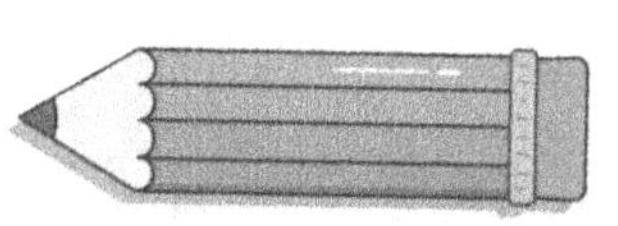
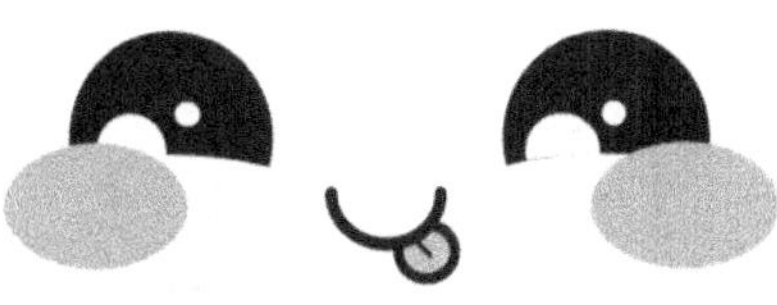

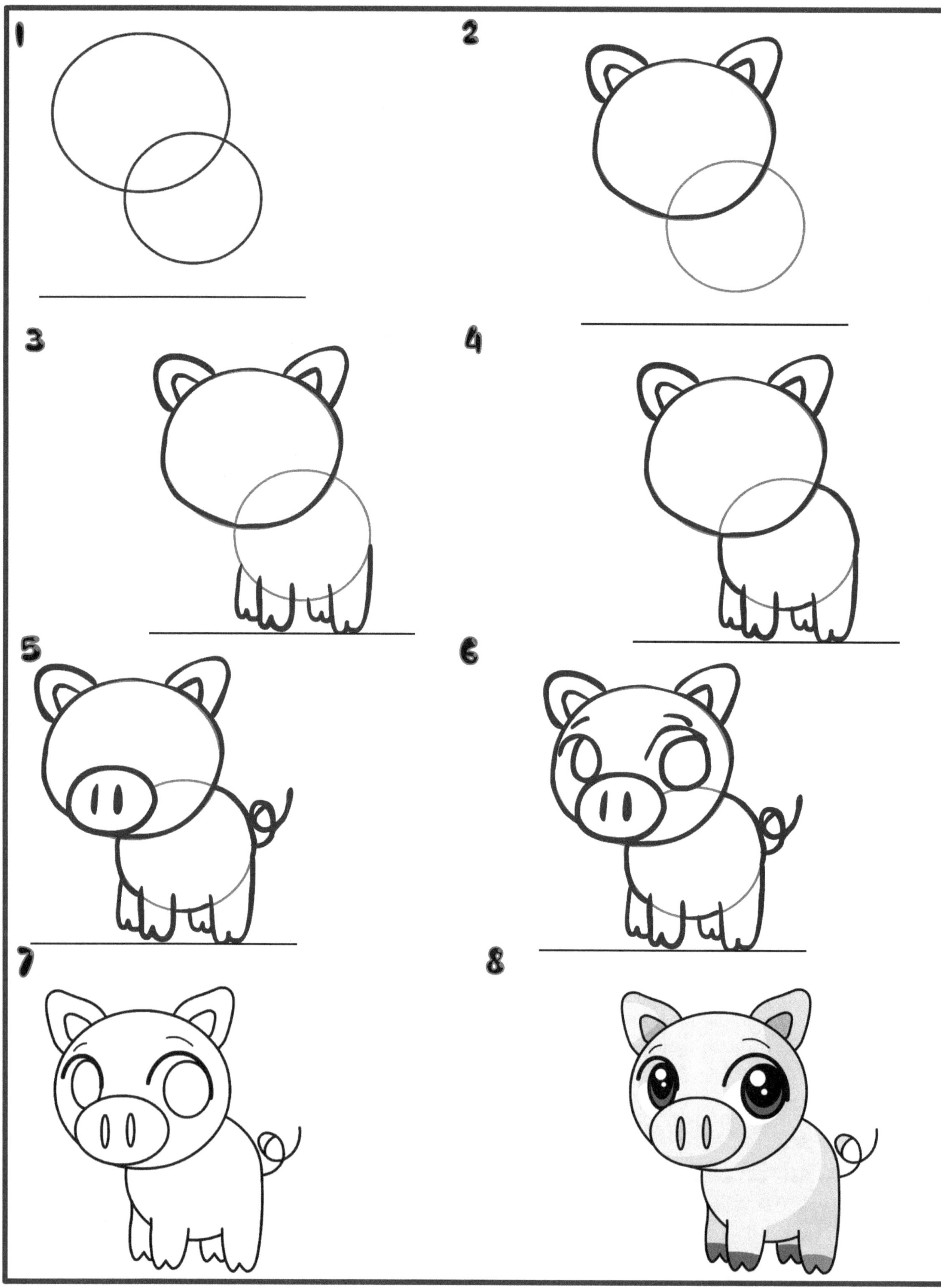

1
2
3
4
5
6
7
8

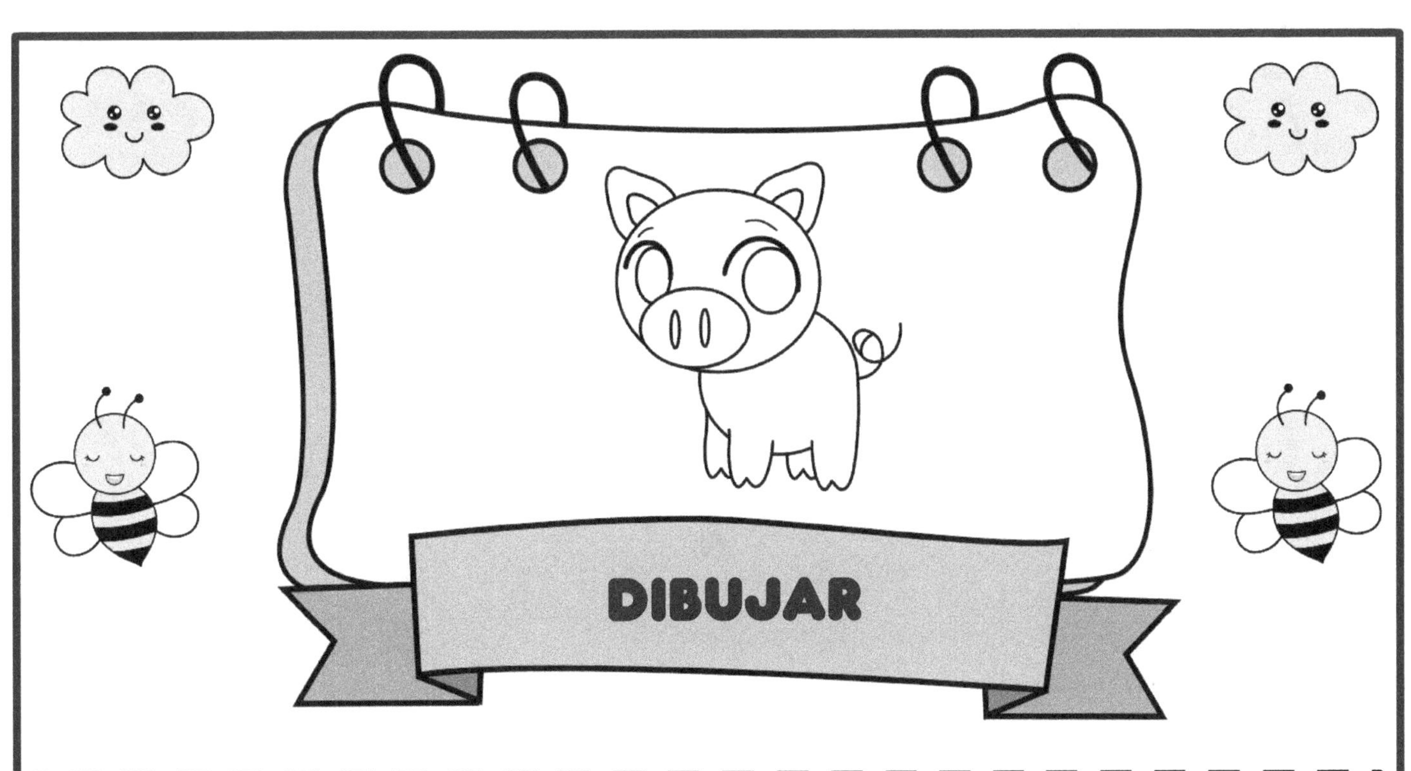

DIBUJAR

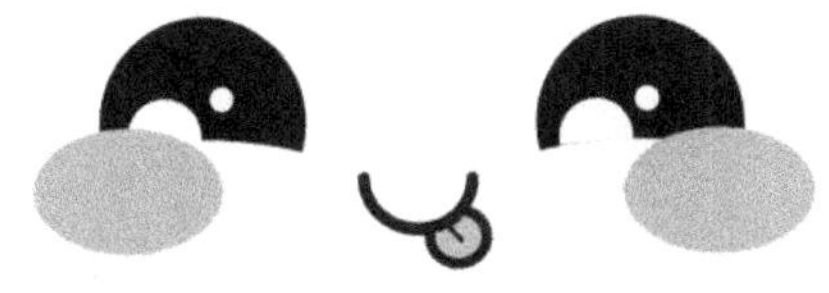

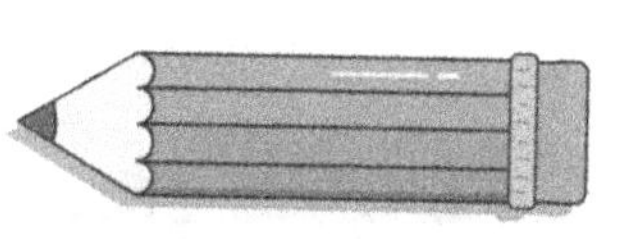

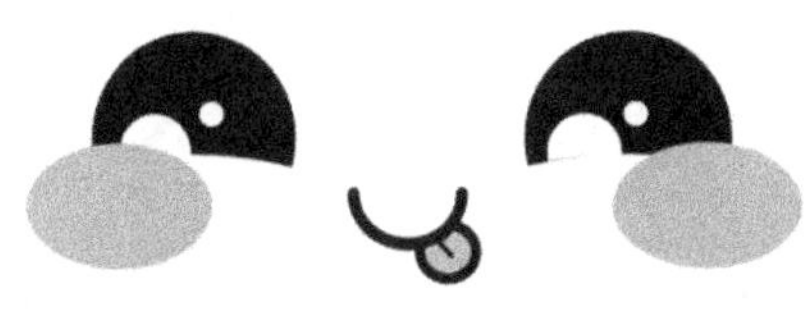

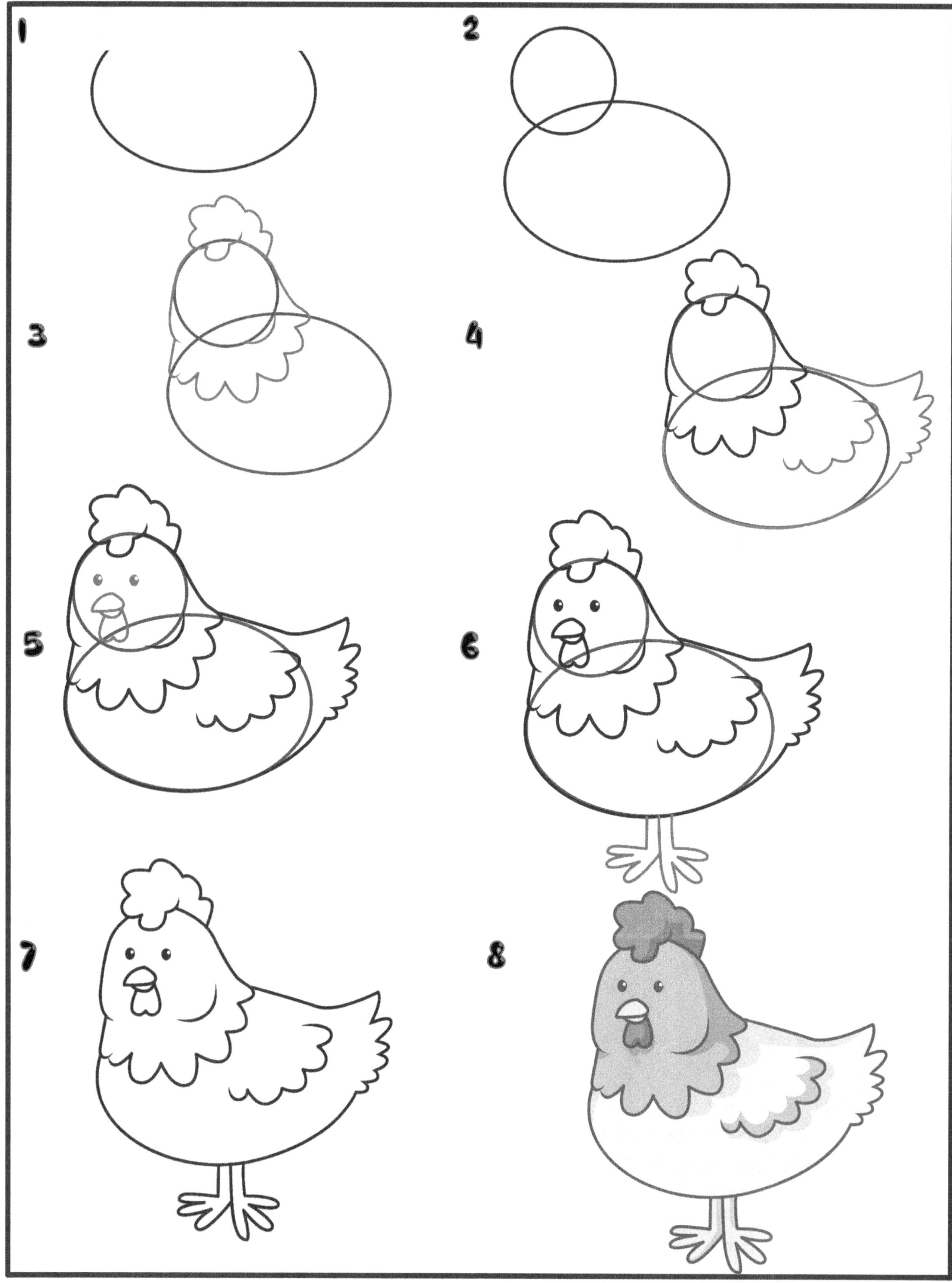

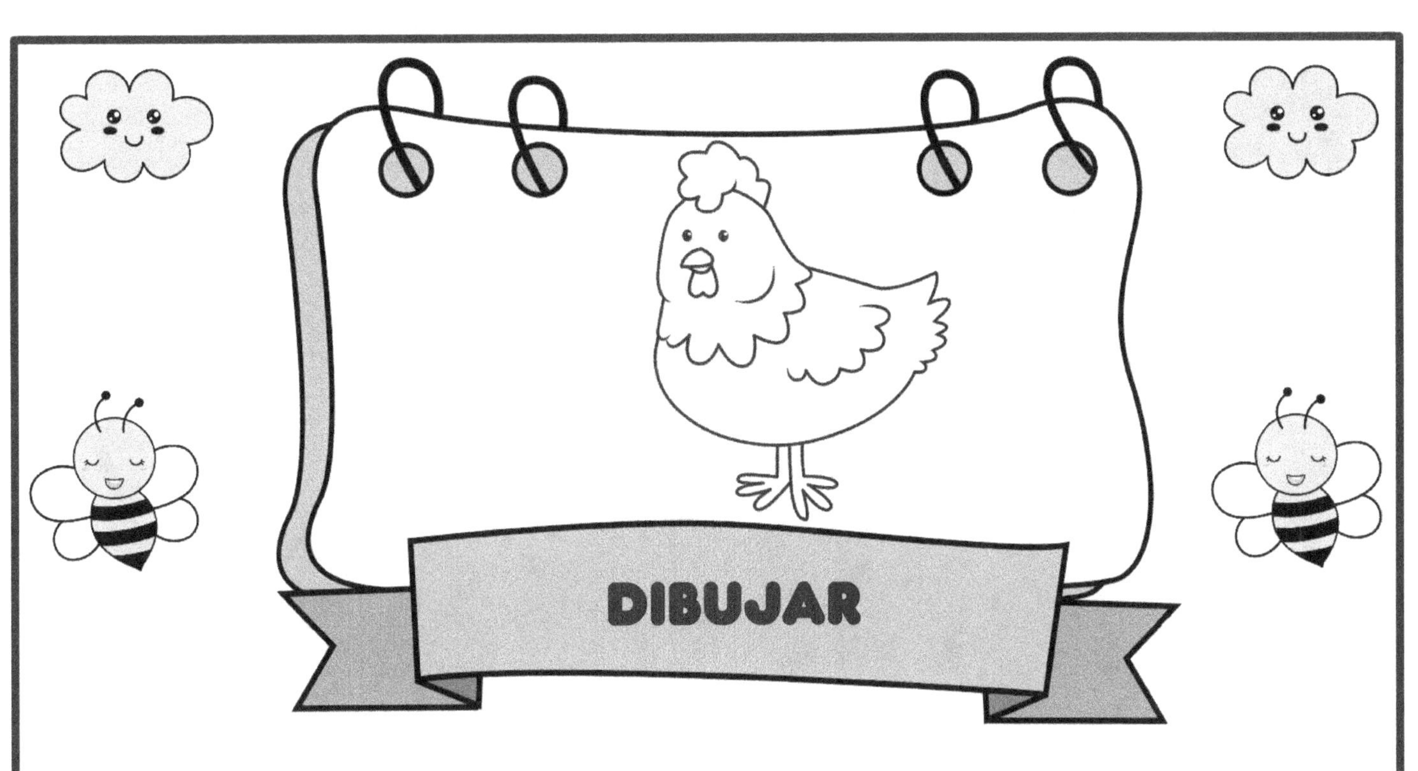

DIBUJAR

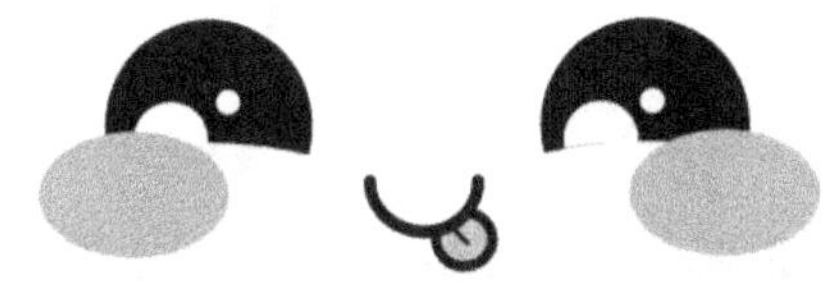

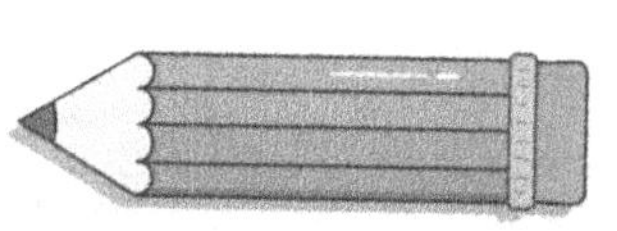

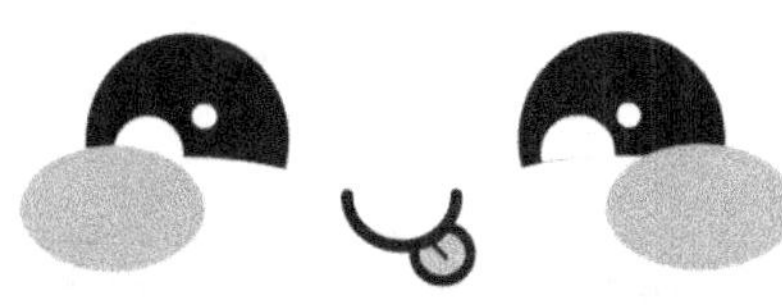

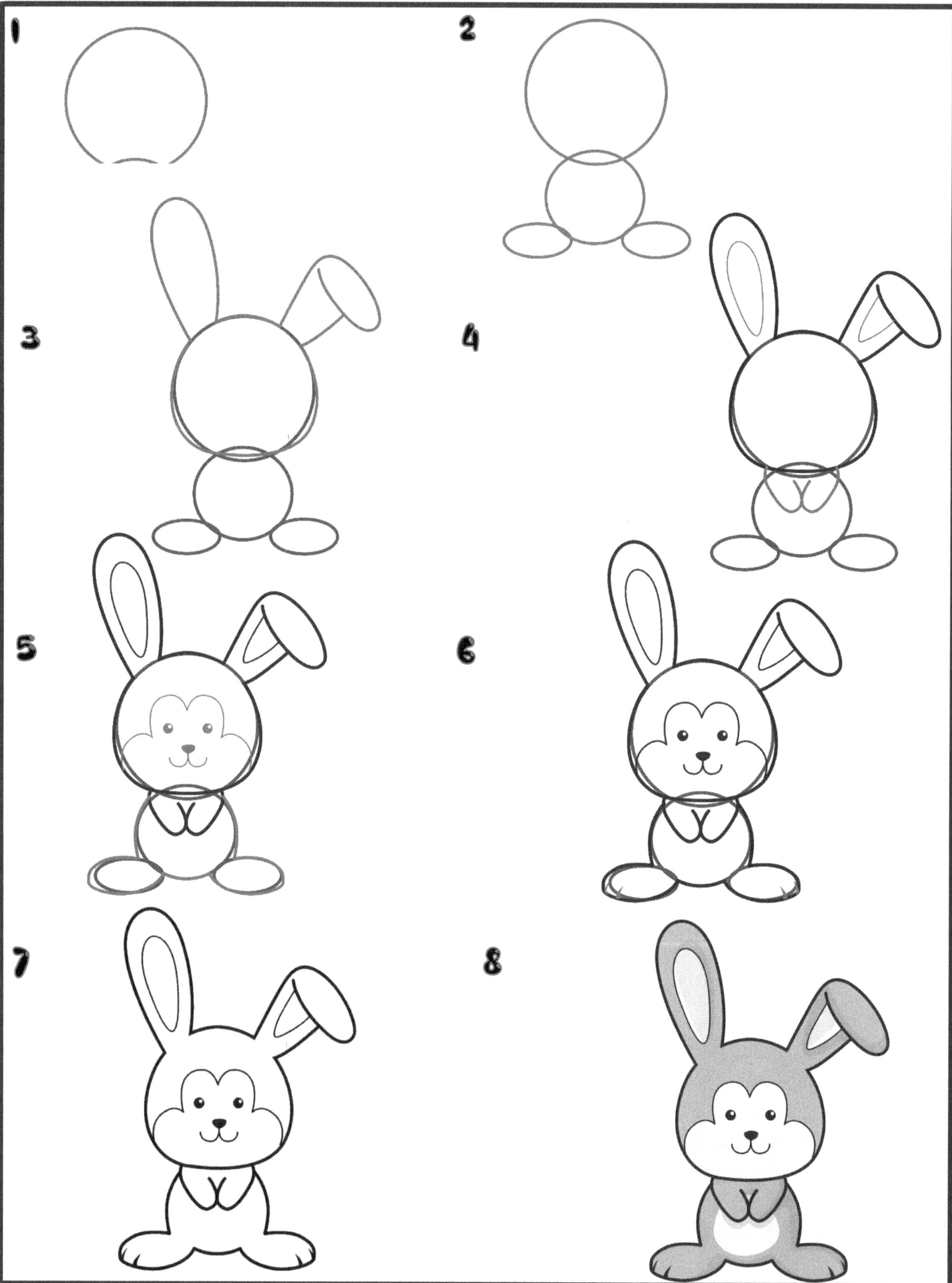

1
2
3
4
5
6
7
8

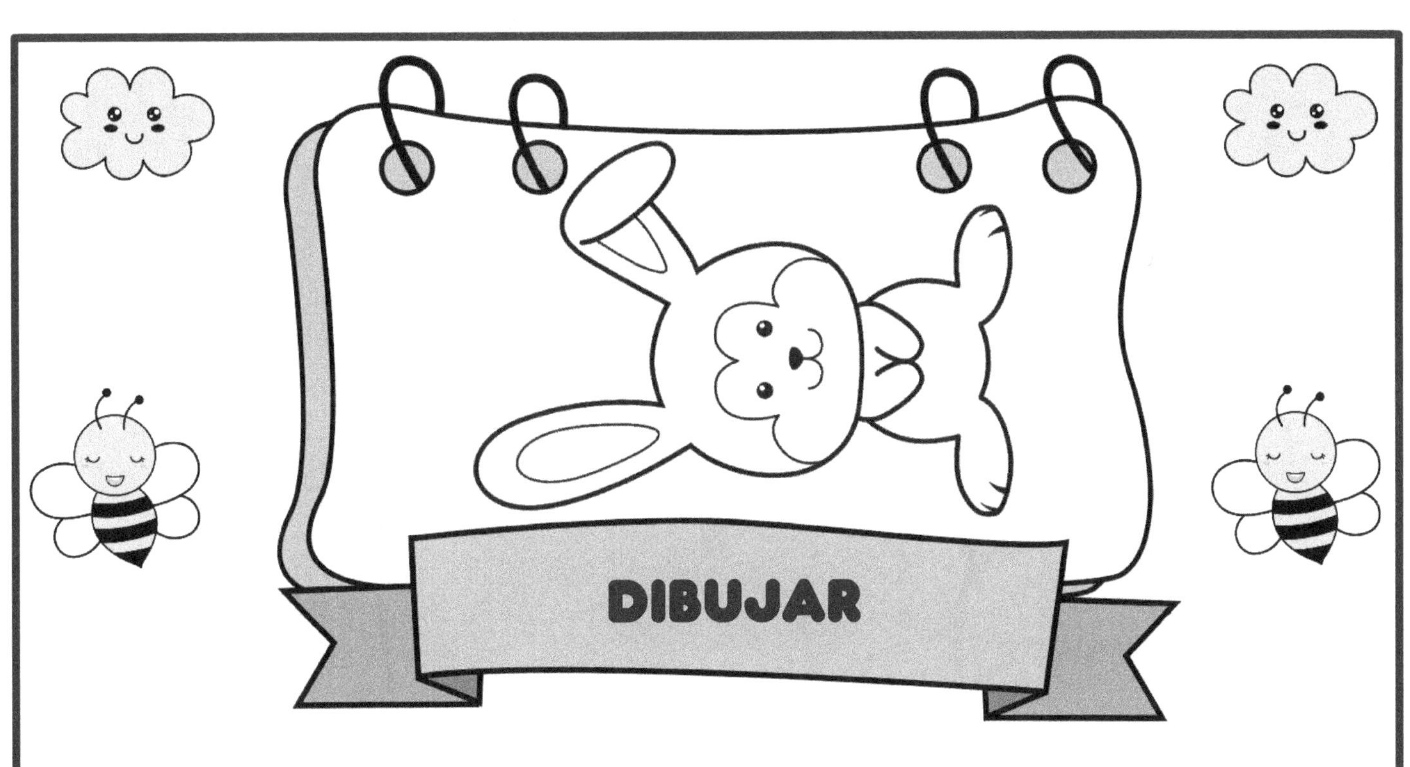
DIBUJAR

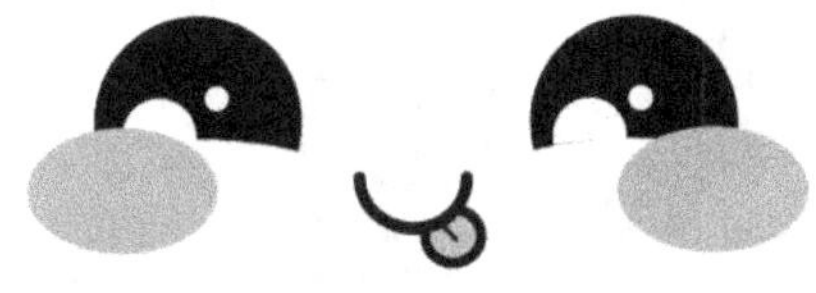
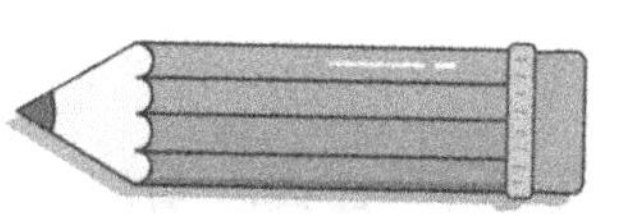
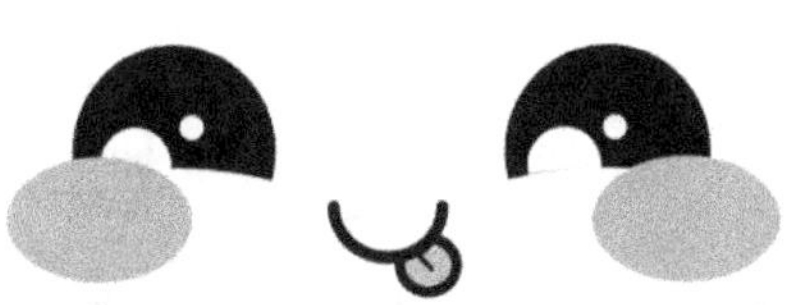

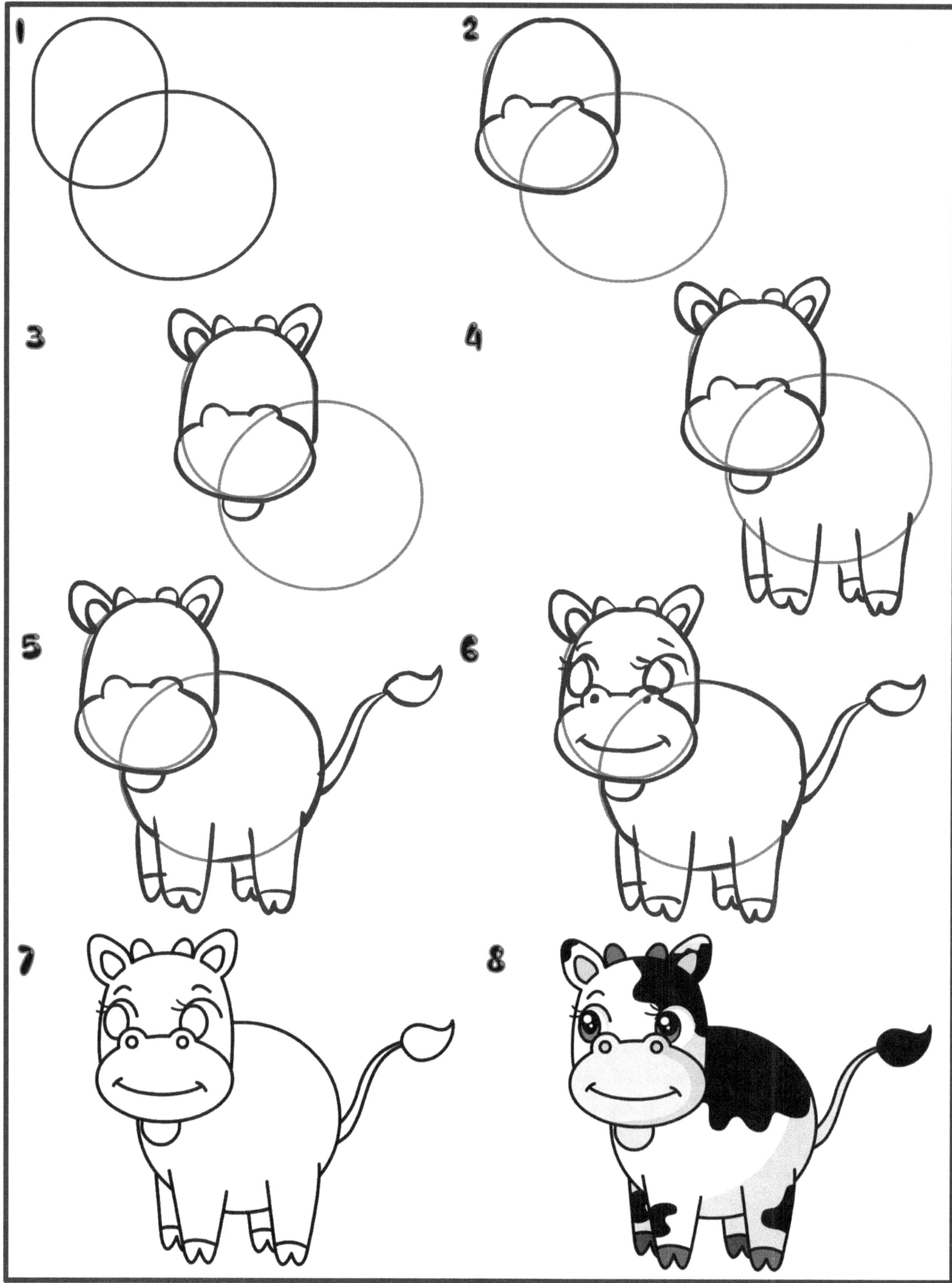

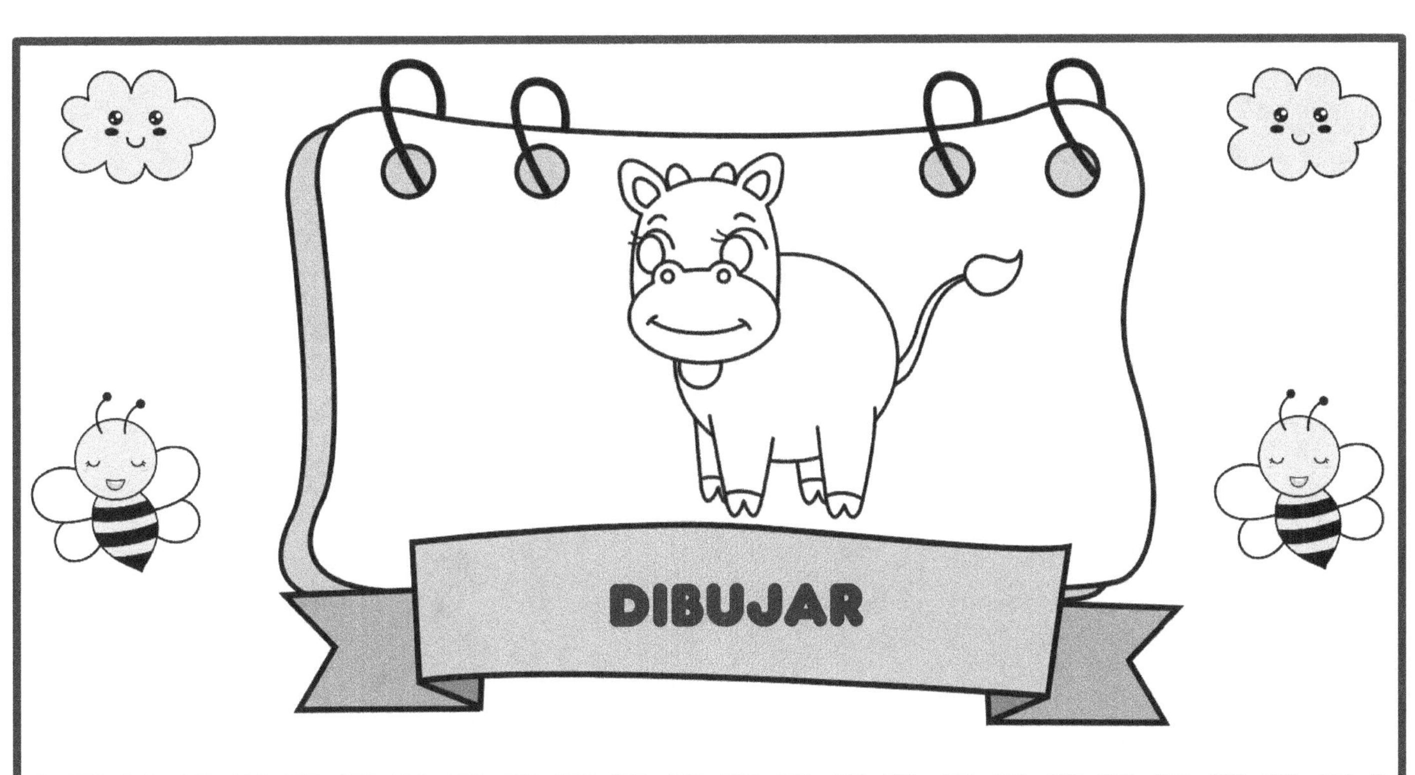

DIBUJAR

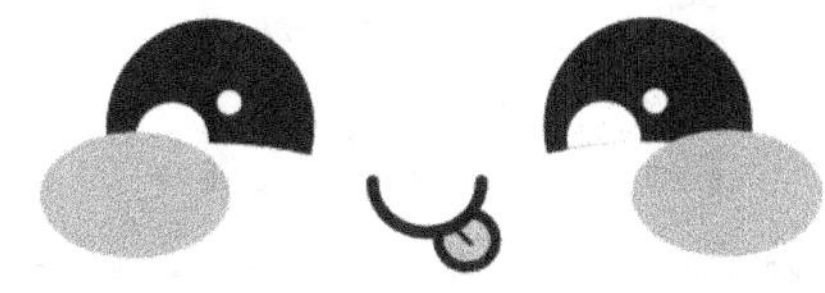
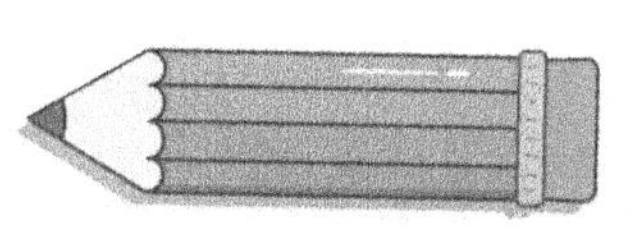
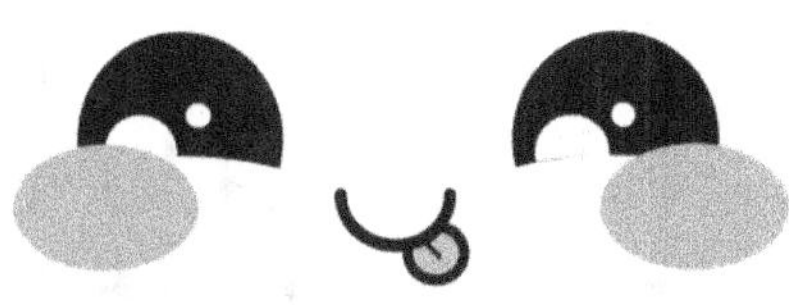

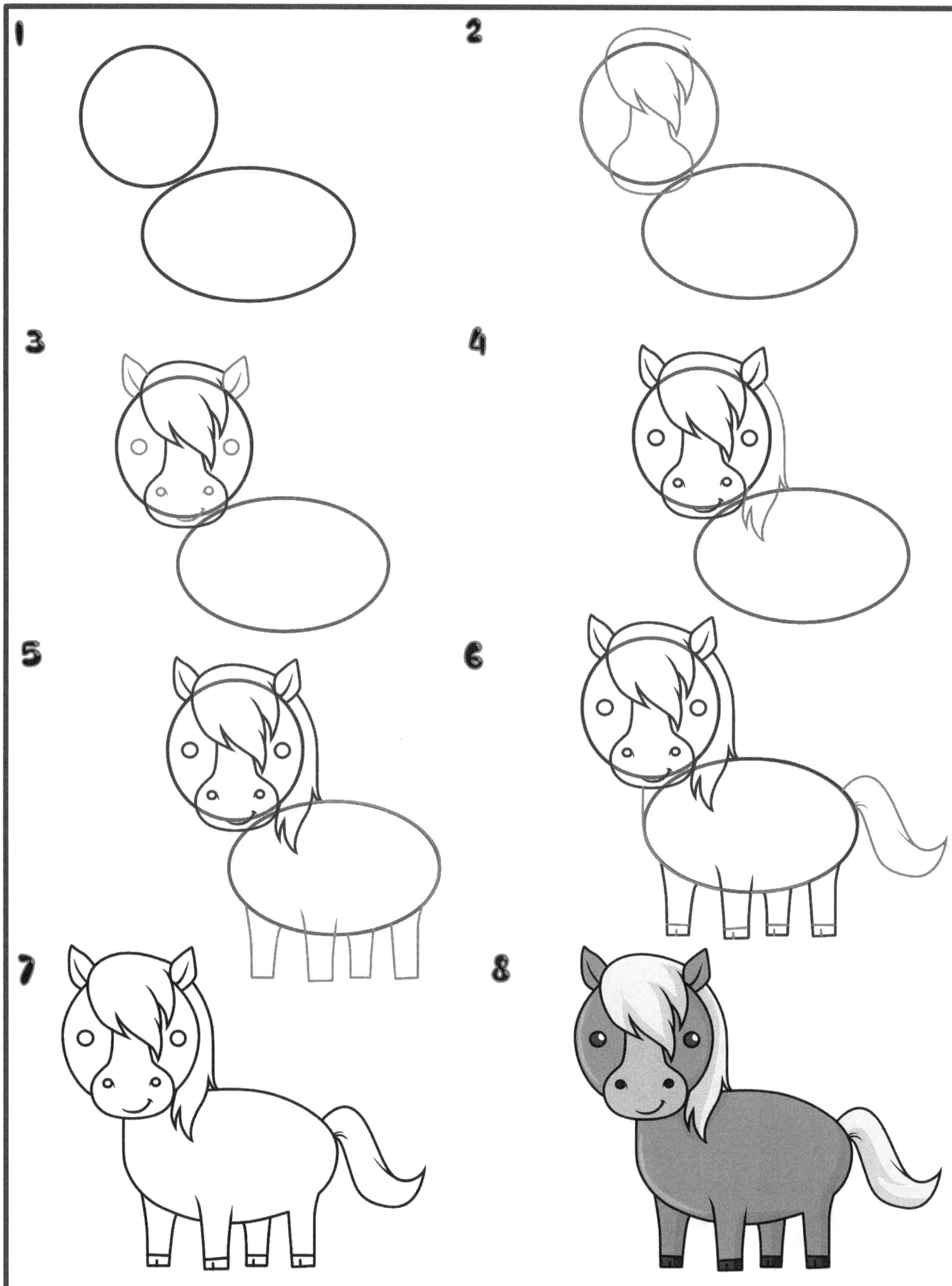

1
2
3
4
5
6
7
8

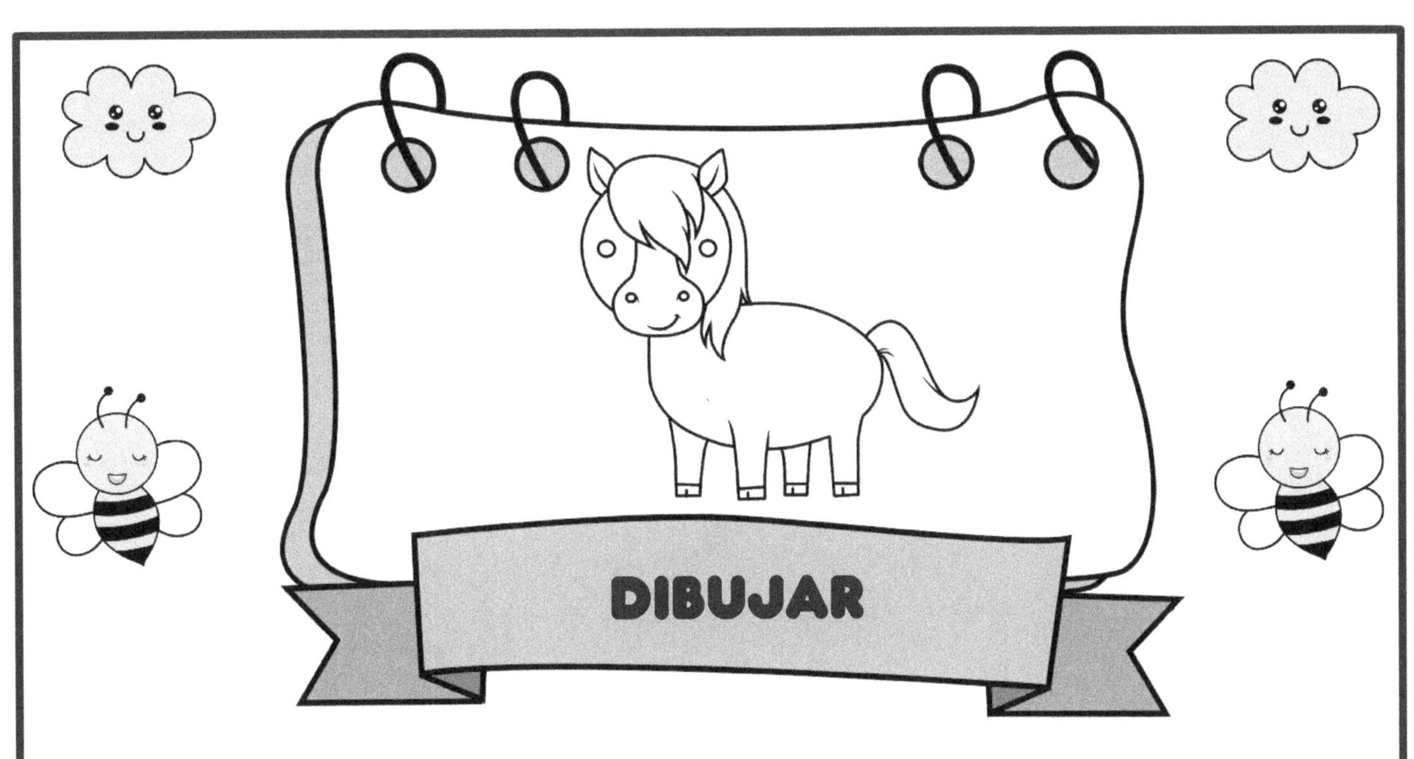

DIBUJAR

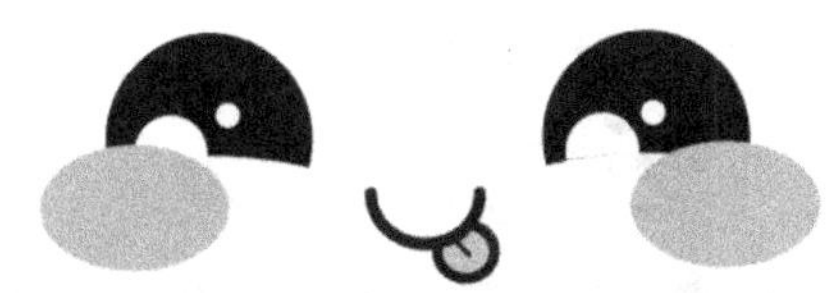
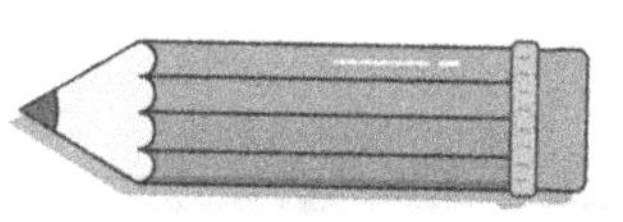
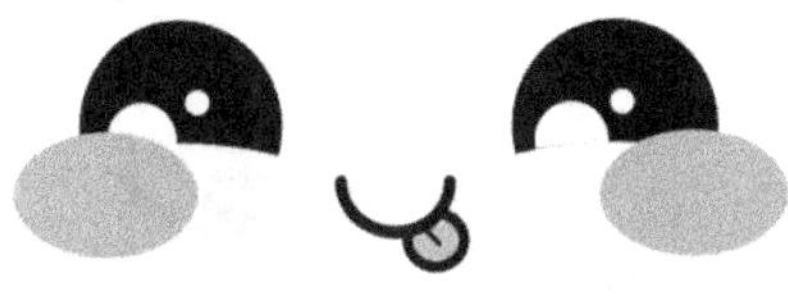

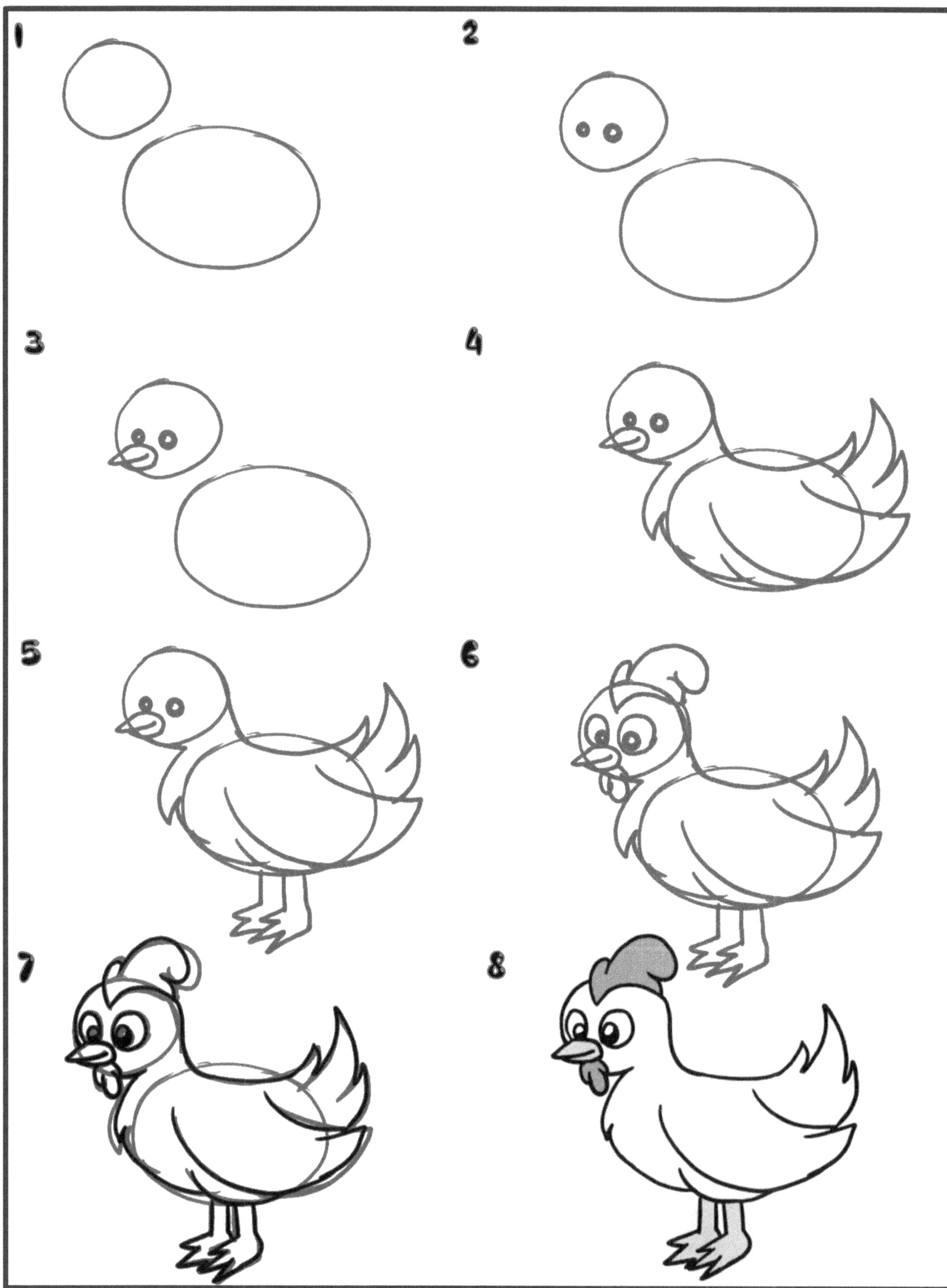

1
2
3
4
5
6
7
8

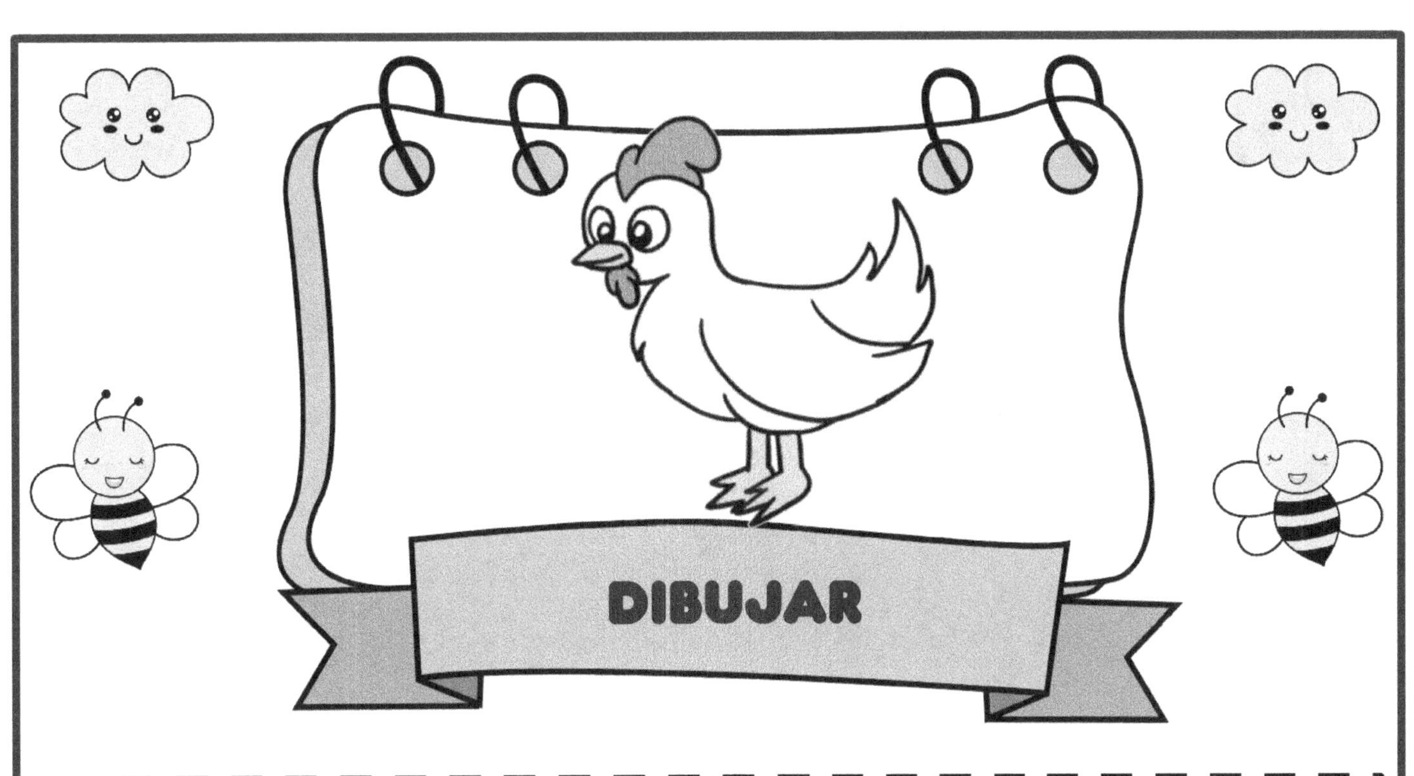

DIBUJAR

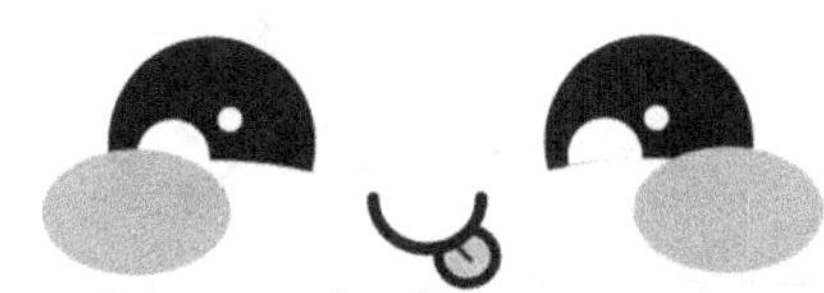
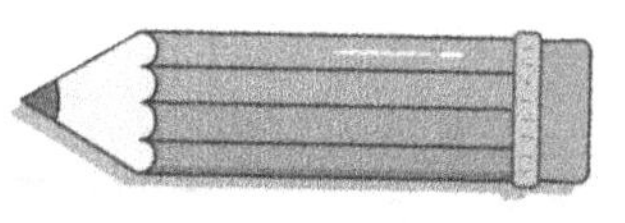
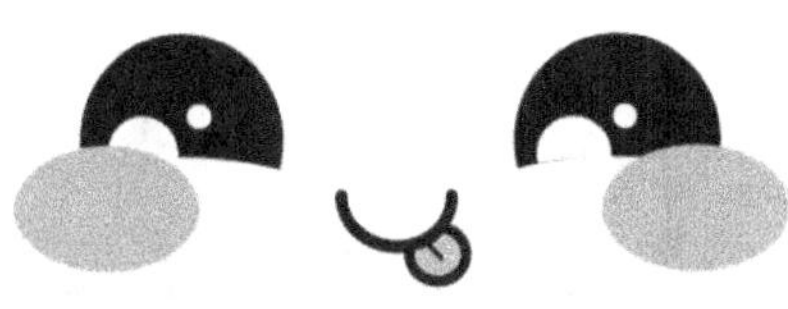

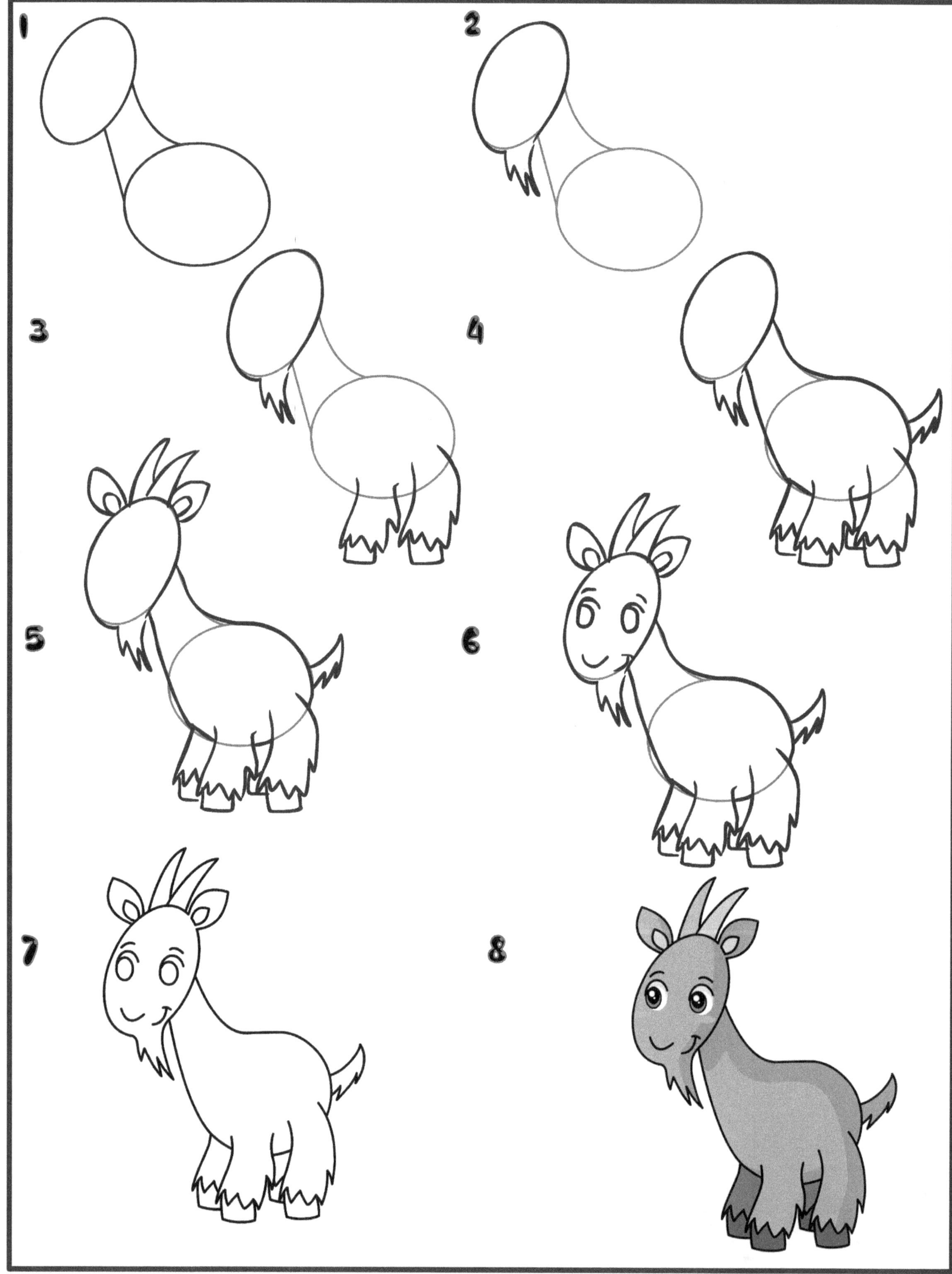

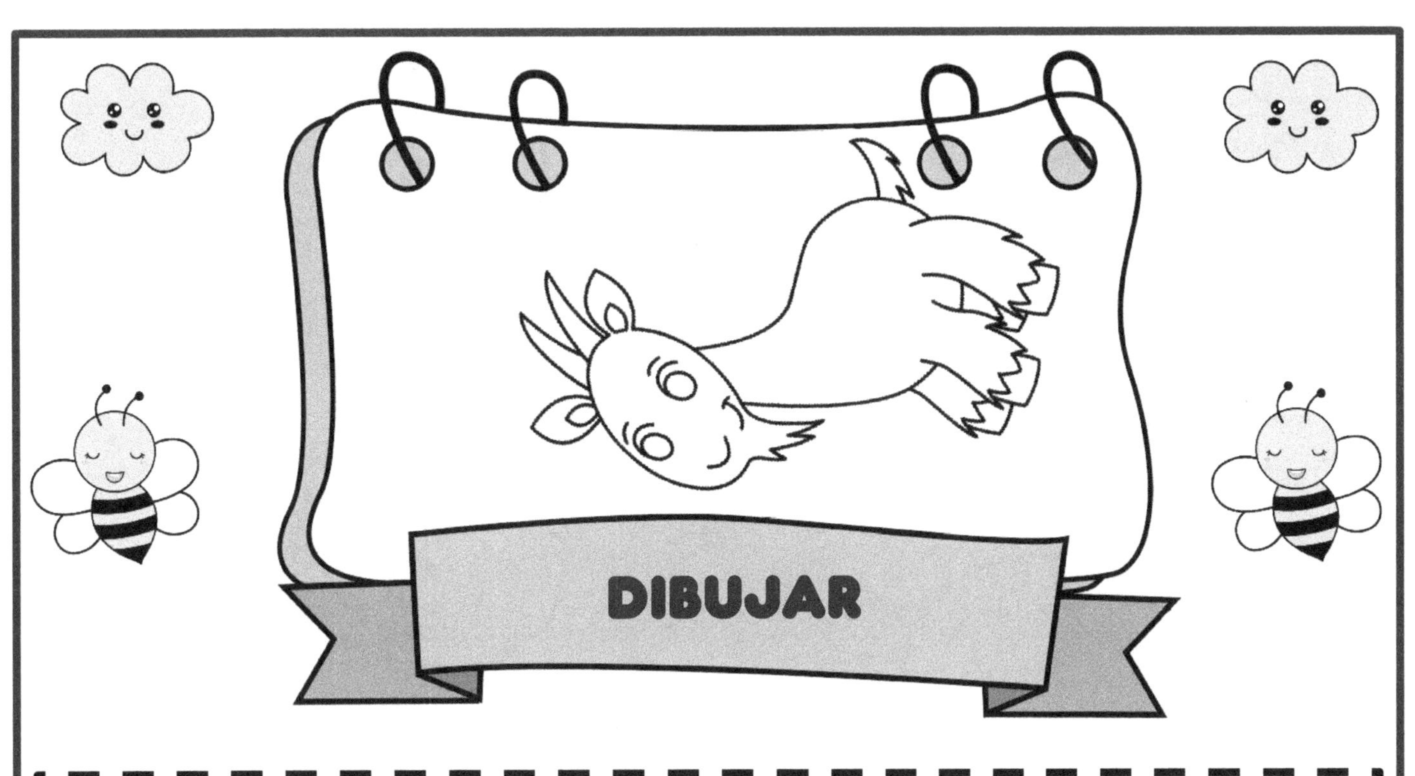

DIBUJAR

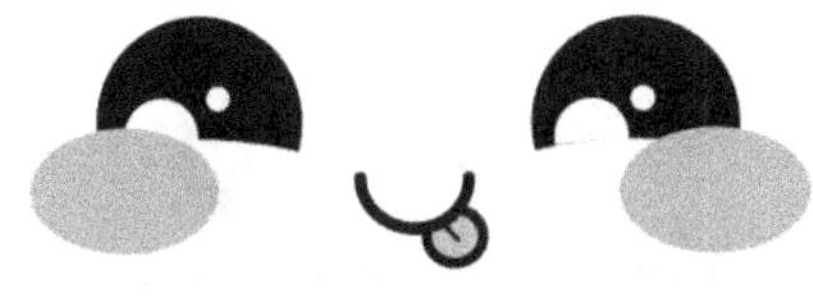
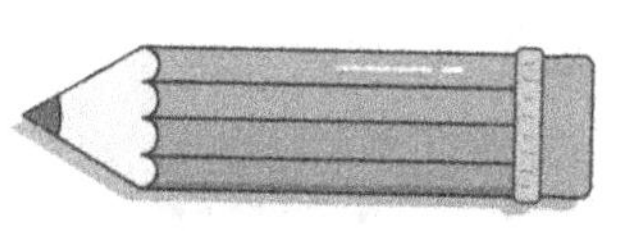
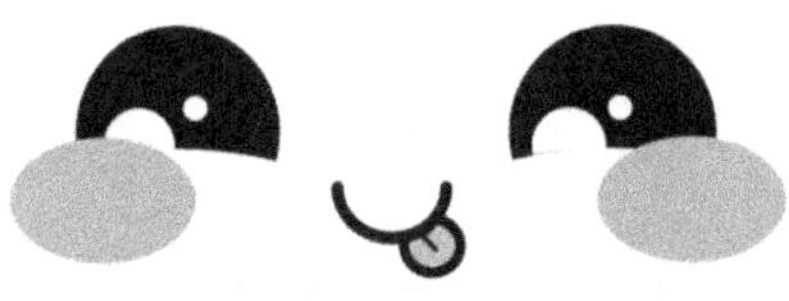

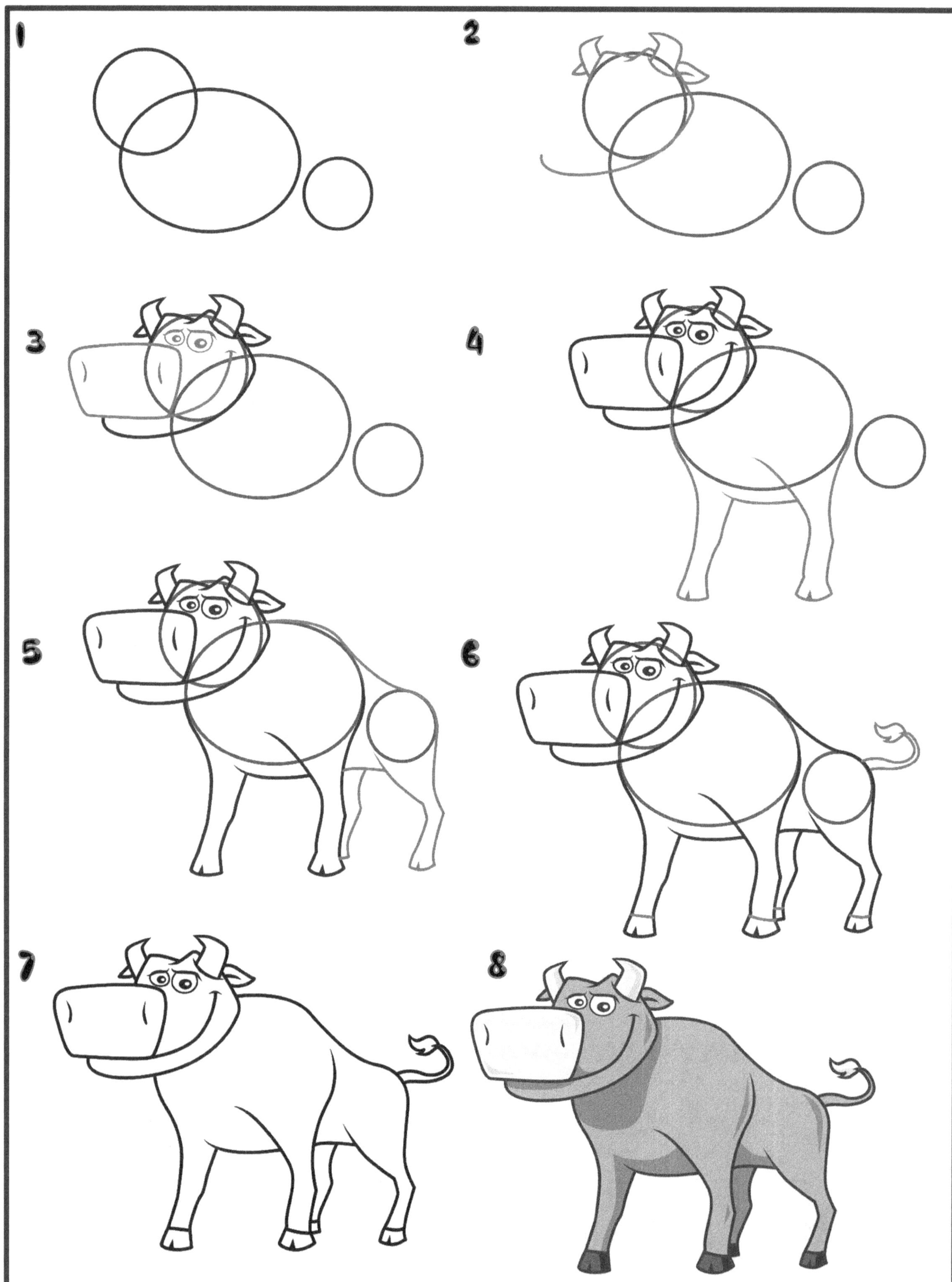

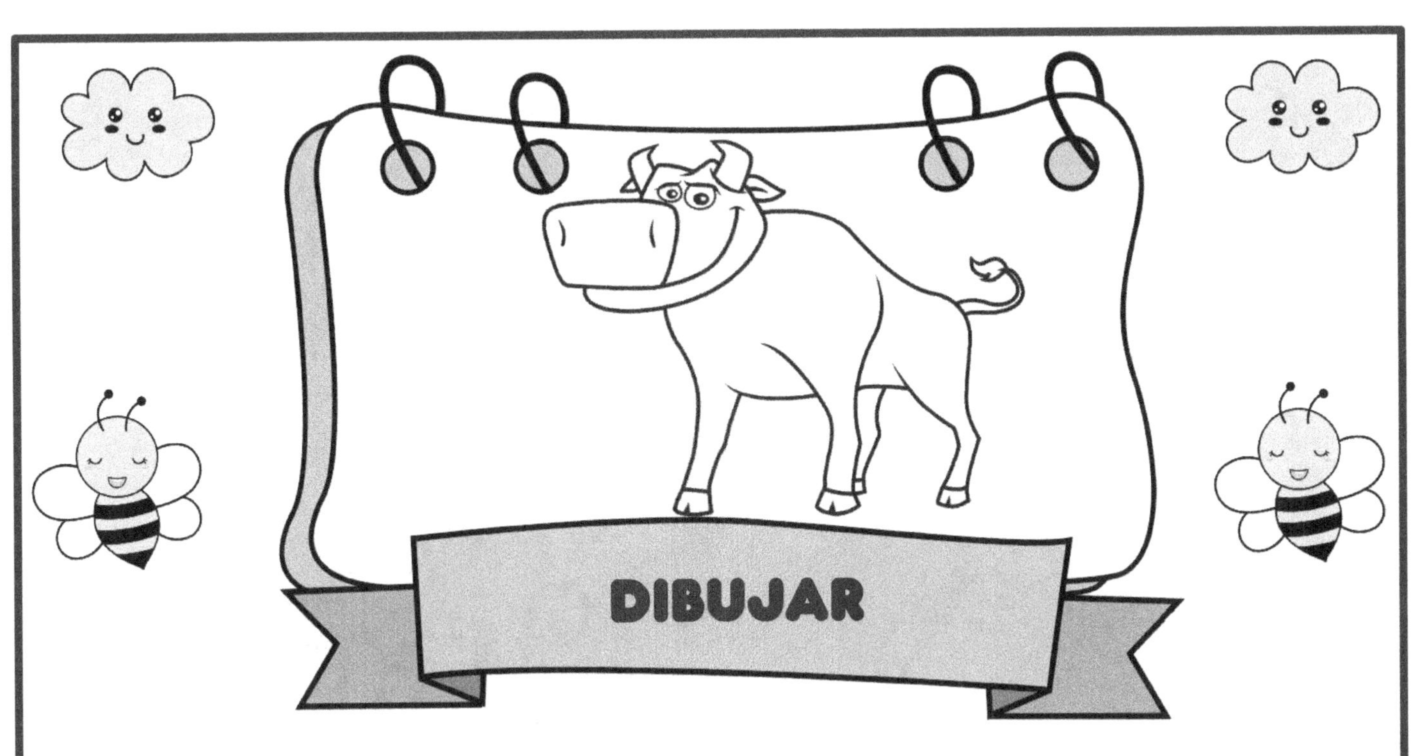

DIBUJAR

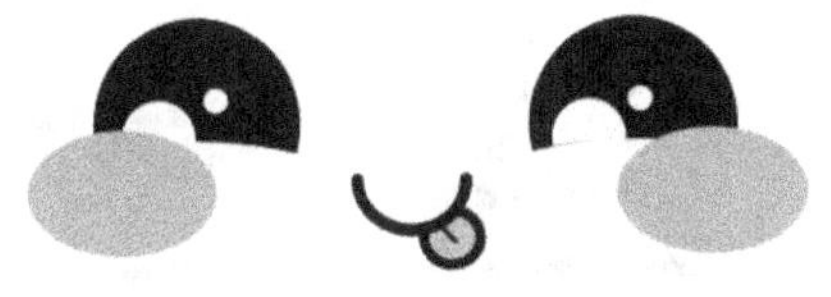
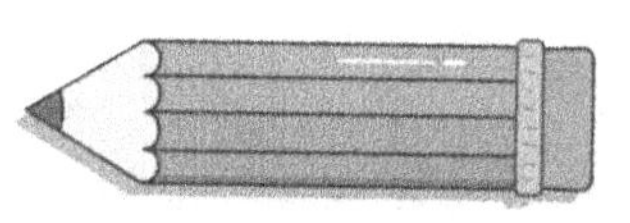
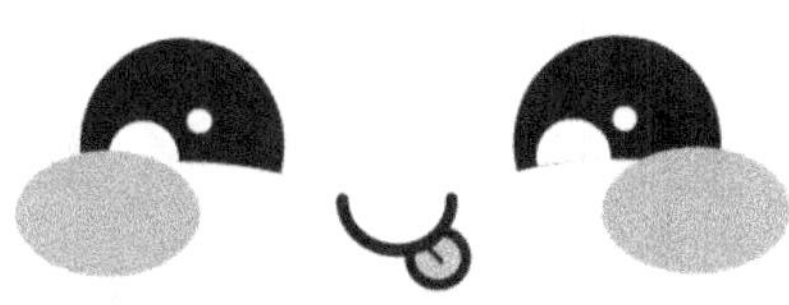

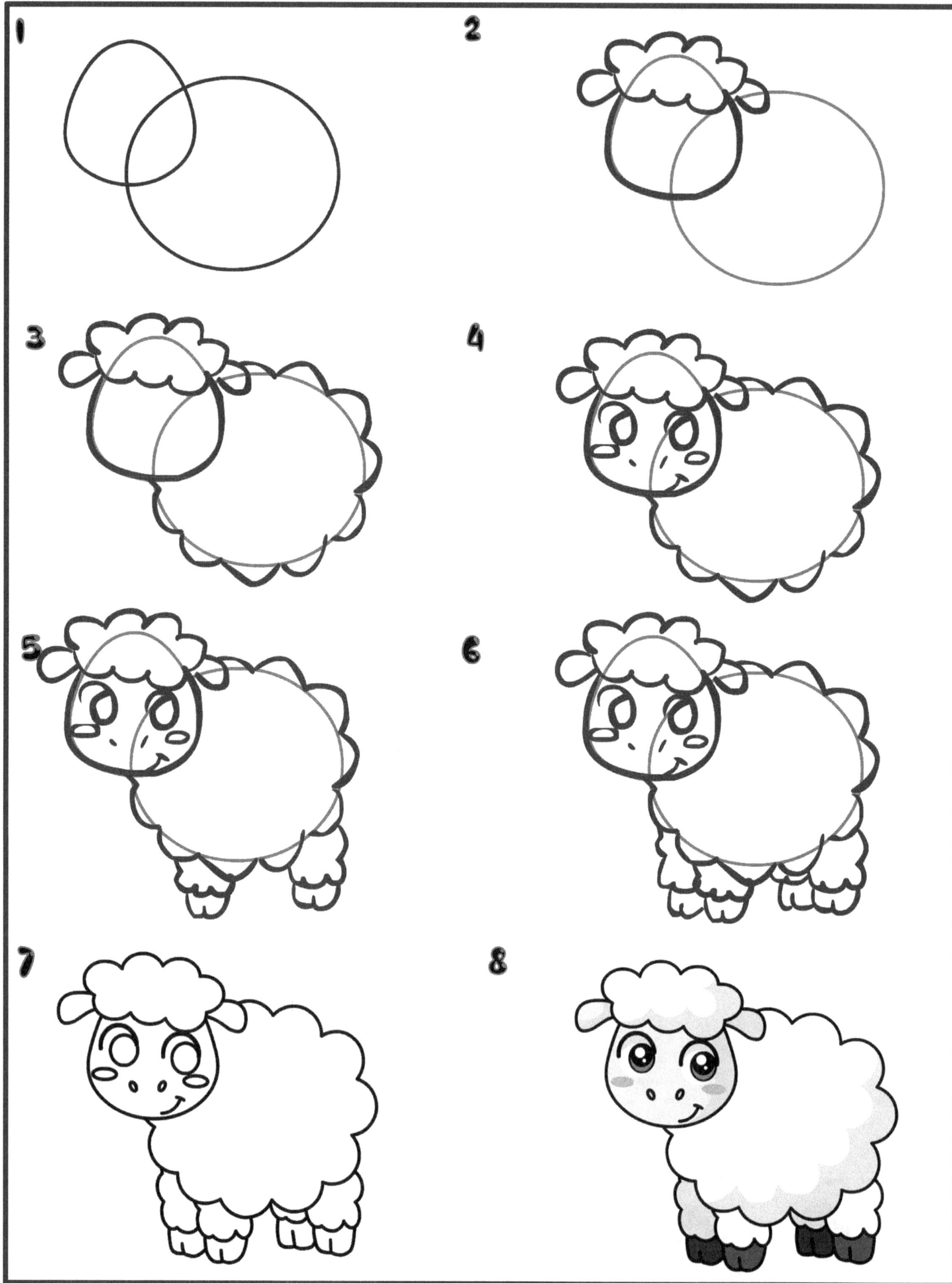

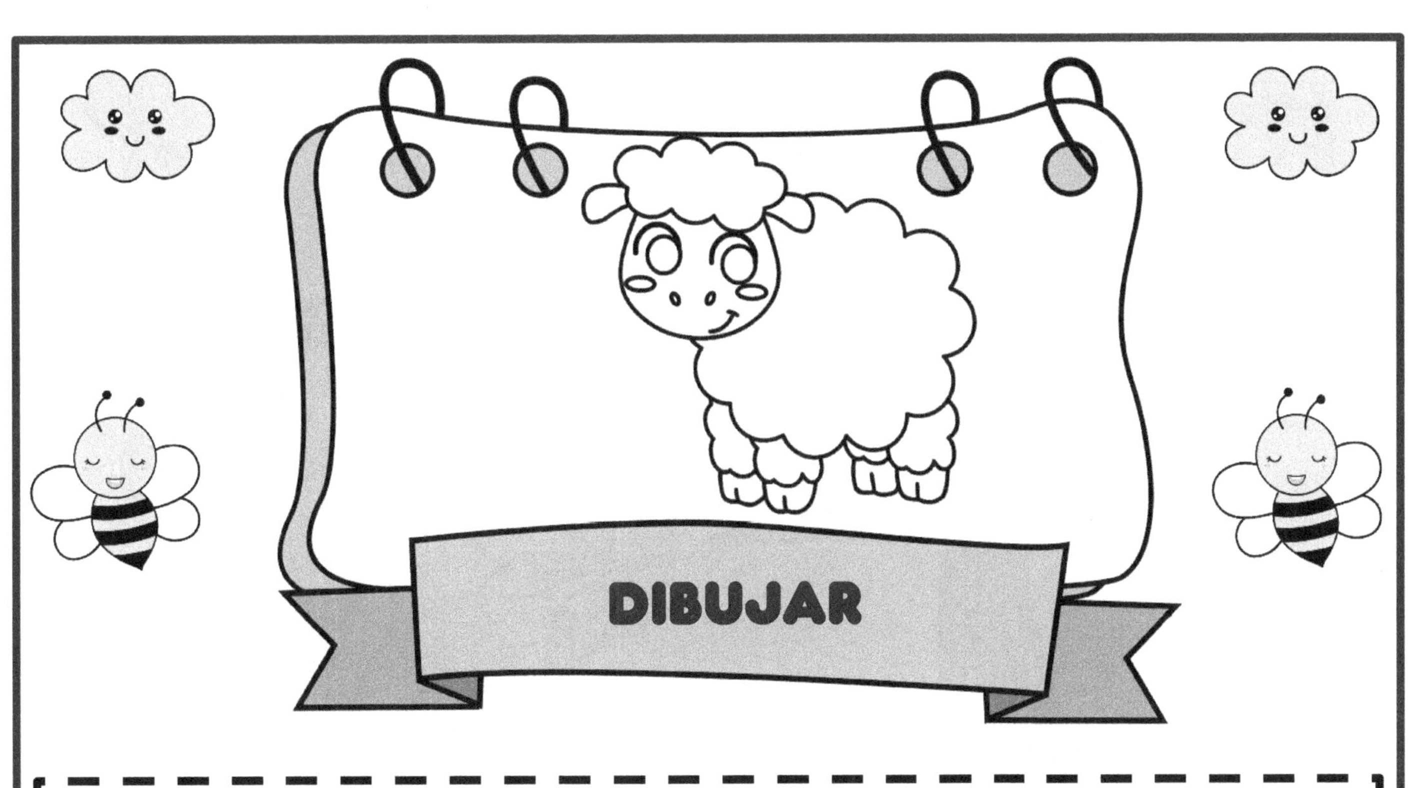

DIBUJAR

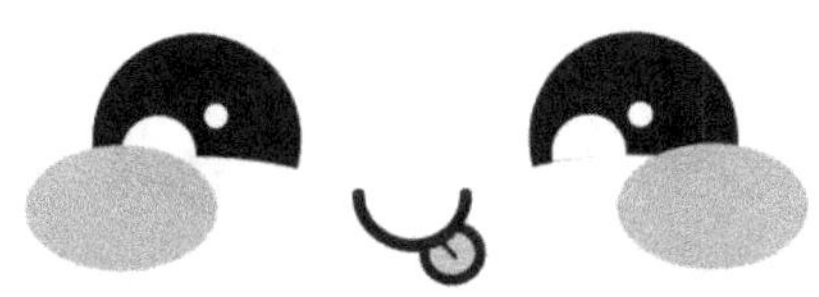
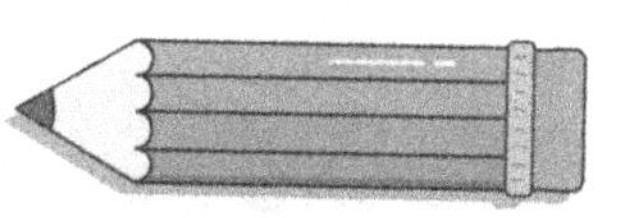
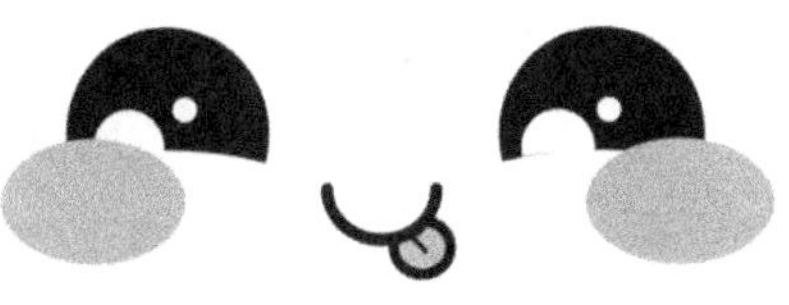

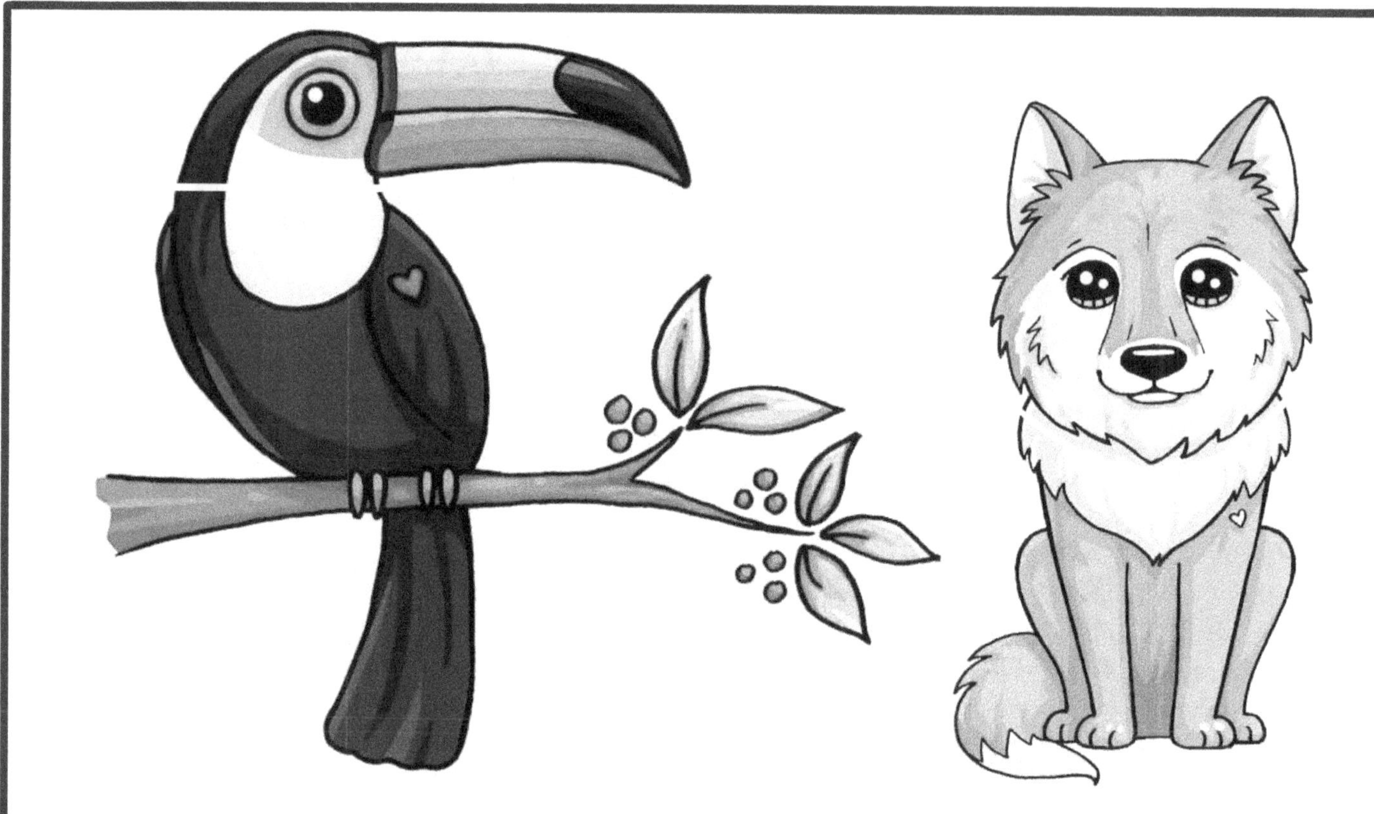

Gracias por elegir este libro. Esperamos que hayas disfrutado cada página de este libro y hayas aprendido a dibujar paso a paso y crear tu propio arte.

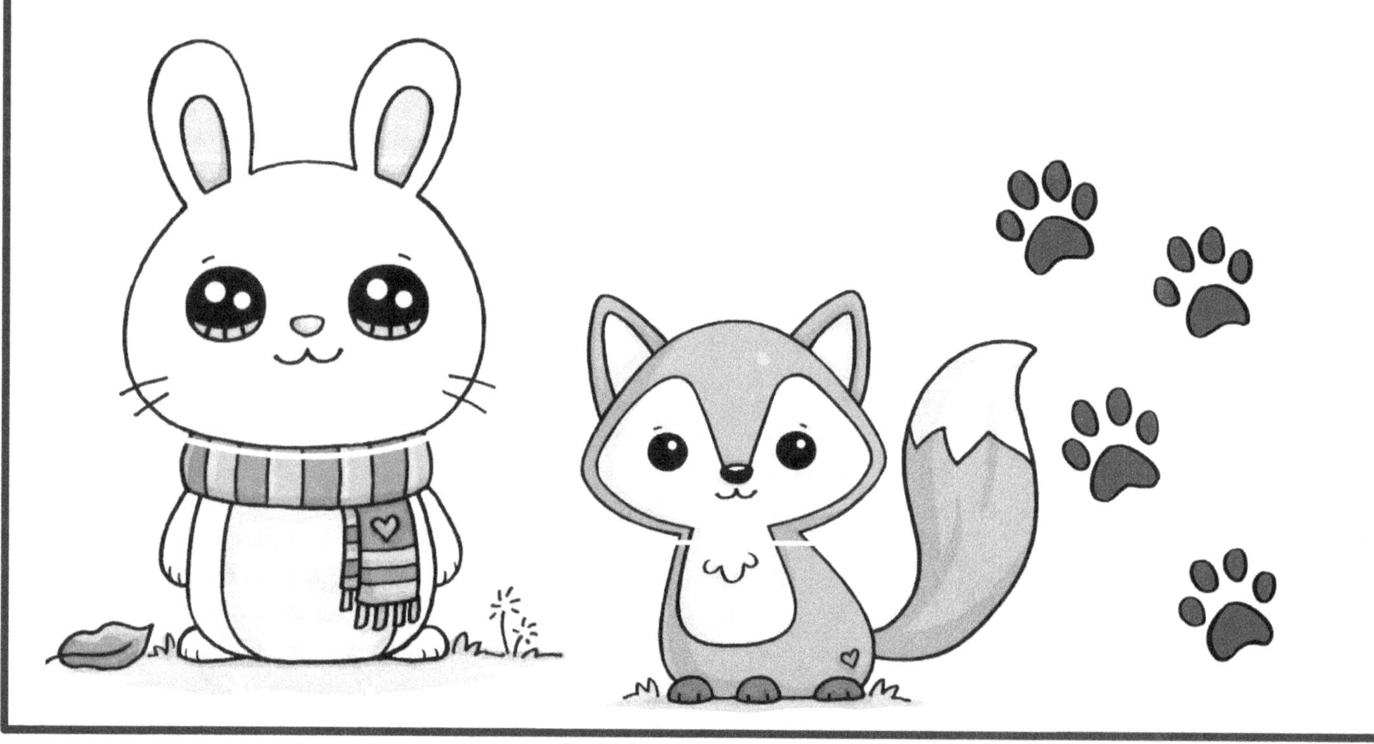